四川省研究生教育教学改革重点项目"基础·强化
《教育科学研究方法》课程建设的育人探索"（YJGXM24-B0

教育科学研究方法

JIAOYU KEXUE YANJIU FANGFA

石娟 / 主编

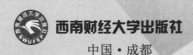

西南财经大学出版社

中国·成都

图书在版编目(CIP)数据

教育科学研究方法/石娟主编.--成都:西南财经
大学出版社,2025.5.--ISBN 978-7-5504-6554-1

Ⅰ.G40-034

中国国家版本馆 CIP 数据核字第 2025QA5395 号

教育科学研究方法

JIAOYU KEXUE YANJIU FANGFA

石娟　主编

策划编辑:冯雪

责任编辑:冯雪

责任校对:高小田

封面设计:墨创文化

责任印制:朱曼丽

出版发行	西南财经大学出版社(四川省成都市光华村街 55 号)
网　址	http://cbs.swufe.edu.cn
电子邮件	bookcj@swufe.edu.cn
邮政编码	610074
电　话	028-87353785
照　排	四川胜翔数码印务设计有限公司
印　刷	郫县犀浦印刷厂
成品尺寸	185 mm×260 mm
印　张	18.375
字　数	401 千字
版　次	2025 年 5 月第 1 版
印　次	2025 年 5 月第 1 次印刷
印　数	1— 2000 册
书　号	ISBN 978-7-5504-6554-1
定　价	39.80 元

前 言

在国际教师教育改革与创新实践中，教师在推动民族发展、国家进步等方面发挥着重要的作用。优秀的教师不是天生的，而是源于职前的全方位学习与积累以及职后实践的多维反思与提升。教育科研能力是教师应当具备的专业素养之一。在职前教师教育阶段，培养单位开设了"教育科学研究方法"这门课程，旨在培养职前教师的教育科研能力。学习"教育科学研究方法"既是对美国学者斯滕豪斯"教师即研究者"倡议的积极回应，也能让广大教师接受更专业、更有智慧的引导，特别是在职前教师养成规范的研究伦理意识和能力、树立研究的方法意识、提升教育科研能力等方面，发挥着重要作用。

我国的教育改革与发展对教师的教育科研能力提出了新要求，彰显出一定的时代价值与社会意义。在这一背景下，如何编写出契合教师教育科研能力提升需求的教材便成为重要议题，《教育科学研究方法》一书也应运而生。本教材以习近平总书记关于教育的重要论述、党的二十大精神和全国教育大会会议精神为指引，将"研究伦理规范""创新"理念贯穿始终，重视引导学习者从学术研究入门之初便养成规范的研究伦理意识和能力；融合教育学、心理学、社会学、统计学等多个学科的知识和方法，帮助学习者形成跨学科的研究视野；注重培养学习者的实证精神，强调通过收集和分析数据来验证研究假设，提高研究的科学性和客观性；鼓励学习者进行创新性研究，支持其开展研究项目，并将研究成果应用于教育实践中，从而促进自我专业发展，推动教育质量的全面提升。

"教育科学研究方法"是教师教育类的基础课程，是教师应当具备的条件性知识，它为学习者介绍了教育科学研究方法的历史脉络、具体方法、操作程序及策略。本教材主要面向高等院校师范类本科生、教育类硕士研究生等"准教师"群体，以及需要在教师教育领域寻求理论帮助与实操指导的在职教师，旨在认识教育科学研究在教育教学实践与教师专业发展中的重要作用，以形成正确的教育科研意识；引导学习者理解和掌握教育研究过程各工作阶段的基本理论与要求，掌握教育科学研究的基础程序；掌握各种研究方法的操作技能及研究成果的撰写方法，形成基本的教育研究能力。

为了便于学习者的学习与理解，我们在编写体例和框架结构上做了尝试性的创新。第一，在体例上，每章章首均设置了"要点提示""思维导图"，文中有"资料卡片""教育前沿"，文后设置有"理解·反思·探究""拓展阅读"等模块，对文中知识内容做进一步的说明与拓展，以增强教材的可读性、趣味性与可参考性，帮助和引导学习者形成关于教育科学研究方法较为完整的知识结构，从而更有效地指导教育科研实践。第二，在内容上，本教材注重理论与实践相结合、科学性与思想性相统一、延承性与时代性相结合。本教材在引导学习者学习教育科学研究方法的操作程序、步骤及注意事项等相关知识的同时，更注重培养学习者的研究问题意识、伦理意识、研究规范与创新能力。本教材的理论知识内容辅以"学习要点""思维导图""资料卡片""教育前沿"等内容，增强了知识的可读性与实践的可操作性，引导学习者在学习中质疑，在探析中反思；注重将求真务实的研究精神等课程思政元素融入教材中，强调对学习者的思想引领，落实立德树人根本任务。此外，本教材在已有知识基础上，力求将教育科学研究方法理论与实践领域的最新进展以"资料卡片""教育前沿"及二维码的形式呈现出来，进一步增强内容的可读性与时代性。

本教材由西华师范大学石娟教授担任主编，课程团队整合了长期从事教育科学的理论研究与实践探索，对教育科学研究方法的相关问题有着深刻思考与理性见解的校内、校外专家。本教材的作者分工如下：

总体框架的设计、修改和统稿由石娟负责；导论由石娟、张丕芳（西华师范大学）编写；第一章选题与开题报告的撰写由张丕芳、石娟编写；第二章文献查阅与文献综述由沈小强（西华师范大学）、石娟编写；第三章教育科学研究中的样本抽样由高成（吉林师范大学）编写；第四章问卷调查法由石娟编写；第五章访谈法由沈小强编写；第六章观察法由张丕芳编写；第七章行动研究法由石娟编写；第八章个案研究法由李秀（四川省南充高级中学）、石娟编写；第九章比较研究法由张奂奂（北京语言大学）编写；第十章历史研究法由石娟编写；第十一章教育实验法由石娟编写；第十二章论文写作与规范由石娟编写。

本教材的编写和出版得到了西南财经大学出版社的大力支持，编辑冯雪从书的酝酿到完稿，多次与编写者沟通交流，倾注了大量的时间与精力，在此特意对冯雪编辑及西南财经大学出版社工作人员的辛勤付出表示衷心的感谢！本教材是集体智慧的结晶，在写作过程中，参考了许多文献，在此对这些作者表示最诚挚的谢意。西华师范大学硕士研究生黄晓凤、单雅蒙、李明珏、赵少洁、李鑫、李倩、谢雨怡、袁瑞连、张柯妤、张静霞、巨柏枝、胡慧颖等为本教材在查阅相关文献资料、修订错别字等方面做了大量的细致工作，在此一并表示感谢！

本教材若能对我国各级各类教育工作者开展教育科学研究提供些许启发，我们将倍感荣幸！由于时间仓促，加之视野所限，本教材还未能全方位地兼顾教育科学研究方法的所有知识内容，还存在诸多不足，敬请同行专家和广大读者批评指正，我们将虚心听取意见和建议，在后期不断改进和完善。

编者

2025 年 1 月

目　录

第二章 文献查阅与文献综述

第三章 教育科学研究中的样本抽样

第四章　问卷调查法

第五章　访谈法

目录

第六章　观察法

第七章　行动研究法

第八章　个案研究法

第九章　比较研究法

目
录

第十章　历史研究法

第十一章　教育实验法

第十二章　论文写作与规范

目

录

导论

要点提示

　　教育科学研究和其他科学研究的本质是相同的，都是人类认识和解释人类社会的某种现象的活动。本章主要在明晰教育科学研究方法概述的基础上，探究教育科学研究方法的层次、特点与类型，教育科学研究方法的发展历程，教育科学研究方法的基本准则与一般过程，帮助学习者对教育科学研究方法有概貌性的了解。

思维导图

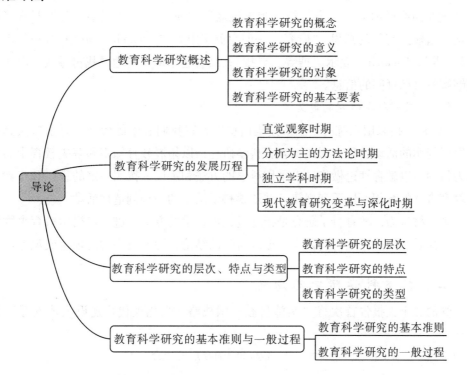

- 导论
  - 教育科学研究概述
    - 教育科学研究的概念
    - 教育科学研究的意义
    - 教育科学研究的对象
    - 教育科学研究的基本要素
  - 教育科学研究的发展历程
    - 直觉观察时期
    - 分析为主的方法论时期
    - 独立学科时期
    - 现代教育研究变革与深化时期
  - 教育科学研究的层次、特点与类型
    - 教育科学研究的层次
    - 教育科学研究的特点
    - 教育科学研究的类型
  - 教育科学研究的基本准则与一般过程
    - 教育科学研究的基本准则
    - 教育科学研究的一般过程

第一节　教育科学研究概述

教育是有计划、有目的、有组织地以影响人的身心发展为直接和首要目标的社会活动。科学是经过实践检验的关于客观世界中各个领域的事物现象的本质特征的知识。教育科学属于科学的范畴，是研究教育规律的各门学科的总称。随着教育学的不断发展，一方面，教育学自身内部学科体系不断分化，形成相互联系的不同教育学科，例如，教育原理、课程论与教学论、比较教育学、高等教育学、成人教育学等；另一方面，教育学与其他有关学科相结合，形成一系列新的跨学科的教育学科，如教育哲学、教育管理学、教育经济学、教育社会学、教育法学、教育技术学等。所有这些学科和各自的领域组合成教育科学。面对教育科学的日益发展，教育工作者选择科学、合适的方法对相关教育问题展开系统的研究显得尤为必要。

一、教育科学研究的概念

理解教育科学研究的含义始于如何理解"研究"一词，我们分别从中文和英文的角度廓清"研究"一词，能够帮助研究者更好地理解"研究"的内涵。

（一）关于"研究"的词源解释

中英文语境下的"研究"略有不同。在我国古代，"研究"中的"研"被认为是"把东西磨成细末"，"究"指"追根究底"，"研究"即"把事物分解开来仔细推敲，追根究底"的意思。"研究"一词在英文中为"research"，其中"re-"表示"又、再"；"search"表示"搜寻、寻找"，结合起来即反复地寻找再寻找，以找到能够解答自己疑问的信息。

（二）教育科学研究的定义

"研究"指采用系统的方法来搜集信息以解答我们心中的疑问、寻求事实真相或发展规律的活动过程。因此，教育科学研究指以拓展教育知识和解决教育中的问题为目的，以教育理论做指导，采用科学的方法和手段，按照一定的程序和步骤探求教育事物的真相、性质和规律，并取得科学结论的一种创造性活动[①]。

本教材认为，教育科学研究是指通过运用科学的方法，进一步揭示教育事物的真相、性质和规律以获得新认识，形成科学的结论，即形成科学的理论或观点。

二、教育科学研究的意义

党的二十大报告首次将"实施科教兴国战略，强化现代化建设人才支撑"作

---

① 王洪兰. 科学主义与教育研究［D］. 武汉：华中科技大学，2012.

为一个单独部分，这充分体现了教育的基础性、战略性地位和作用。教育科学研究乃教育领域中的一项科学研究实践，教育工作者在其日常教育教学实践中，针对富有意义与价值的课题，运用严谨而辩证的科学研究方法，采用合理的教育理论框架，对课题开展系统性的探索工作。此类研究对于促进教育工作者个人素质的持续提升、理论体系的不断完善，以及推动整个教育教学事业的进步具有重要意义，同时，此类研究还展现出高度的理论指导性和实践应用价值①。

（一）开展教育科学研究有助于促进教育改革和发展

"建设教育强国，是全面建成社会主义现代化强国的战略先导，是实现高水平科技自立自强的重要支撑，是促进全体人民共同富裕的有效途径，是以中国式现代化全面推进中华民族伟大复兴的基础工程。"② 教育是全面建设社会主义现代化国家的基础性、战略性支撑，我国教育改革与发展的核心主题是加快建设教育强国、加快建设高质量教育体系。为了实现这一目标，我们必须持续推动中国特色社会主义教育科学研究的知识、理论及方法的革新与发展，加速构建起具有中国特色社会主义教育科学的学科体系、学术体系、话语体系③。教育改革的目的是让教育事业更好地遵循教育发展的内在规律，与我国经济社会的发展步伐相协调，并满足个人全面和谐成长的需求。而教育要改革，教育要发展，就离不开对教育科学的深入研究。教育科学研究就是要探讨人类知识与价值观念在传递过程中的教育现象，发挥理论思维的作用，研究出在新的形势、要求和矛盾条件下富有成效的教育模式，从而揭示教育规律和特点。没有教育科学研究，教育改革和发展便会缺少理论指导与引领。所以，教育科学研究是推动教育改革和发展的科学依据与直接动力。

（二）开展教育科学研究有助于提高教育决策水平

如果教育决策仅仅依赖于个人的知识和经验，就可能导致决策的视角变得狭隘，仅针对具体问题而不考虑更广泛的影响，从而缺乏长远的眼光和战略性的规划。因此，教育决策需要借助学术领域的专业知识和理论研究的智力支持。只有建立在教育科学研究成果之上的决策，才能让管理者深入理解教育的实际情况，为决策提供合理的政策备选方案。同时，借助综合的知识体系、科学的程序和方法，教育决策者能够更准确地观察和分析复杂多变的教育现象，从而做出理性、科学的决策④。

（三）开展教育科学研究有助于提高研究者教育理论水平

习近平总书记曾指出"教育是国之大计、党之大计。要从党和国家事业发展全

① 王颖姝. 教育科研，离我们到底有多远［J］. 陕西教育（教学），2015（11）：37.

② 以教育之强夯实国家富强之基——习近平总书记在中共中央政治局第五次集体学习时的重要讲话指明教育强国建设方向［EB/OL］.（2023-05-31）［2024-08-26］. https：//www.gov.cn/yaowen/liebiao/202305/content_6883868.htm? eqid=e300088e0005b12600000006647efecc.

③ 李剑萍. 加快建设高质量教育体系（笔谈）·高等职业教育"三融"改革的实践难题与发展逻辑［J］. 教育研究，2023（3）：13-18.

④ 孙泽文，叶敏，程远志，等. 教育科学研究的特征、层次与价值思考［J］. 教学与管理，2016（27）：11-14.

局的高度，坚持为党育人、为国育才，要从我国改革发展实践中提出新观点、构建新理论，努力构建具有中国特色、中国风格、中国气派的学科体系、学术体系、话语体系"①，彰显了教育理论研究的战略高度和重要意义。教育作为社会系统下的一个子系统，其领域宽广、内容丰富、层次多样。为了深入理解并完善这一领域，研究者必须首先提出理论框架和构想。在此基础上，我们可以通过细致的观察、系统的调查以及科学的实验，对教育领域中的实际现象和经验进行深入的剖析与综合、高度的概括与有针对性的抽样，以及巧妙的类比与逻辑推理。这一过程有助于研究者揭开教育的本质，合理解释所观察到的现象，并最终得出可靠的结论。通过这些努力，研究者能够不断地提高自己的教育理论水平，促进理论更好地指导实践。

（四）开展教育科学研究有助于促进教师专业发展

强教必先强师，提升教师专业化发展水平、加强教师队伍建设是教育强国建设的基础性工作②。对教师而言，参与教育科学研究是促进教师专业发展的重要途径之一。教师在教育教学研究中需要学习相关教育科学研究方法的理论，在结合教育理论知识、查阅相关文献的基础上，在实践中验证自己的教育思考，更新自己的教育观念，并积极设计课题方案，运用科学的研究方法解决问题，从而持续提高个人的教育技能和专业知识水平。同时，教育科学研究还能帮助老师培养强烈的职业满足感和成就感，实现从依赖经验的教师向具备学术素养和研究能力的教师乃至专家型教师的逐步转型，进而促进学校教育质量高水平发展。

三、教育科学研究的对象

不同研究主题的研究对象略有不同，目前学界认为有关教育科学研究的对象主要有四种，即教育科学研究的对象是人、教育科学研究的对象是教育现象、教育科学研究的对象是教育规律、教育科学研究的对象是教育问题。

1. 教育科学研究的对象是人

这种观点认为，人是教育活动的主体，而教育最根本的任务在于促进人的成长与发展。因此，教育科学研究的重点理应回归到教育的本质上来，聚焦于如何推动人的成长与进步。但是，以人为研究对象的学科不只有教育科学，社会学、人类学和心理学等都要研究人。然而，研究人，并不意味着"人"就必然是教育科学的研究对象，在教育科学研究中，很多时候，"人"（比如教师、学生、家长、管理者等群体）是调查的对象，而调查对象与研究对象并不是完全相同的概念。

---

① 习近平：教育是国之大计、党之大计［EB/OL］.（2022－06－28）［2024－08－26］. http://www. banyuetan.org/yw/detail/20220608/1000200033137441654611952608238857_1.html.

② 傅湘龙，席梅红. 教育强国背景下高质量教师队伍建设指标体系建构［J］. 教育研究，2023，44（10）：115－124.

2. 教育科学研究的对象是教育现象

现象是相对本质而言的，它是指事物运动中的外部形态或联系，它纷繁复杂、变幻莫测，其形态是零碎、肤浅、模糊的，通过人的感官就能认识，没有必要做深入细致的科学研究。此外，有些现象是个别的、偶然的，不可能转化为有价值的教育问题。例如，对"教育观念""教育原理"的研究就不是以教育现象为研究对象的。因此，把教育现象作为研究对象也是不合适的。

3. 教育科学研究的对象是教育规律

教育活动是复杂多变且具有不确定性的，这使得其内在规律往往深藏于各种现象和问题背后，虽难以准确把握，但真实地体现了事物的本质。因此，这些规律只能通过深入探究教育问题来发现、理解和应用，而非直接研究规律本身。若将研究焦点直接放在"规律"上，则会与"所有真正的知识都源自实践"的哲学原则相悖。教育规律是在复杂、鲜活、丰富的教育实践中总结出来的，它是教育科学研究的目的，不能直接作为研究的对象。

4. 教育科学研究的对象是教育问题

教育问题是实际结果与期望之间的差距与矛盾，它广泛存在于教育现象中。解决教育问题，有利于我们揭示与把握教育规律。因此，把教育问题作为教育科学研究的研究对象，是比较合适的。当然，作为对象的"教育问题"，还应具备以下属性①。

第一，它必须是"复杂问题"。复杂问题因涉及众多因素交织于复杂关系中，常表现为一个结果由多个原因造成，或一个原因引发多种结果，甚至多个原因与多个结果相互关联。相比之下，简单问题的变量间仅存在直线型的线性关系，缺乏形成"理论网络"的基础，其结论往往可通过常识或经验直接推导，因此不太适合作为深入研究的对象。

第二，它必须是"真问题"。也就是说，这些问题应当是从实践中提炼出并蕴含教育意义的真实问题，这样的真问题能够提升研究的针对性和适用性。而人为"制造"的、与自身无关或过于个人化的虚假问题，由于缺乏合理的变量结构，难以得出有效的结论。

第三，它必须是"专业问题"。一般来说，仅依赖个人经验提出的问题，通常只局限于日常层面。唯有运用理论概念作为思考的工具，并结合专业知识来界定的问题，才能构建出一个专门的分析框架，从而激发深层次的、专业性的思考。

第四，它必须是没有答案的问题。也就是说，这些问题应当是一种尚未解决或解决得不够彻底的问题，而不是那些可以直接从教科书、字典、百科全书等参考资料中找到明确答案的问题。

因此，我们可以把教育科学研究的对象界定为教育问题。但要注意，作为研究对象的"教育问题"，必须是复杂问题、真问题、专业问题和没有答案的问题。

① 孙泽文. 论教育科学的研究对象是"教育问题"[J]. 中国教育学刊，2016（10）：50-55.

四、教育科学研究的基本要素

一般而言，任何教育科学研究活动都需要包括研究主体、研究客体、研究目的、研究问题、研究方法和研究条件这六个基本要素。

1. 研究主体

研究主体即谁开展教育科学研究，他们通常是专业的教育工作者、研究人员或学者。研究主体需要具备扎实的专业知识、敏锐的问题意识和严谨的科研态度，以确保研究的科学性和有效性。例如，关于教育数字化转型背景下的课程设计与教学领域的相关研究，研究主体可以是高校教师、一线教师，也可以是研究机构的研究人员，还可以是从事相关专业的研究生，他们结合教育教学实际，对数字化转型背景下课程设计与教学展开系统思考。在质性研究，如行动研究、个案研究时，应强调"教师即研究者"，关注研究主体的主体参与性，以及研究主体在研究中与研究对象共同成长。他们通过与研究对象的对话、沟通，在反思、提高的过程中，做到与研究对象相互理解、共同努力。

2. 研究客体

研究客体即研究谁，教育科学研究客体可以是人（学生、教师、家长等群体），如，"父母教养方式对幼儿社交焦虑发展的影响：情绪社会化的中介作用"[1]，这一研究的研究客体为父母和幼儿；也可以是某项制度、政策、文本等物，如"数字教科书知识的使用限度与理性追求"[2]，这一研究的研究客体为数字教科书。这里需要注意的是，研究客体在很大程度上主要是指调查对象，这就涉及研究总体、研究样本及抽样的问题。

3. 研究目的

研究目的即为什么研究，研究目的旨在说明研究需要解决什么问题。在写作研究目的之时，直截了当、简洁明了是其语言风格[3]。如在"幼儿园餐点活动中师幼互动现状及提升策略研究"中，其研究目的为运用几种研究方法将量化研究与质性研究相结合对师幼互动情况进行研究，主要预期目的有两点：一是总结目前餐点活动中师幼互动的现状及影响因素，在一定程度上引起广大一线教师的重视和反思；二是根据餐点活动中师幼互动表现出的问题提出针对性提升策略，为存在相似问题的幼儿园提供借鉴[4]。在这个例子中，研究目的被清晰、直接地表达出来，直接指出了研究的核心内容（目前幼儿园餐点活动中师幼互动的现状及影响因素）、研究的目标（提出针对性提升策略，一定程度上引起广大一线教师的重视和反思），以及研究的期望成果（为存在相似问题的幼儿园提供借鉴）。这样的表述方式使得学

---

① 谢雨怡，石娟，钟国龙. 父母教养方式对幼儿社交焦虑发展的影响：情绪社会化的中介作用 [J]. 成都师范学院学报，2024（2）：104-115.
② 石娟. 数字教科书知识的使用限度与理性追求 [J]. 课程·教材·教法，2020（7）：26-31.
③ 朱德全. 教育研究方法 [M]. 重庆：西南大学出版社，2011：45.
④ 曾婧. 幼儿园餐点活动中师幼互动现状及提升策略研究 [D]. 南充：西华师范大学，2023.

习者能够迅速抓住研究的要点，理解研究的重要性和价值。

4. 研究问题

研究问题即研究什么，它是思考活动的起点，能引导我们的注意力和思考方向，促使我们专注于某一问题进行深刻的分析和探索。因此，研究问题决定了我们研究的内容、范围和方向，也决定了研究意义，可以说是研究过程中最为关键的步骤之一[①]。例如，在"提升小学生数学问题解决能力的教学策略：一项追踪实验研究"[②] 中，其研究内容自然而然地聚焦于小学生数学问题解决能力的现状、影响因素以及教学建议。

5. 研究方法

研究方法即用什么来进行研究，在实证研究中涉及研究工具的制定。具体的研究方法主要有问卷调查法、访谈法、观察法、内容分析法、教育实验法等，这些方法可概括为量化研究和质性研究两种研究范式，量化研究和质性研究主要通过在实际调研中获取信息，量化研究侧重于归纳，质性研究侧重于演绎，二者均属于实证研究，均涉及制定科学的研究工具。任何研究方法均各有优点与局限，研究者要根据研究目的和研究主题的不同有针对性地选择适切的研究方法，切忌为了使用某种新颖的方法而不顾与研究主题的契合度。

6. 研究条件

研究条件即怎么研究，主要是研究者对研究主客观条件的综合考量。研究的经费、团队、研究数据的获取途径等是研究的客观条件，研究者的研究能力与水平、生活阅历、工作经验、社会支持系统等均是影响研究的主观条件。研究条件在很大程度上决定了研究的可行性，当一项研究不可行的时候，研究将很难或无法顺利开展。因此，研究者需要综合考虑主客观条件选择合适的研究主题，以增强研究的可行性。

第二节　教育科学研究的发展历程

教育科学研究的进程基本上遵循了一条从直观感知到理论构建，从自然发生到系统组织，从经验积累到实验验证，以及从自然观察方法向科学方法转变的科学化发展路径。从教育科学研究的整个发展历程来看，大体上经历了直觉观察时期、分析为主的方法论时期、独立学科时期，以及现代教育研究变革与深化时期这四大发展阶段。

一、直觉观察时期

教育科学研究的直觉观察时期是指古希腊时期至 16 世纪。在近代科学产生以

① 朱德全. 教育研究方法［M］. 重庆：西南大学出版社，2011：22.
② 郭立军，李美娟，何光峰. 提升小学生数学问题解决能力的教学策略：一项追踪实验研究［J］. 课程·教材·教法，2023（10）：97-104.

前，教育科学研究处在朴素唯物论基础上的直觉观察时期。古代中国的思想家、教育家孔子、孟子、荀子，古希腊的哲学家德谟克里特、苏格拉底、亚里士多德，古罗马教育家昆体良等都有许多关于教育的论述。这些论述是分散的，带有经验描述性质的，这一时期对教育的研究主要是采用直觉和思辨的方式进行的。

这一时期教育科学研究的特点主要有三点：第一，教育内容以伦理道德为主，教育方法强调思想教化，因此，教育研究的起点立足于考察当时教育的实际，从社会发展和统治阶级的根本利益出发开展教育研究；第二，教育研究开始初步运用辩证法和朴素的系统观，采用观察法以及归纳、演绎和类比的思维方式对教育现象进行研究并形成理论；第三，各种学派基于不同的哲学观、自然观、社会观和教育观，而形成不同的教育研究方法的思想观点。

二、分析为主的方法论时期

教育科学研究的分析为主的方法论时期是指从 17 世纪至 19 世纪末 20 世纪初。分析为主的方法论时期出现了专门研究教育一般规律的教育学，例如，1632 年，捷克教育家夸美纽斯的《大教学论》就以自然主义哲学观，采用演绎推理的方式，将教育科学研究从笼统的人类实践活动中剥离出来，并对教育现象的本质和发展规律，以及教育的有效性等教育基本问题进行了论述。除夸美纽斯的《大教学论》之外，还有洛克的《教育漫话》、赫尔巴特的《普通教育学》、福禄培尔的《人的教育》、斯宾塞的《教育论》等也成为教育科学研究的基础学科。

这一时期教育科学研究的特点主要有三点：第一，教育科学研究从经验描述逐渐上升到理论概括。研究者们越来越有意识地把教育作为一个发展过程来研究，不仅关注教育现象的描述，更着重揭示教育现象间的内在关系。第二，在方法论上，教育科学研究很大程度同认识论结合起来，初步形成归纳法和演绎法，并从自然科学中移植"实验方法"，主张教育要适应自然。第三，在理论基础上，教育科学研究有意识地将心理学思想作为理论基础。

三、独立学科时期

教育科学研究的独立学科时期是指从 20 世纪初至 20 世纪 50 年代。在 20 世纪初，德国的教育学家及心理学家拉伊和梅伊曼共同创立了实验教育学，他们提倡采用实验的手段来探究教育活动，为教育学领域引入了新的研究方法，从而有力地促进了教育学的科学化进程。美国的教育家兼哲学家杜威，在其著作《民主主义与教育》中阐述了他的观点：心理学是教育方法的决定因素，而社会学则决定了教育的目的，这两者均应以生物学为根基。在方法论层面，他将教育活动的逻辑流程定位于研究与探索的范畴，提出了一个包含"提出问题、进行观察、形成假设、逻辑推理、实验验证"的教育逻辑过程，这一过程与科学研究的一般流程颇为相似。自此，教育科学开始在科学方法的指导下进行研究，日益重视运用实验方法来探究教育问题。

这一时期教育科学研究的特点主要有四点：第一，在方法论上，教育科学研究方法从哲学方法论中分化出来，成为独立的专门研究领域，但其方法体系的大部分方法依然是从其他学科移植而来的；第二，在教育科学研究方法形成独立领域的同时，教育科学内部的学科研究方法也取得显著进展；第三，教育科学研究理论派别异彩纷呈，在相互竞争与对话中促进理论研究的发展繁荣，为教育科学研究开拓新的领域；第四，马克思主义辩证唯物论的产生和广泛传播，心理学及心理研究方法的进展，直接影响着教育科学研究方法的发展。

四、现代教育研究变革与深化时期

教育科学研究的现代教育研究变革与深化时期是指从 20 世纪 50 年代至今。20世纪中期以后至今，教育研究逐渐走向多元化，量化研究与质化研究由纷争逐渐走向融合。

这一时期教育科学研究的特点主要有三点：第一，随着自然科学和社会科学的发展，教育科学研究中的直观研究逐渐减少，理论抽象性、概括性程度逐步提高，复杂性日益加强；第二，由于教育科学理论的发展和方法论的深刻变化，教育科学研究在研究内容、研究方法论上都有很大的扩充；第三，教育科学研究方法与教育信息技术相结合，从文献检索、文献综述到数据收集、整理等，均有各类软件提供支撑，信息技术赋能教育科学研究的趋势越来越凸显。

【教育前沿】0-1

教育科学研究的发展趋势（节选）

（1）智能时代人才培养目标向知识与能力并重转变。

科技与教育耦合发展，特别是以人工智能、ChatGPT、元宇宙为代表的数字技术驱动生产力变革，形成"信息—物理—社会"三元空间，催生教育新形态，以大数据为代表的信息资源成为主要生产要素，对劳动者知识、能力、素养提出更高要求。培养学生批判性思维、协作能力、交流能力和创新能力等高阶思维与能力、对解决复杂问题的能力成为面向智能时代的核心竞争力。从人才培养体系上看，以知识传授为主、课堂为中心、考试为中心的规模化培养体系已经难以满足实施个性化创新人才需求。

（2）智能教育成为抢占教育创新制高点的新赛道。

实现创新驱动发展需要创新型人才，创新人才培养需要创新的现代教育。世界各国纷纷出台一系列发展智能教育的战略规划，抢占未来人才储备战略先机。我国也高度重视智能教育发展，并出台了一系列重要政策文件，从战略指引、能力建设、基础研究、技术攻关、规划实践等全方位进行前瞻性布局，全面推进教育创新变革，旨在培养创新型人才。智能教育及其规律的研究是助力高质量人才培养的重要动能和关键突破口。

（3）多学科交叉科学研究范式趋势增强。

智能技术促进教育科学研究范式向数据驱动的范式变革。以数字化、网络化、智能化为核心特征的科学技术与教育的深度融合引发教育全要素深刻变革，教育环境向智能化、数字化发展，教育内容从静态知识转向动态任务，教育模式从"师—生"二元结构转向"师—生—机"三元结构，教育评价强调"知识+素养"并重。因此，借鉴教育学、信息科学、脑科学、心理学等多学科理论与方法，基于数据驱动的教育科学研究范式，为全面揭示教育基础规律提供了有效手段。

资料来源：杨宗凯. 教育科学研究的资助体系与发展趋势［J］. 中国科学基金，2024，38（2）：263-270.

第三节　教育科学研究的层次、特点与类型

教育科学研究作为一种复杂的社会实践活动，既具备科学研究的一般特点，也具备自身的独特属性，研究者理解教育科学研究的特点是科学地开展教育科学研究工作的基础。根据不同的划分角度，教育科学研究可以划分成不同的类型，而研究者了解不同的划分类型，对于其从整体上把握教育科学研究的体系十分重要。

一、教育科学研究的层次

教育科学研究作为一种认知过程，受到多种因素的限制和影响，因此自然而然地呈现出不同的研究层次。一般来说，教育科学研究的层次可以分为描述层次、解释层次、概括层次和理论层次。

（一）描述层次

描述层次也称为直觉观察层次，处于该层次的研究应对所要研究的问题进行基本、客观的了解，并清楚地回答自己面对的问题或研究现象"是什么"。描述是展开教育研究的开端，也是推进研究工作并最终解决研究问题的基础。它只描述教育事件，即"发生了什么"的问题，处于比较浅显的资料收集水平。如"初中生学业负担现状调查与对策研究"①，在这一研究中，研究者便运用了问卷调查法、访谈法及课堂观察法等多种研究方法，了解初中生学业负担的基本现状。

（二）解释层次

解释层次也称为探索原因层次，处于该层次的研究是在描述层次的基础上，探究某一教育现象背后的原因、根源、规律，并进行忠实于事实的合理解释，回答"为什么"的问题。同样，在"初中生学业负担现状调查与对策研究"这项研究

---

① 吴敏. 初中生学业负担现状调查与对策研究［D］. 上海：华东师范大学，2009.

中，研究者在了解初中生学业负担现状的基础上，通过调研数据分析造成学生的学业负担的内在原因与机理，并提出针对性的改善策略，它是基于现状做更进一步的探究。

（三）概括层次

概括层次也称为迁移推广层次，处于该层次的研究要回答的问题是"在不同环境条件下会发生同样的现象吗"。这种层次的研究通常具备明确的科学性、强调实施方案的可操作性，并对研究所需的条件做出清晰界定。其研究成果具有广泛的应用性，不仅适用于同一主体在不同环境条件下的应用，还适用于不同主体间的不同环境条件①。

（四）理论层次

理论层次亦称理论研究层次，其核心在于探讨"研究中隐含的潜在理论是什么"。理论旨在解释问题、预测现象，并通过将相关概念和命题系统地组织起来，形成一套连贯的结论。理论层次是将前述三个层次的研究成果与相关的理论体系相联结，探究这些研究是在何种理论框架的指导下展开的。这是从教育学、心理学、社会学等多学科的角度出发，寻找支撑这些研究的理论模型或基本原理，并借助研究成果来指导教育实践活动。因此，理论层次是教育科学研究的最高层次。

二、教育科学研究的特点

（一）科学研究的一般特点②

教育科学研究方法作为科学研究的重要组成部分，它有着一般的科学研究的特点，比如科学性、客观性和创造性，这是作为一项社会科学研究活动的共同之处。

1. 科学性

科学性指的是教育研究过程的逻辑性和研究结论的实证性。研究者或者从一定的理论出发，演绎出系统的理论假设，通过资料的收集、分析和综合，最终归纳概括出研究结论，证实或证伪原先的理论假设；或者在大量调查的基础上，掌握大量的事实，运用归纳方法进行总结概括，提炼出对教育现象具有解释或预测功能的一般理论。

2. 客观性

客观性是指在研究过程中，教育研究者要保持客观、中立的立场，不因为自己的知识、立场、观念等影响自己对研究数据的分析。只要研究者采用同样的科学方法，就能够得出同样的研究结论。

3. 创造性

创造性是指我们所做的研究，必须能够在研究对象、研究视角、研究方法等方

① 孙泽文，叶敏，程远志，等. 教育科学研究的特征、层次与价值思考［J］. 教学与管理，2016（27）：11-14.

② 朱德全. 教育研究方法［M］. 重庆：西南大学出版社，2011：3.

导论

面推陈出新，做出自己的贡献。

（二）教育科学研究的特点

教育科学研究具有上述科学研究的一般特点，但由于教育科学研究活动的特殊性，其还具有自身的独特性，如教育性、科学性、创新性、应用性、实效性等。

1. 教育性

教育科学研究的教育性，是由学校的教育目标和教育任务决定的。教育科研总是服务于一定的教育任务和教育目标，以一定的教育任务和教育目标为导向。习近平总书记多次强调"培养什么人、怎样培养人、为谁培养人是教育的根本问题"①。教育科学研究是与教育教学实践紧密结合的一项社会活动。教育科学研究必须把教育人、培养人、塑造人作为出发点和归宿，把教育性贯穿于教育科学研究的全过程，落实立德树人根本任务。

2. 科学性

教育科学研究的科学性主要表现在研究方法的科学性和研究成果的科学性两个方面。研究方法的科学性是确保研究过程严谨、合理的基础，它使得教育科学研究活动成为一种基于理论的科学探索过程；研究成果的科学性则是指教育科学研究的首要目标就是获取科学认知，并据此构建科学的理论或形成科学的观点。

3. 创新性

党的二十大报告中明确指出"坚持创新在我国现代化建设全局中的核心地位。"② 教育科学研究的创新性主要体现在以下三个方面：首先，研究者要有创新意识与能力，能够提出大胆的、具有创造性的猜想与假说；其次，在教育科学研究的过程中不要受制于某种理论或模式，要坚持实践是检验真理的唯一标准这一原则；最后，教育科学研究成果的创新性，即能创造性地开辟新的研究领域、丰富和发展教育理论或是创造性地解决教育实践中的问题。

4. 应用性

教育科学研究的主要目的和任务是研究教育工作中急需解决的现实问题，为教育实践、教育改革赋能。在实践中发现问题—进行理论研究—再回到实践中去解决问题，是实证研究的重要轨迹之一。但教育活动的迟效性使得教育科研活动也有一定的迟效性，教育科学研究成果的推广和应用效果并非迅速显现，而是一个渐进的过程，需要时间的积累，并且会持续地产生影响。

5. 实效性

实效性是教育科学研究的生命力。教育科学研究的实效性主要是指在教育科学

① 中国政府网. 习近平主持中央政治局第五次集体学习并发表重要讲话［EB/OL］.（2023-05-29）［2024-11-20］. https://www.gov.cn/yaowen/liebiao/202305/content_6883632.htm？eqid=be8ce80e00032eba000000056479b9e0.

② 习近平：高举中国特色社会主义伟大旗帜 为全面建设社会主义现代化国家而团结奋斗——在中国共产党第二十次全国代表大会上的报告［EB/OL］.（2022-10-25）［2024-11-20］. http://www.moe.gov.cn/jyb_xwfb/moe_176/202210/t20221026_672311.html.

研究的过程中，所取得的科研成果能够去解决教育改革与发展所面临的重大现实问题，或者可以为教育行政部门的宏观决策服务，为广大学校的教育教学改革实践和提高教育质量服务。教育科学研究并非仅限于专家学者，它是一项需要相关人员共同参与的活动，从而提高研究的成效。

【资料卡片】0-1

教育科学研究独有的特点

教育科学研究是科学研究的局部，主要回答教育、教学的理论与实践问题。除了具有与一般科学研究相同的特点外，还有自身独有的特点：

1. 研究对象的复杂性

教育涉及社会政治、经济、文化等各方面。教育对象是既有自然属性又有社会属性的人；是正在成长，身心活动不断变化的人。这使得研究过程中的变量十分复杂，控制的难度很大。

2. 研究参与者的广泛性

教育科学研究的参与者有两支队伍：一支是专业的教育科学研究人员；另一支是朝夕都在教育工作第一线劳作的教师。后者是上千万的庞大队伍，他们绝大多数接受过高等教育，懂得科学研究的基本知识，他们参与到科研中，显示了教育科学研究人员的特有的广泛性。

3. 研究方法的综合性

探求教育现象的因果关系时，人们往往不能用单一的方法获得结论，而须将各种研究手段和方法综合使用。

资料来源：任光萍. 教育科学实践与研究［M］. 长春：吉林人民出版社，2020：137.

三、教育科学研究的类型

面对不同的研究目的、研究对象、研究问题，研究者会开展不同的研究。依据不同的分类标准，教育研究方法有多种类型，这里主要选取几种常见的类型。

（一）基础研究和应用研究

按照研究目的的不同，教育科学研究可以分为基础研究和应用研究。

1. 基础研究

基础研究也称基本理论研究，其核心在于深入探究教育的内在逻辑与原理，旨在理解各类教育现象，揭示其本质特征，探索教育发展的普遍规律，总结并概括出教育的基本原理，进而构建出一个较为完整的教育理论体系。基础研究主要包括教育科学基本理论的研究、对教育事业发展有决策和指导意义的理论研究、教育历史遗产的研究、各国教育经验和现状的研究，以及对不同教育观点的评析性研究。

2. 应用研究

应用研究主要是运用教育基础理论知识，解决教育实际问题的研究。应用研究具有直接的实际应用价值，能解决某些特定的实际问题或提供直接有用的知识。目前绝大多数教育研究是应用性研究。应用研究主要包括教育实践中急需解决的问题的研究，成功的教育经验的研究，改进和改革教育体制、内容和方法的研究。

（二）宏观研究、中观研究和微观研究

按照研究视野的大小程度，教育科学研究可分为宏观研究、中观研究和微观研究。

1. 宏观研究

宏观研究是指对教育系统较大范围内的整体性、综合性、系统性地研究。它包括两个方面：一是教育与外部的关系。如"教育数字化转型背景下城乡教育均衡的路径研究"，这一研究的主题便是探究教育数字化转型背景下教育与社会政治、经济、人口等多元关系的问题。二是教育内部带有全面性问题的研究。如"基础教育高质量发展战略研究"[1]，这一研究的主题主要是探究教育内部带有全面性的问题，廓清基础教育高质量发展的时代意义、理论内涵和实现路径，同时尝试研判基础教育高质量发展的战略任务。

2. 中观研究

中观研究是指介于宏观研究和微观研究之间，在一个范围、一个领域、一条战线、一个部门内进行的教育科学研究。如"统编教材使用的效果研究"，这一研究主题聚焦于统编教材使用这一领域，主要从教师、学生、编者、管理者等群体展开调研，探析统编教材使用的状况，探究其使用效果。

3. 微观研究

微观研究是指对教育问题某个单独因素进行具体细致的研究。如"'双减'背景下小学语文作业设计的策略研究"[2]，这一主题主要审视"双减"背景下小学生的语文作业设计，研究问题属于小切口，主要解决教育实践中的真实问题。

（三）理论研究、实验研究、追因研究和调查研究

按照研究方式的不同，教育科学研究可分为理论研究、实验研究、追因研究和调查研究

1. 理论研究

理论研究是在广泛收集和掌握文献资料的基础上，运用思辨的方式，从哲学和科学方法论的高视角出发，深入分析教育领域内各种因素之间的相互关系，从而揭示教育现象的本质特征和内在规律。如"习近平总书记关于教育的重要论述的研究"，进行此类研究时，研究者需基于丰富的文献资料，从哲学和方法论的深层次进行透彻的分析，以发现和阐述教育现象的本质及其运作规律。

2. 实验研究

实验研究是在一定教育理论或假设的指导下，通过实验探究教育规律的活动。

---

[1] 倪娟. 基础教育高质量发展战略研究［J］. 上海教育科研, 2022（7）：5-11.
[2] 吴夏雨."双减"背景下小学语文作业设计的策略研究［D］. 重庆：西南大学, 2023.

如"插电与不插电课程促进幼儿计算思维发展的实验研究①"，这一研究通过随机对照实验的研究设计，比较机器人编程课程、平板编程课程和不插电计算思维教育活动对幼儿计算思维发展的影响。

3. 追因研究

追因研究是不直接控制自变量而追溯某些教育现象产生的原因，它是从结果求原因的一种研究方法。例如：某一学生突然出现多种不良的行为习惯，而通过教育劝说难以在短时间内改变，这时作为反思性研究者的教师可以考虑对该学生开展个案追因研究，以了解问题的症结所在，从而有的放矢地施以教育活动②。

4. 调查研究

调查研究是通过各种方法与手段，有目的、有计划地搜集教育现象或研究对象的材料，以发现其规律的研究。如"困境与希望：信息科技教师身份认同的调查研究③"，这一研究通过运用问卷调查法和访谈法搜集信息科技教师身份认同现状及影响因素的数据，分析数据结果显示信息科技教师的身份认同总体处于中等水平，影响其身份认同的因素包括学校课程建设与课程政策、学校组织管理、教师的个人与职业特征。

（四）历史研究、现实研究和超前预测研究

按照研究时序的不同，教育科学研究可分为历史研究、现实研究和超前预测研究。

1. 历史研究

历史研究专注于教育过程的历史演变，它涉及搜集特定教育现象起源、发展及变迁的历史资料，并对这些资料进行系统性、客观性的分析探究，以此来揭示该教育现象的发展规律。如"中国共产党百年中小学教材建设的中国智慧④"，这一研究系统梳理了中国共产党百年征程中的中小学教材建设在理论层面的创新性认识和在教材实践层面的创造性策略，并从中凝练中国共产党百年征程中的中小学教材建设的实践智慧。

2. 现实研究

现实研究指对某一教育现象或教育对象的基本特征进行研究。如"新生代乡村教师专业发展的文化自觉⑤"，这一研究针对新生代乡村教师专业发展面临的乡土身份迷失、乡土素养匮乏和学校文化落伍等诸多文化困境展开探究，有针对性地提出合理路径，助力新时代乡村教师专业发展。

导论

---

① 杨伟鹏. 插电与不插电课程促进幼儿计算思维发展的实验研究 [J]. 学前教育研究，2024（1）：76-86.

② 张宝臣. 学前教育科学研究方法 [M]. 3 版. 上海：复旦大学出版社，2023：113-114.

③ 梁志远，安涛，武俊学，等. 困境与希望：信息科技教师身份认同的调查研究 [J]. 电化教育研究，2024，45（5）：90-97.

④ 石鸥，刘艳琳. 中国共产党百年中小学教材建设的中国智慧 [J]. 教育学报，2021（5）：73-86.

⑤ 石娟，黄晓凤. 新生代乡村教师专业发展的文化自觉 [J]. 当代教育与文化，2024（1）：14-22.

3. 超前预测研究

超前预测研究指根据研究对象的发展规律及现实情况，对未来发展趋势进行研究。如"人口变动对教育资源配置的影响与对策"[①]，该研究针对出生人口下降、人口总量下降的现实，研究了人口变动给教师资源配置、学校布局调整、教育经费投入带来的挑战，并在此基础上为调整优化教育资源配置提出合理建议。

（五）量化研究和质性研究

按研究范式的不同，教育科学研究可分为量化研究和质性研究。

【资料卡片】0-2

量化研究与质性研究的比较

类别	量化研究	质性研究
研究目的	将结果从样本推广到所研究的总体	对潜在的理由和动机求得一个定性的理解
理论基础	实证主义	建构主义、解释学、现象学等
研究问题	着眼于事物的量	着眼于事物的质
研究依据	现实资料数据	历史事实和生活经验材料
研究手段	经验测量、统计分析和建立模型等方法	逻辑推理、历史比较等方法
学科基础	概率论、社会统计学等为基础	以逻辑学、历史学为基础
研究样本	由有代表性的个案组成的大样本	由无代表性的个案组成的小样本
数据收集	有结构的	无结构的
分析方法	统计的方法	非统计的方法
结论表述	以数据、模式、图形等来表达	以文字描述为主
研究结论	建议最后的行动路线	获取一个初步的理解

资料来源：卢家楣. 教育科学研究方法［M］. 上海：上海教育出版社，2012：13.

1. 量化研究

量化研究是科学实证主义研究的范式，它采用标准化的调查、实验、测量、统计等量化手段收集和分析数据，研究过程应凸显科学性、规范性、精确性等特征。

研究者一般先提出一个理论假设，目的在于证实或证伪已有假设，并由此把握所研究现象的总体情况、规律性特征。同时，研究者要确保所得出的研究结论不会因为研究者的不同而有显著差异。开展量化研究的方法主要有调查法（问卷调查、访谈、观察）和实验法（实验和准实验）。

---

① 薛二勇. 人口变动对教育资源配置的影响与对策［J］. 人民论坛，2023（15）：42–47.

2. 质性研究

质性研究是解释主义的范式，强调立足于研究问题所产生的现场，采用非标准化的、具有自然主义特征的方法进行研究。

质性研究是以研究者本人作为研究工具，在自然情境下采用多种资料收集方法对社会现象进行整体性探究，使用归纳法分析资料和形成理论，通过与研究对象互动对其行为和意义建构获得解释性理解的一种活动①。与量化研究不同，质性研究一般情况下不先行设定研究假设，而且研究设计会随着研究的推进因势而变。质性研究特别注重研究者的个人感受与体验。不同研究者针对同一问题进行研究，可能因为他们的理论基础、研究视角及知识储备、分析方式的不同而对研究问题具有不同的解释。开展质性研究的研究方法主要有访谈法、参与观察法、实物分析法（文本分析法、教学日志分析等）。

依据不同的分类标准，教育科学研究还有其他很多种分类，这里主要列举较为常见的教育科学研究类型。需要强调的是，每一种类型并不是完全独立的，而是可以相互交叉的。如"中国共产党百年中小学教材建设的中国智慧"② 从研究目的看属于基础研究，从研究视野大小程度上看属于宏观研究，从研究方式上看属于理论研究，从研究时序上看属于历史研究。因此，我们在确定教育科学研究类型时需要从其分类依据出发，以得出较为明晰的类别。

第四节　教育科学研究的基本准则与一般过程

教育科学研究作为一项科研活动，具备不同于其他一般科学研究的独特属性，这种独特属性体现在教育科学研究的基本准则与一般过程上。通过下文对教育科学研究的基本准则的论述我们不难发现教育科学研究的独特属性。另外，相较于教育科学研究的基本准则而言，教育科学研究的一般过程就表现出与其他科学研究过程的相似性，但是其具体操作方式与内容上仍有所差异。

一、教育科学研究的基本准则

为确保教育科学研究工作的规范性与科学性，从事科研工作的教育科学研究工作者必须遵守客观性、创新性、理论联系实际和伦理性四项基本原则。

（一）客观性

任何教育科学研究方法都有其自身的内在规律，都有一定的科学原理，也有特定的研究程序。任何教育科学研究方法的运用都应该遵循其内在的规定和基本的原则。在教育科学研究过程中，我们必须按程序和要求去研究客观现实，不能随意更

---

① 陈向明. 质性研究的新发展及其对社会科学研究的意义 [J]. 教育研究与实验，2008（2）：14-18.
② 石鸥，刘艳琳. 中国共产党百年中小学教材建设的中国智慧 [J]. 教育学报，2021（5）：73-86.

改和省略。从课题的选择到材料的分析，从方法手段到研究的组织都必须客观科学，才能取得理想的效果。同时，研究的结论必须经过证实或实践检验，才能保证其客观性、科学性。

（二）创新性

创新并不意味着全盘否定，而是对教育科学研究方法传统的批判和继承，在继承与创新的平衡与张力中，使教育在积累中更新和发展。每一种方法都有一定的适用范围，能运用到教育科学研究中的万能的方法是不存在的，因此研究人员必须根据所要研究的问题，适时调节教育研究方法，注意多种教育科学研究方法的融会贯通。

（三）理论联系实际

理论联系实际原则是将理论所学内容与实际操作相联系，以达到在实践中学习理论，在理论中获得实践方法的目的。实际上，教育科学研究并不仅仅是追求学术价值，更是追求实用价值，需要运用学术研究成果切实解决一线教育实践所产生的实际问题，服务于教育实践活动。教育科学研究工作者必须将务实作为开展一切教育科学研究工作的基本准则，切实解决教育实际问题，避免"天马行空""纸上谈兵"式的研究工作。

（四）伦理性

教育科学研究者在从事教育研究工作时，必须具有专业的伦理道德。不重视伦理的研究者即使研究做得再好，也会失去研究的意义和价值。这表现在方法的使用上，要遵循基本的社会道德原则，做到"以人为本"，尊重被研究者。如访谈时，要坚持双方的平等对话，要尊重对方的选择，要替对方保密信息，不侵犯个人隐私权等。要避免研究过程中对对方身体和心理造成伤害，不给受访者不恰当的压力。

二、教育科学研究的一般过程

教育科学研究者掌握教育科学研究的一般过程是开展研究工作的重要前提，它对于保证研究成果的质量、提高研究工作的效率等方面极具价值。面向不同的课题性质、课题大小，教育科学研究的一般过程略有差异，但是总体来看，科学而正规的教育科学研究活动的一般过程包括发现和界定问题、文献检索和评析、设计研究方案、收集研究数据、分析研究数据、得出结论并汇报成果六个基本环节。其中，发现和界定问题是教育科学研究的前提，文献检索和评论是进行教育科学研究活动的基础，设计研究方案是确保整个课题研究顺利推进的关键，收集与分析数据或信息是教育科学研究过程的主体，而得出研究结论并汇报成果则是课题研究价值的体现。

（一）发现和界定问题

一切科学研究始于问题，发现和界定问题是教育科学研究工作的前提。研究者对研究问题的发现和界定一定程度上决定着该项研究成果的价值，与此同时，研究问题对整个研究活动具有制约性和导向性作用，它决定着研究的性质和研究的方法。在发现和界定问题阶段，研究者需要明确课题的来源有哪些途径、如何发现研究问题、怎样论证研究课题以及所选课题的意义如何等。有关发现和界定问题的详细内容，将在本书的第一章详细讨论。

（二）文献检索和评析

文献检索和评析是开展所有研究活动的必要环节，它作为教育科学研究活动的基础性与准备性工作，要求研究者全面查找并阅读与研究问题密切相关的已有研究资料。教育科学研究工作具有继承性与创新性。通过检索阅读与研究问题相关的已有文献，一方面，研究者能够进一步地修正或细化自己的研究问题；另一方面，研究者能够更加明确自己研究的出发点与落脚点，瞄准自己研究的突破口。有关文献检索和评析的详细内容，将在本书的第二章详细讨论。

（三）设计研究方案

设计研究方案是整个教育科学研究活动的灵魂，一项完善而科学的研究方案，既是课题研究工作顺利开展的基础，也是课题研究质量的重要保证。设计研究方案是指研究者对如何开展课题研究工作加以统筹规划，主要包括研究目标、核心概念界定、研究思路、研究方法和研究工具设计五个方面。研究者设计的研究方案具有预见性、决策性和概括性，它决定着课题研究工作的基本走向，一般通过书面的形式加以表达。有关设计研究方案的详细内容，将在本书的第一章详细讨论。

（四）收集研究数据

收集与分析数据是整个教育科学研究活动的主体，二者直接影响着获取研究成果的可能性以及研究结果的可靠性。广义上的研究数据包含量化研究的量化数据与质性研究的文字性资料。一般而言，教育科学研究数据的收集，主要包括一手数据的收集、二手数据的收集。其中，一手数据的收集指的是研究者根据研究方案专门进行的原始资料收集，比如研究者运用问卷调查法、观察法和访谈法等研究方法收集数据。二手数据的收集指的是研究者对那些因为其他的目的获得的资料进行收集的方式，常见的二手资料主要包括文献资料、调研报告、专家采访、书籍和报刊等。本书的第三至第十一章等章节，将会对具体的研究数据收集方法展开详细介绍。

（五）分析研究数据

一般而言，研究者收集到的绝大多数研究数据不能直接回答或解释研究问题，通常需要研究者对这些数据进行进一步的加工处理，从而揭示数据或信息背后所蕴含的问题。量化研究和质性研究的数据资料之间存在较大的差异，其数据分析方式也有所不同。就量化研究所收集到的量化数据而言，研究者需要将其转化成数字的形式，并运用统计分析软件（SPSS、Mplus 等）对其进行描述性统计分析、相关性分析和回归分析等；就质性研究所收集到的文字资料而言，研究者则无须转化，可以直接对其进行编码和归类，既可以人工编码归类，也可以借用质性分析软件（如NVivo）编码归类。此部分内容将融入第三至第十一章研究数据收集中讲解。

（六）得出结论并汇报成果

课题研究的应用价值和推广价值有赖于研究成果的汇报，而汇报研究成果需要研究者撰写研究报告。研究者撰写教育科学研究报告的过程是实践操作的概括性过程、理论思考的提炼过程和整体研究的反思过程①，它要求研究者持以严谨的学风、严密的方法和严肃的态度，必须确保研究报告的客观性、科学性和可读性。这一问题将在第十二章详细论述。

理解·反思·探究

1. 如何理解教育科学研究这一概念？
2. 简述教育科学研究的特点。
3. 研究者开展教育科学研究工作必须遵守哪些基本准则？
4. 简述教育科学研究的一般过程。

拓展阅读

［1］徐冰鸥，张旭芳. 新中国教育研究方法教材建设：回顾、审思与前瞻［J］. 中国教育科学（中英文），2023（1）：134-144.

［2］顾明远. 中国现代教育学科的创立与发展［J］. 北京师范大学学报（社会科学版），2022（5）：5-9.

［3］姚计海，王喜雪. 近十年来我国教育研究方法的分析与反思［J］. 教育研究，2013（3）：20-24.

［4］叶澜. 教育研究方法论初探［M］. 上海：上海教育出版社，2014.

［5］陈平辉，王一定，刘艳玲. 教育科学研究方法［M］. 江西：江西高校出版社，2018.

---

① 卢家楣. 教育科学研究方法［M］. 上海：上海教育出版社，2012：23.

第一章　选题与开题报告的撰写

要点提示

　　选题是进行教育科学研究的开端，确定选题后撰写开题报告是学位论文的关键环节。本章将探究选题与开题报告撰写两大问题，帮助学习者了解选题的内涵、来源、原则、策略与方法，引导学习者掌握开题报告的主要内容与撰写要求。

思维导图

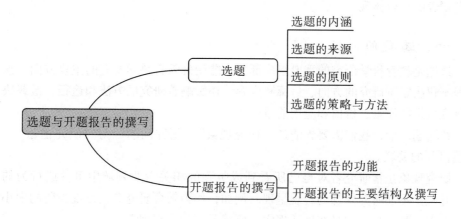

第一节 选题

习近平总书记勉励广大青年把学习作为首要任务，作为一种责任、一种精神追求、一种生活方式，树立梦想从学习开始、事业靠本领成就的观念，让勤奋学习成为青春远航的动力，让增长本领成为青春搏击的能量①。科研是提高个体研究能力的重要途径之一，而从事科研活动首先需要考虑到的就是选题，即研究什么问题。

爱因斯坦在《物理学的进化》中指出，"提出一个问题往往比解决一个问题更重要，因为解决一个问题也许仅是一个数学上或实验上的技能而已，而提出新的问题、新的可能性，从新的角度去看旧的问题，都需要有创造性的想象力，而且标志着科学的真正进步"。这句话强调了提出问题的重要性，认为提出新问题需要更高的智力活动和创新性思维。由此可见，选择一个研究问题预示着研究成功了一大半。

教育科学研究工作要想取得成效和突破，最为重要的前提就是选取一个具有研究价值并且适合自己的主题。科学研究始于问题，发现并提出有意义的研究问题是开展科学研究的起点和关键。一项研究的价值很大程度上取决于研究主题。同时，选题在很大程度上能彰显研究者的研究水平和素养，从一个选题大概可以看出研究者的专业理论水平、研究能力、研究视野、研究判断力及教育研究经验等，这些是研究素养的综合体现。

一、选题的内涵

选题是教育科学研究的重要组成部分，能明确教育科学研究的主攻方向。这一过程不仅决定了研究的方向、目标和内容，还影响着研究的方法和途径，最终决定了研究成果的质量、价值和应用前景。

在选题之前，我们需要弄清楚"研究现象""研究问题"与"研究主题""研究题目"的关联。

研究现象是指研究者对自己所看到或听到的相关专业领域中事件或行为的呈现，并且是不加研究修饰的直观呈现。例如，作为教育研究者，发现当前的中小学生作业多、睡眠少，这是在生活现实中所感受到的直观现象。

研究问题是某一研究现象引起研究者的注意，使其对这一现象展开思考，形成研究问题。当研究者对当前的中小学生作业多、睡眠少这一现象感兴趣时，研究者便对此展开思考，形成关于中小学生学业问题的相关研究。研究问题可以说是一个研究领域。

---

① 《习近平总书记教育重要论述讲义》编写组. 习近平总书记教育重要论述讲义［M］. 北京：高等教育出版社，2020：62.

研究主题是对教育研究某一问题领域的进一步具体化，研究方向更加明确、内容更加聚焦，有助于研究者开展更细化的文献查阅，为进一步确定选题奠定基础。例如，"关于中小学生学业问题的相关研究"这一问题，研究者结合自身的研究兴趣，可以将研究进一步聚焦，形成中小学生学业负担的相关研究或中小学生作业设计的相关研究等，具有较为明晰的研究范围。

研究题目是对研究主题的进一步细化与聚焦，是依据研究目的，通过对研究对象的主客观条件进行分析而确立的研究课题。本章这里所说的选题，一般指确定研究题目。例如，"中小学生学业负担的相关研究"这一研究主题，在查阅相关文献的基础上，可形成"中小学生学业负担的归因研究"，从这一题目中可看出研究对象、研究内容及方法。一般而言的选题便是明确研究题目的过程，学术论文与学位论文均涉及选题的问题。

二、选题的来源

选题的来源主要是指确定论文研究主题或方向的依据和背景。初涉科研领域的研究者，常常困于不知从何处去选择研究问题。其实，选题的来源是多方面的，可以通过多种途径去选择研究问题。

（一）从已有的文献中选择选题

要从过去的研究中发现问题，最重要的是查阅有关的研究文献。在教育类著作、期刊论文、报纸、会议交流论文集等文献中，都可以看到关于教育科学研究的成果与动态。通过阅读这些文献，结合教育实践，我们便可以从中发掘出值得研究的课题，并形成一定的理论思考。

教育类著作，特别是经典专著总能给人以思想的启迪与引领，能让读者不自觉地结合教育实践有所思、有所悟，并从中找出适当选题。例如，《夸美纽斯"泛智"思想之于当代学前教育的启示——基于〈大教学论〉的解读》[1] 是作者在认真研读教育经典著作夸美纽斯的《大教学论》后，立足当前学前教育实际展开的理论思考，形成了这一选题；《教育的浪漫与自由——基于怀特海浪漫阶段教育思想的启示》[2] 则是作者在认真研读教育经典著作怀特海的《教育目的》之后，对怀特海提出的教育阶段比较感兴趣，再结合目前我国小学教育的困境，选取了浪漫阶段展开深入思考，从而形成这一选题。

期刊论文也是开展研究时重要的文献来源。在明确研究方向的基础上研读期刊论文，可以让自己更加清晰已有研究状况，找到适合自己的选题。不管是学术论文选题还是学位论文选题，都是较为普遍的从期刊论文中选题的方式。例如，《王小

① 石娟，杨思敏. 夸美纽斯"泛智"思想之于当代学前教育的启示：基于《大教学论》的解读［J］. 商丘师范学院学报，2022（5）：88-92.
② 石娟，唐佳. 教育的浪漫与自由：基于怀特海浪漫阶段教育思想的启示［J］. 内江师范学院学报，2023（5）：84-89.

刚为什么不上学了——一位辍学生的个案调查》① 这篇论文是课题组与西北某省教育科学研究所的研究人员到该生所在地进行的一个预调查中定性研究部分的一个个案报告。从个案研究法这一研究方法的视角出发，可将这篇论文视为元文献，成为以后探讨质性研究、个案研究法的重要参考。各学者以此文为依据，明确研究选题，在不同的历史时期分别形成了《质的研究中效度问题探讨——以〈王小刚为什么不上学？一位辍学学生的个案调查〉为例》② 《谈案例研究中的规范化问题——兼评〈王小刚为什么不上学了？一位辍学生的个案调查〉》③《案例研究中的情感因素分析——读〈王小刚为什么不上学了？一位辍学生的个案调查〉》④ 《从"三角互证"看案例研究的资料收集——以〈王小刚为什么不上学了——一位辍学生的个案调查〉为例》⑤。同一个研究主题在不同历史时期可以从不同视角选题，展开研究，得出不同的结论。从期刊论文选题，另一类较为常见的做法是基于对已发表学术论文的质疑，与论文作者商榷。

（二）从教育教学实际中去寻找选题

教育科学研究是与教育教学实际紧密相连的一项活动，教育教学实际存在的问题、教育实践中的优秀经验、教学改革的实践做法等均可以成为选题的来源。例如，教学方法创新、某学校的智慧教育优秀经验、学校劳动教育的优秀经验、学校校本课程开发等都可作为选题进行研究。

（三）从生活或工作经验中选择选题

教育工作者，特别是有经验的教育工作者，在教育实际中积累了较为丰富的生活或教育工作经验，因此可在对生活或工作经验做理论思考的基础上，从中发现有价值的研究课题。如对学生的学习动机研究、中小学生学业负担分析研究、小学生学习习惯养成研究、教师职业幸福感研究等。例如，有一位教师偶然发现，学生对配乐散文比一般的泛读兴趣更浓，而且配乐散文对学生记叙能力的提高有显著效果，所以提出了一个课题"配乐散文对提高学生记叙能力的影响"。

（四）从不同学科的交叉中发现选题

随着教育科学体系的不断完善，教育学与其他许多邻近学科不断交叉、融合，形成了许多交叉学科，如教育经济学、教育社会学、教育心理学、教育管理学、教育生态学、教育伦理学、教育哲学、教育美学、教育法学、教育评价学、教育未来学、教育技术学等。只要细心去钻研，这些都是可以发现值得研究的好问题的领

---

① 陈向明. 王小刚为什么不上学了：一位辍学生的个案调查［J］. 教育研究与实验，1996（1）：35-45.

② 朱玉婷. 质的研究中效度问题探讨：以《王小刚为什么不上学？一位辍学学生的个案调查》为例［J］. 理工高教研究，2008（1）：84-86.

③ 鲍超，崔文菊，蔡勇强. 谈案例研究中的规范化问题：兼评《王小刚为什么不上学了？一位辍学生的个案调查》［J］. 上海教育科研，2012（7）：44-47.

④ 刘茹月，杨李娜. 案例研究中的情感因素分析：读《王小刚为什么不上学了？一位辍学生的个案调查》［J］. 内蒙古师范大学学报（教育科学版），2019（8）：58-61.

⑤ 石露洁，杨李娜. 从"三角互证"看案例研究的资料收集：以《王小刚为什么不上学了——一位辍学生的个案调查》为例［J］. 成都师范学院学报，2019（12）：60-64.

域。如"数字教科书研制的适用性困境与进路思考"①，这个题目涉及课程与教学论、教育技术学、教育出版学等方面的知识内容，属于交叉学科的选题。

（五）从各级课题指南中选择课题

各级教育主管部门定期发布的课题指南是一个很好的课题选择机会，从课题指南中可以看出国家在近期研究的热点，为研究提供明确方向。例如，每年度发布的国家社会科学基金项目指南、全国教育科学规划项目选题指南、省市教育科学研究项目指南等。

【资料卡片】1-1

2024 年度全国教育科学规划项目选题指南（节选）

1. 教育与人口双向影响研究
2. 高质量教育体系研究
3. 拔尖创新人才一体化培养研究
4. 重大战略区域教育现代化研究
5. 教育扩大中等收入群体机制研究
6. 教育对经济社会发展贡献研究
7. 区域整体发展素质教育研究
8. 港澳教育融入教育强国建设研究
9. 人口变动下教育标准调整研究
10. 教育法典编纂研究

资料来源：全国教育科学规划领导小组办公室. 2024 年度全国教育科学规划项目申报公告［EB/OL］.（2024-04-30）［2024-11-29］. https://onsgep.moe.edu.cn/edoas2/website7/level3.jsp? id=1714112087263135.

（六）从与专业人员的交流中选择课题

多参加有关的教育学术研讨会、学术交流活动，可以获得和专业人员对话接触的机会，从而找到一些值得研究的问题。例如，教育座谈会、教育思想研讨会、教育经验交流会、教育学年会、教育专题讨论会等。

（七）从教育期刊的征稿启事或选题热点中选择课题

教育期刊一般会在年末的最后一期和次年的第一期刊载新一年的期刊征稿启事或选题热点。期刊上刊载的征稿启事或选题热点是该期刊在一定时期内的研究热点和关注点，研究者可以围绕期刊所提供的选题来撰写学术论文或开展课题研究。

---

① 石娟，石鸥. 数字教科书研制的适用性困境与进路思考［J］. 课程·教材·教法，2021（8）：51-55.

【资料卡片】1-2

2024 年度《课程·教材·教法》选题热点（节选）

1. 习近平新时代中国特色社会主义思想"三进"研究
2. 重大主题教育进中小学课程教材研究
3. 中国特色课程与教学论学科、学术、话语三大体系建构研究
4. 高质量基础教育课程体系、教材体系、教学体系研究
5. 中小学教材建设与管理研究
6. 教材基本理论与教材学科建构研究
7. 基于义务教育新课程方案与课程标准的学科新教材编研与使用研究
8. 教育"双减"背景下中小学课程优化、教学创新与作业变革研究
9. 大中小学思想政治理论课教学一体化研究
10. 中小学统编三科教材的编研、阐释与使用研究

资料来源：《课程·教材·教法》2024 年重点选题［J］. 课程·教材·教法，2024（3）：162.

（八）研究者接受委托、指派进行某项研究

研究者接受有关部门或团体的委托、指派开展研究，通常有机会接受此类委托指派的研究者属于资深学者或某一研究领域的专家。

三、选题的原则

选择题目的好坏关系着论文的成败。在决定论文题目时，必须经过审慎的考虑和选择，"良好的开端，是成功的一半"，好的课题是研究成功的一半。选择研究课题时必须遵循一定的标准和法则，这些标准和法则能指导研究者根据社会发展和学科发展的需要及个人兴趣和能力进行选择。

（一）价值性原则

价值性原则是选择研究问题的首要的基本原则。这里所说的"价值性"，是指选择的研究问题要有一定价值，对教育实践的发展有所推动，或对教育科学自身发展有所帮助。通常，在选择课题时应优先选择当前社会实践中迫切需要解决的重大问题，以及针对学科理论自身发展的需要选择研究课题。对价值的衡量标准主要有以下三个：一是选题要有方向性，选题要符合教育教学的基本规律和发展方向；二是选题要有针对性，选择的课题要切合实际情况，针对教育教学发展过程中的不良倾向、薄弱环节和突出矛盾；三是选题要有普遍性，选择的课题要考虑其研究成果是否具有普遍性和推广性，普遍性和推广性愈强，课题的社会价值就愈大。

（二）科学性原则

科学性原则强调选题要以马克思主义基本原理为指南，以科学实践反复论证为基础，从而得出科学的研究结论。如果选题违背科学性原则，就可能使研究陷入非

科学或伪科学的歧途。

1. 以事实为依据

选题要以一定的事实为依据，这是选题的实践基础。研究课题是从实践中产生的，具有很强的针对性；实践经验同时又为课题的形成提供依据。如郑州春霖职业培训学校校长郭某发表在《写真地理》2021 年第 11 期上的《熟鸡蛋变成生鸡蛋（鸡蛋返生）——孵化雏鸡的实验报告》一文声称利用"超心理意识能量方法"可使"熟蛋返生孵小鸡"显然就违背了科学性原则。

2. 以教育科学基本原理为依据

选题要以教育科学基本原理为依据，这是选题的理论基础。教育科学理论将对选题起到定向、规范、选择和解释作用。如"试论家庭环境对小学生个性品质的决定性影响"就不符合教育科学的基本原理——环境对个体发展虽有影响，但不能起决定性作用，可以更正为"试论家庭环境对小学生个性品质的影响"。

（三）创新性原则

研究的生命在于创新，创新是科学研究的灵魂。创新性是指，该选题在前人研究的基础上有一定的新意和突破。如何去创新呢？创新的前提是继承，在大量掌握前人研究的基础上生成自己独特的学术观点是创新的必经之路。

根据课题创新的程度不同，课题创新可分为三个层次。第一个层次是自创性，这是最低层次的创新课题，是研究者在未查阅足够多文献的情况下，自认为自己的研究课题有新意，这种研究选题往往对研究者自己而言是前所未有的，但对社会或对别人并没有什么创新价值。第二个层次是再创性，这是中层次的创新课题。有的是将别人的研究课题加以组装、分解和改造后再生出的新课题；有的是将已有的研究课题运用到新的领域、情境、学科等实践中；还有的是在某方面有所创新，这一层次往往是在研究观点、方法、内容等方面有所创新。第三个层次是独创性，这是高层次的创新课题。研究者的研究课题提出了没有人提过的新问题，开辟无人涉及的研究领域，创立新的理论体系、教学流派和教学模式等，填补了某一领域的空白。

研究者只要做到以下任何一点，都可以认为是有所创新：做前人没有做过的研究；使用新的方法去研究旧的问题；从不同角度去研究旧问题；虽然论点旧，但论据新；对前人研究结论抱有疑问，重复研究旧问题验证了前人研究结论的错误；对前人研究的深化等。

（四）可行性原则

可行性原则是研究者从主客观条件和研究难易程度等方面综合考虑自己是否能完成课题研究。在主客观条件方面，主观条件主要包括研究者的知识结构、研究能力、专业特长、思想水平、科学品格、心理素质和研究兴趣等方面；客观条件主要包括课题研究所必需的人力、物力、财力等方面的因素。在课题的难易程度上，小而容易的课题研究起来会相对顺利，成功率也比较高；大而难的课题遇阻受挫的概率较大，成功率也相对较小。

四、选题的策略与方法

教育领域广大，研究课题丰富，要选择一个既有较高价值，又适合自己研究实际且能够取得研究成果的课题应该适当采用一些策略和方法。

（一）选题的策略

选题的具体化策略是指将原来头脑中那些空泛、模糊、宏大的主题研究领域或研究主体细化为一个具体、可研究的问题或项目。这一过程涉及将一个抽象或广泛的选题转化为一个具有明确研究范围和目标的具体研究课题。通过具体化策略，研究者能够更清晰地定义研究问题，确保研究的针对性和可行性，避免研究过程中出现偏离主题或范围不明确的情况。选题的具体化策略主要包括以下几个要点：

1. 缩小范围

缩小范围是指将宽泛的主题缩小到易于把握的程度。主题涉及的范围应与研究的时间、地点、研究人员和对象的数量等相适应。具体来说，应该做到大处着眼，小处着手；善于"小题大做"；善于对大的问题进行适当分解。

2. 聚集焦点

聚集焦点是指从研究现象到研究问题到研究主题再到研究题目，使研究范围不断具体化、细化的过程，明确主题类型，确定范围边界，聚焦到具体的问题或现象上。这是缩小内容范围的一个特例，通过不断聚集的方式来缩小内容范围，突出关键问题和特定方面。

3. 确定视角

在研究焦点确定的基础上，研究者继续挖掘研究问题，运用提问技巧，如争鸣、猎奇、质疑、辨误等，确定最终的研究视角。研究者也可通过阅读相关领域的文献和资料，了解研究现状和趋势，发现研究空白或不足之处，作为选题的切入点。

综上所述，选题的具体化策略包括明确缩小范围、聚集焦点、确定视角等方面。这些策略可以帮助我们更好地明确研究方向和细化选题，为后续的研究工作打下坚实的基础。

（二）选题的方法

选题的具体方法应根据研究问题和领域的特点进行灵活调整，以提高研究的科学性和实用性。以下列举五种方法进行介绍：

1. 问题筛选法

问题筛选法是教育工作者常用的方法。在实际教育活动中，有诸多看似平常的教育现象，研究者可带着问题意识，从专业的视角找出问题，并对这些问题进行归类整理，再分析其重要程度和研究意义的大小，确定其研究价值。最后在查阅文献与广泛听取意见的基础上，从中选取价值明显且符合自己研究能力的问题作为课题。

2. 经验提炼法

研究者可利用其积累的教育工作经验和生活经验，带着专业审视的视角思考如何把经验总结出来、把经验上升到理论的高度，在这一过程中必然要回答一系列的问题，这样便能提炼出有一定实践价值的研究选题。

3. 资料寻疑法

文献资料是重要的选题来源，文献资料中往往隐含着大量的研究课题。研究者在研读文献资料时可使用资料寻疑法，在研读的基础上对相关主题的文献资料加以分析，以合理性批评、科学质疑的学术态度，比较文献资料间的异同，质疑已有研究结论，从中得出研究启发，进而产生研究课题。

4. 现状分析法

现状分析法是在了解教育现状的基础上，通过系统整理、分析、解释和展示研究数据，揭示研究问题内在规律和关系的方法。通过这个方法，研究者可以发现或揭露教育中存在的问题，从而选择适当的课题。这种方法侧重选题前的调研，即在收集研究数据的基础上对现状有较为明晰的把握，强调数据的客观性、严谨性和科学性。

5. 意向转化法

教育工作者有时可能突然对教育的某一问题萌发一种探索的意向，这种意向实际上是一定的教育实践或理论信息在思维中积累的反映。这种意向如不能及时揪住则可能稍纵即逝；如果紧紧抓住，则可能产生一个研究的课题。当这种意向出现时，应对它做进一步的思考，使得问题逐渐清晰起来；同时对有关问题的具体情况做进一步的调查，查阅相应的文献资料，分析其研究价值和承受能力及其他客观条件，从而形成正式的课题。

总之，这些方法各有特点，适用于不同的研究领域和目的。选择合适的方法有助于我们明确研究问题，形成具有创新性和可行性的选题，同时进行选题的过程也是一个不断反馈调整的过程，常常需要反复调研和多次论证。

（三）选题的技巧

选题的技巧，指的是在科学研究、论文写作或任何需要确定研究或工作方向的过程中，所采用的一系列有效策略和方法，以确保所选题目既符合个人兴趣和能力，又具有实际价值和研究意义。这些技巧有助于我们避免盲目选题，提高研究或工作的效率和质量。以下是一些常见的选题技巧：

1. 联系实际，关注热点

当前教育改革正在如火如荼地进行，这对搞教育研究的人来说，是一个空前的机遇，有很多热点问题值得我们深入研究，比如"新高考改革""校外培训""教育内卷"等问题。但是千万不要赶"时髦"，不能为了研究热点而研究。研究热点一方面需要基于自身的学术专长，另一方面需要基于自身的研究基础，因此我们可以综合考虑这两方面的因素来选择热点题目。

2. 逆向思维，搜寻盲点

热点问题是被普遍关注的问题，写的人多，创新难度也更大。如果使用逆向思维，寻找那些人们忽视的问题和领域，或者换一个角度看问题，则可能更容易出成果。这就要求我们在选题时，有逆向思维的意识，不随大流，不人云亦云。在一些边界地区、交叉领地可能有更重要的问题需要研究。当然盲点问题也是一个相对的概念，是现实生活中已经发生，但还没引起人们普遍关注的问题。这不但要求我们具有逆向思维的意识，而且具有思维的敏锐性和超前性，善于发现和捕捉问题。如"教师厌教现象""学生的幸福感""农村留守儿童的假日教育""家庭教育中如何培养孩子的运动习惯"等问题相对来说属于研究中的盲点问题。

3. 多多思考，抓住疑点

教育研究中还有不少存在争议或疑惑的问题，如高中文理分科与不分的问题、高考加分的公平性问题、读经教育利弊分析、课外辅导到底有没有存在的必要和价值、学前儿童学习外语是不是越早越好等都有待学界做出进一步的研究。

4. 集中精力，解决难点

教育中也存在尚难以解决的问题，如考试评价制度的创新、青少年犯罪的有效预防、校外培训机构的治理和规范、教育公平、减负等属于解决难度较大的问题，也值得研究者深入研究，早日提出切实可行的解决方案。

（四）确定题目的过程

系统地确定一个既具有挑战性又切实可行的论文题目，可为后续的研究工作打下坚实的基础。论文题目的确定可以从现象、问题、经验、理论思考和自己的发展方向进行思考。

1. 从教育现象到研究题目

研究者日常应多阅读相关学科的学术文献、新闻报道、行业动态等，了解当前领域内的热点问题和发展趋势，时刻关注教育政策的变化、新的教学方法的出现以及学生学习行为的新特点等。例如，在日常的学习、观察中了解到中小学教师知识学习的路径有多种途径，以此展开思考。其逻辑理路如下：教师的知识学习不是孤立的，教师知识学习是为了更好地生成知识，教师知识生成有多种路径，层层递进形成研究选题。例如，教师知识生成的路径探析①，这一题目表述简洁，研究内容指向明确。

2. 从研究问题到研究题目

中华优秀传统文化是什么？中小学教科书中是否有中华优秀传统文化？小学英语教科书中有哪些中华优秀传统文化要素？它们是如何体现的？通过不断提问找出问题，构建以下题目：教科书中中华优秀传统文化要素的呈现与审思——以人教版新起点小学英语教科书为例②。这一题目在对一系列问题展开思考的基础上，进行文本分析的实证研究。

3. 从生活工作经验到研究题目

从自己的生活经验、工作经历或社会观察中发现问题。例如，教育脱贫如何阻断贫困代际传递既是实践问题，也是理论问题。例如，少数民族教师专业发展的文

① 石娟. 教师知识生成的路径探析［J］. 教学与管理，2019（9）：4-6.

② 石娟，万梦莎. 教科书中中华优秀传统文化要素的呈现与审思：以人教版新起点小学英语教科书为例［J］. 内蒙古师范大学学报（教育科学版），2023（2）：129-134.

化自觉①，这一选题是作者基于对民族地区教师校本研修的调研经历，从中发现存在的问题，以此展开深入的理论思考，凝练为表达通畅、高度概括的研究题目。

4. 从理论思考到研究题目

在对文献研读的基础上开展理论思考，将理论思考与实际问题相结合，寻找理论在现实中的应用和解释力，进而形成研究题目。例如，百年党史融入大学生社会主义核心价值观培育的实践路径②，这一题目在对百年党史的理论研究和思考的基础上，深入探究大学生社会主义核心价值观培育的问题，具有一定的理论价值和现实意义。

5. 根据自己的发展方向选题

根据自己的发展方向选题即根据个人经验或兴趣选题。只有确定研究方向后，研究者才能集中精力在某一个研究领域或范畴开展研究，若研究者没有相对集中的研究方向，其研究工作势必难以深入，研究水平势必难以真正提高。

（五）研究题目的表述

论文题目是揭示论文主题的生动表达，一个好的题目是论文成功的第一步。好的研究题目的表述有规范的要求，具体如下：

1. 题目名称的表述要完整

研究题目的表述一般应包括研究问题（内容）、研究对象和研究方法三个部分，适当的时候可加上其他限定词，如背景、视角、视域等。例如，"互联网+"教师培训供给侧结构性改革的实验研究，中国高等教育质量保障政策（1985—2015年）变迁研究，这两个题目能清晰地看到研究内容、研究对象与研究方法，是较为完整的表述。

【资料卡片】1-3

课题名称确定的常见问题

1. 表述不清晰

课题名称表述含糊不清，难以理解。例如，"基于投射技术的小学生生涯规划与心理健康教育实证研究"，这个名称的表述就不清晰，这个课题到底是要研究小学生生涯规划，还是研究心理健康教育问题？是对二者分别进行研究，还是要研究二者之间的关系？

2. 用语不规范

最常见的表现是使用非规范的专业术语，包括自创的词语、不规范的缩略词汇和非通用词语等。例如，"小学主课教学模式创新研究""突出小学艺术教育四性的研究"中的"主课"与"四性"就属于不规范用语。

---

① 石娟. 少数民族教师专业发展的文化自觉 [J]. 中国教育学刊, 2016 (8)：96-100.
② 石娟, 尹盈欢. 百年党史融入大学生社会主义核心价值观培育的实践路径 [J]. 攀枝花学院学报, 2022 (1)：64-70.

3. 对象不明确

对象不明确会导致从名称上无法了解课题的研究对象。例如，"家庭与幼儿园结合，提升幼儿综合素质"这个名称显示的研究对象到底是"家庭与幼儿园结合"，还是"提升幼儿综合素质"？这从名称上很难判断。

4. 文艺色彩浓

教育研究与一般的文学或艺术创作有别，课题名称一般应以严谨、科学的方式表述，通常不用修辞手法和华丽辞藻。例如："自由练笔，放飞心灵的鸽子"就显得过于文艺，也不严肃，还不能揭示课题的基本信息。

5. 表述口号化

口号式的课题名称不仅不能很好地反映课题的信息，还容易给评审专家留下不好的印象。例如，"克服职业倦怠，积极投身教改"等。

6. 题目是结论

课题名称确定之时，课题尚未正式开始研究，虽有一定的研究假设，但尚无经过研究验证的确定性结论，因此结论式的题目不合适。例如，"运用字理进行识字教学能极大提高识字教学的效果"就是确定的结论式题目。

7. 字数超标

课题名称的字数一般并没有明确与绝对的限制，但最多不超过40个汉字（包括标点符号）。通常以控制在20个字内为佳，且尽量不用副标题。字数太多容易分散人的注意，且不容易捕捉课题的关键信息。例如，"'互联网+教育'与自主合作学习相结合的小学课程教学改革与实践——以小学科学课程教学为例"，就给人字数过多、不够精简的感觉。

8. 其他不规范

课题名称不规范的其他表现主要有题目不切实际，超越申请人的能力或不适合申请人研究；选题大小失当，题目揭示的研究范围要么过大，要么过小。

资料来源：饶满萍. 教育科学研究方法与实践［M］. 成都：西南交通大学出版社，2020：183-184.

2. 研究题目的表述用语要规范

研究题目在表述时要用语严谨，使用学术性的语句，避免使用"大白话"和似是而非的词，口号式、结论式的句型也不要用。例如，"扬起自信的风帆""特别的爱给特别的你"都不是严谨的学术性标题。

3. 研究题目应研究具体问题

研究题目不宜过大、过于笼统，否则会让研究者在进行研究时无从下手。要小题大做，不能大题小做，课题越大，研究越空。例如，对于"发挥学生主体作用的研究"这一题目应如何进一步具体化呢？面对这一太过笼统的题目，应先界定范围，即在哪里发挥学生的主体作用？这一题目可先改为：课堂教学中发挥学生主体作用的研究。再进一步聚焦，在哪个学段发挥学生的主体作用？可将题目改为：初中课堂教学中发挥学生主体作用的研究。最后，在哪门课程上发挥学生的主体作用？学生的主体作用如何更好地测量？面对这一系列问题，题目最后可改为：初中语文课堂教学中加强学生自主学习的研究。这样一来，题目更加聚焦，研究主体、主题更加明确。

4. 名称要简洁，不能太长

不管是论文（学术论文与学位论文）或者研究项目，题目都不能太长，一般不宜超过 25 个字，论文的题目在必要时可以加副标题，研究项目的题目一般情况下不要求有副标题。题目过长说明主题不够简洁凝练，一个主题有多重研究内容，这样就会使研究主线和研究重心不明。例如，"以核心素养、课程改革理念为指导，构建整本阅读探究式语文课堂教学模式创新研究"这一题目字数过长，主题有多个研究内容，不能很清晰地看到研究主线和研究重心。

【学习拓展】

根据本节所学内容，分析以下哪些题目的表述更为合理，并说明理由。

（1）小学校本课程研究；

（2）某市小学生情感教育的现状调查；

（3）小学教师专业发展研究；

（4）某省民办小学教师离职原因及其对策研究；

（5）小学个性化教学与学生的个性发展研究；

（6）小学（语文/数学/英语）课程设计的合理性研究；

（7）基础教育课程改革研究。

第二节　开题报告的撰写

开题报告是指开题者对科研课题的一种文字说明材料。开题报告如同一份工作蓝图，能够给研究者提供一个合理的研究流程，突出研究工作的重点，指导研究者明确、高效、有序地完成研究任务。对研究生而言，开题报告是其撰写学位论文至关重要的环节，开题报告质量的优劣直接关乎学位论文写作的顺利与否。

一、开题报告的功能

开题报告是对学生理论学习、科研思考及应用能力的综合检验。无论是学位论文的撰写，还是开题环节的审核，均需提交书面开题报告并进行口头汇报。开题报告在研究工作的顺利推进中发挥着重要作用。

（一）展示与汇报研究内容

不管是书面的开题报告还是口头的开题报告，均需要明确地展示开题报告各部分的内容，如选题背景、文献综述、核心概念、研究目的、研究方法、研究内容、研究可行性、研究框架等，提出初步的设想，并论证研究思路的科学性与可行性。内容的展示与汇报使专家能清楚地知晓研究者的研究意图、内容与操作流程，有助于获得专家的认可，以便顺利通过开题。

（二）修改与完善研究计划

研究者的开题报告特别是在口头汇报的时候，若边汇报边反思，能使自己进一步明晰研究思路；专家针对研究者的开题报告，也会提出修改意见与建议，为研究者进一步完善研究计划提供意见参考。开题报告作为一个研究开始前的研究方案，专家的意见和自我的反思能为整个研究方案的进一步完善、整个研究计划更加可行提供参考依据。

（三）承诺与协约研究行动

开题报告既是一份研究方案，也是一份承诺申请。对于研究者而言，通过开题意味着研究正式开启，研究者需要依照开题报告中所提出的研究阶段的时间节点，积极开展研究，保质保量地完成研究任务。

二、开题报告的主要结构及撰写

从结构上看，开题报告的主要结构包括课题名称、问题的提出、文献综述、研究目的与意义、研究设计、研究提纲、参考文献等内容。不同的研究类型，开题报告各部分的呈现顺序稍有不同。课题名称在本章第一节已经详细讲述，此处不再展开；文献综述将在第二章详细讲述。

（一）问题的提出

研究者根据研究主题，立足该研究所处的大环境以及与课题相关的基本情况（研究背景），为研究提供了一个宏观的框架和具体的情境设定。问题提出是在研究背景基础上顺理成章的产物，不能有丝毫的牵强。研究中的"背景知识"指的是研究者目前对将要研究的现象和问题所了解的情况，其中包括至少三个方面的内容：

（1）前人有关的研究成果。

前人有关的研究成果指的是在研究者将要探讨的研究现象与问题的范围内，目前学术界已经完成的有关研究发现。对前人的研究成果进行检索是为了回答如下问题：前人在这个领域已经做过哪些研究？我的研究在这个领域里处于什么样的位置？通过此项研究我可以做出什么新的贡献？如果此研究问题前人还没有涉及，我的研究可以如何填补这一空白？如果此研究问题前人已经讨论过了，我的研究可以如何提供新的角度和看法？如果前人的研究中存在明显的漏洞和错误，我的研究可以如何对这些谬误进行纠正[①]?

（2）研究者的经验性知识。

研究者的经验性知识指的是研究者本人与研究问题有关的个人经历以及自己对该问题的了解和看法。在进行研究设计的时候，我们应该问自己："我自己在这个方面有哪些个人生活经历和观点？这些经历和观点会对研究产生什么影响？我应该怎样处理这些影响？"

（3）研究者自己有关该研究概念的框架。

"概念框架"展现的是研究者初步的理论设想，它帮助研究者开展高质量的研究，并取得有价值的成果。一个好的研究框架可以使研究更加科学、有效和可靠。它为研究提供了清晰的逻辑结构，提高研究的效率，保证研究的科学性和可靠性，促进学术交流与合作。"概念框架"通常包括这三点：组成研究问题的重要概念以及这些概念之间的各种关系；研究问题的范围、内容维度和层次；研究者自己目前发展出来的工作假设。

研究背景大致可分为现实背景和理论背景两大类。现实背景指课题所涉及的实际社会、经济、文化、技术等方面的具体现状和情况，它主要关注研究课题在现实生活中的产生原因、影响范围以及实际应用的价值等，写作顺序上先写大的现实，而后逐步缩小到教育教学实践的某个领域。理论背景是指课题所在学科领域内已有的理论、学说、原理以及研究成果等，这些理论知识为研究提供了知识基础和科学依据，帮助研究者确定研究在学科理论体系中的位置，它的写作顺序基本上也是由宽广的理论出发，逐步缩小范围，最终说明当前进行这样的研究的意义和价值。无论是现实背景还是理论背景的撰写，在写作风格上，要做到简洁、清晰，直截了当，不使用特别长的句子，尽量避免过多使用过于生僻的专业用语，逻辑流畅，最好能一环扣一环，最终自然而然地推出结论。

在进行研究背景写作时，经常遇到的一个大麻烦，就是容易和文献综述的内容产生冲突，因此要格外注意对研究背景和文献综述的区分。研究背景这一部分，对文献进行简单述评的主要目的只是说明自己的研究是当前理论发展的重要趋势所致，或者是说明自己的研究具有相对的意义。文献综述的目的除了说明研究的意义外，更重要的是梳理理论脉络，呈现现有的研究成果，在梳理文献的过程中，可以帮助研究者发现暂未解决的问题，从而建构研究框架。

（二）研究的目的和意义

研究目的是开题报告中最为简短也是最为重要的构成部分，它就像灯塔，为整个研究过程指明方向，帮助研究者确定具体的研究焦点，避免研究内容过于宽泛或模糊。它的重要意义在于阐明研究究竟要做什么及该研究能对理论或实践产生什么作用，整个研究都围绕着研究目的展开，且能够真正体现研究者所想达成的意义。研究目的侧重于阐述研究活动想要达成的具体目标，是对研究最终成果的一种预期

---

① 陈向明. 质的研究方法与社会科学研究 ［M］. 北京：教育科学出版社，2000：87-91.

描述，研究意义则是强调研究在更广泛的学术领域和实际应用场景中所具有的价值和重要性，它涉及研究为什么值得去做，对学科理论、社会发展、技术进步等方面能做出什么样的贡献。接下来我们一起探讨研究目的和研究意义应如何撰写。

研究目的的撰写需要清晰、准确且具有针对性，使用明确、具体的语言来阐述，避免使用模糊、笼统的词汇，可以按照从宏观到微观、从一般到具体的顺序来组织研究目的的表述，直截了当、简洁是写研究目的的语言风格，例如"本研究的目的在于……""在当前的背景下，本研究力图通过深入的探究，达成如下目的……"

研究意义主要用于说明研究的价值，为研究提供正当性和必要性的依据，有助于在学术交流中获得认可，吸引资金支持，或者在实际应用中引起关注，它回答了"为什么要进行这项研究"的问题。

研究意义一般包括理论意义和实践意义。理论意义主要说明自己的研究对教育理论做出了什么贡献，填补某领域内学科理论的空白，或对当前理论的修正和完善，从而推动学科理论的发展，同时可更好地构建和整合学科理论体系。理论意义主要包括：提供了什么新知识，在方法论上有什么突破，对未来的研究有什么启发等。

实践意义则要说明自己的研究结果对于教育实践具有什么样的直接和间接作用，研究成果能够直接应用于社会、经济、技术等各个领域，解决现实生活中的具体问题。实践意义主要包括：对于教育实践能够提供什么直接的策略，对于教育实践能够提供什么启发等。

理论意义和实践意义虽然有所不同，但相互关联。理论意义侧重于学术理论和思想的发展，而实践意义侧重于实际应用和解决问题。没有实践意义（没有用途）的理论，自然会被淘汰；同样，没有理论支持（缺乏深层次理解）的实践也会缺乏可持续性。因此，一个好的研究应该是理论意义和实践意义兼而有之，这样才能既有学术价值，又有实际应用效果。

（三）研究设计

完成研究目的与意义的撰写后，就需要着手论文的研究设计，研究设计这部分是研究者对该研究的内在逻辑和结构的表现，体现研究者打算实施的具体行动和步骤，对整个研究工作进行规划，制定出探索特定社会现象或事物的具体策略，确定研究的最佳途径，选择恰当的研究方法，同时包含着特定详细的操作步骤及研究方案等方面的内容。简单来说，研究设计需包含五个部分，即核心概念界定、研究问题或研究假设、建立概念框架、研究方法设计及研究的适用范围和局限。

1. 核心概念界定

核心概念界定是在研究设计中十分重要且最基础的一个环节，研究者需对关键的概念、术语进行明确的定义和解释，确定其内涵和外延。这样做的目的是使研究者和其他相关人员（如读者、评审者）对研究涉及的核心概念有统一、清晰地理解，避免概念模糊或歧义而导致的误解。在界定概念时，一定要确保该概念是研究的核心概念，避免出现核心概念不"核心"的情况，同时概念一旦界定，必须保持前后一致。而且对于不同的研究需要的概念清晰程度也有所不同，扎根理论式的质性研究对于概念界定的要求最低，甚至可以不做概念界定；而框架式的质性研究需对概念做出本质定义或描述性定义；量化研究往往需要对概念做出操作性定义。

【教育前沿】1-1

在界定核心概念过程中明确研究问题（节选）

实际上，在开题报告的撰写中，提出研究问题并不是难事，因为只要开题报告确定了题目，那么带着读者的阅读期待、追问的意识，就能自然地推导出研究问题来。

而要明确研究问题，则需先回答"研究什么"，即研究的对象是什么。因为研究是对问题的探究，而问题总是对"什么"或就"什么"的发问。对"什么"或就"什么"的发问的"什么"就是研究对象。确切地说，无论研究什么问题，此问题总是有关某事物或现象的问题。因此，界定核心概念，才能明确研究问题。

资料来源：李润洲. 开题报告撰写的"三题模型"：一种教育学的视角［J］. 学位与研究生教育，2023（5）：14-18.

2. 研究问题或研究假设

我们所做的研究主要可分为两大类，质性研究和量化研究，对于这两类的研究，研究问题或研究假设的撰写也产生不同的情况，但是可以很明确的一点是研究问题或研究假设是整个研究设计的关键性"题眼"。对于研究问题的撰写，质性研究需要使用研究问题而非研究假设，它所研究的问题比较宽泛，有些概念的界定也不是那么清晰、确定。而量化研究的问题要非常清晰、简洁、准确，不能超出主要变量所涵盖的基本意义及各变量间的关系，需要通过操作性定义使概念更加清晰化。

研究假设是一个能够验证真伪的陈述，一般用于比较规范的验证性的量化研究中。作为对研究结果的具体推测，研究假设架起了理论思考和研究程序之间的桥梁。研究假设的提出一定要建立在前面文献综述的基础上，还要和后面的方法设计保持一致。研究假设可以是方向性假设，也可以是虚无假设（零假设），前者在研究上更有逻辑说服力，后者在统计上更加严密。方向性假设是明确说出研究结果的方向，必须在已经做了预研究或文献综述为其提供了有力证据的情况下才使用。一般情况下，更常用的做法是提出虚无假设，它是假设自变量的变化并不能带来因变量的显著差异，主要作用是通过显著性差异检验来接受或推翻这种假设。

那么我们该如何提出假设呢？首先要明确理论依据，对理论依据可以采用类比思维的方式提出研究的假设。在类比的过程中要比较前提条件是否满足或者接近，否则不能直接类推已有研究的结论作为假设；其次也可以采用"否定条件的思维方式"提出假设。一般假设的形式是"若 A，则 B"，那么其等价命题是"若非 B，则非 A"，这是不证自明的，但否定条件的思维方式则是假设"若非 A，则非 B"，也就是考虑如果具备此条件的话能得出此结论，那么否定此条件能否得出相反的结论吗[①]？最后可以从"差异性"的角度来考虑假设。在研究假设的写作过程中，一般来说，多个简短、易验证的假设比一个长的、难以操作的假设要更清楚一些。

3. 建立概念框架

建立概念框架是一种将研究中的关键概念及其相互关系进行结构化组织的过程。它是一个系统性的架构，就像建筑的蓝图一样，用于构建和指导整个研究过程。通过明确概念之间的联系、层次和逻辑顺序，帮助研究者梳理研究思路，使研究更加有条理、更具逻辑性，并且能够更好地呈现研究的理论基础。一般采用图表或者叙述的方式来解释要研究的因素、概念（操作性定义）、变量及它们之间假定的关系。

在量化研究中需要一个非常严谨、具体的概念框架，因为量化研究需要对概念进行测量和统计分析，主要围绕变量构建，通常会借鉴或基于已有的理论模型来建立，并且着重于使概念具有可操作性。质性研究与量化研究有所不同，质性研究不是一开始就有一个固定的概念框架，通常是在研究过程中，随着经验数据（如访谈记录、观察笔记等）的收集和分析逐步构建和调整的，因此质性研究的概念框架更具灵活性，它允许研究者深入探索概念的本质和意义。

4. 研究方法设计

研究方法设计是在研究过程中，为了达到研究目的，合理选择和规划研究方法的过程。它的重要性在于能确保研究的科学性和有效性，通过合理规划研究过程，可以控制干扰因素，保证实验结果具有较高的可靠性。此外，研究方法设计还可以提高研究效率和准确性，为科学决策提供依据，推动学术领域的发展。同时，良好的研究方法设计应该在科学性和可行性上兼顾，确保采用合适的研究方法来回答研究问题。研究方法设计主要包括研究取向、研究工具、分析方法和研究过程，具体内容如下：

（1）研究取向。

研究取向是我们所采用的收集数据的方式和方法及背后的理论假设，秉持的是一种总体的方向、视角或理念，引导研究者贯穿整个研究过程。根据前面的分析，实证研究的取向分为量化研究和质性研究，这两类研究分别有着自己的研究取向。量化研究侧重于揭示普遍规律和因果关系，而质性研究着重于理解和解释社会现象背后的意义、动机和文化背景。在确定研究取向时，有三方面的重要依据：首先，研究目的究竟是要进行探索、解释、验证还是预测；其次，确保研究所依据的理论或视角，每一个理论和视角都有自己的假设，一般需要与这种假设相一致的研究方法；最后，需明确研究者自身的研究条件和研究偏好。

---

① 胡中锋，蒋毅欢. 教育科学研究方法 [M]. 北京：清华大学出版社，2011：44.

（2）研究工具。

研究工具是指在研究过程中，研究者用于收集、分析、测量数据或帮助实现研究目标的各种手段、仪器、软件、技术等资源。这些工具能够帮助研究者更有效地开展研究活动，确保研究的科学性、准确性和可靠性。选择研究工具时最重要的原则为适用性原则，要根据不同类型的研究，选择与之相适应的研究工具。量化研究的描述性研究与相关研究只需简单地测量、观察即可——调查问卷、量表、访谈提纲及其他测量工具等；因果研究则需要设计实验或准实验研究的方案——需要测量工具的同时，相对精密的实验设计也是必要的，尤其是其中自变量、因变量和控制变量的设计和测量显得尤为重要；质性研究又称定性研究，是研究者根据深入访谈、参与式观察、查询档案或记录获得的研究对象的主观资料，通过分析、归类、提炼，找出某些共同特性和内涵，用文字阐述研究结果，研究方法或手段主要有访谈、观察和文件分析等。

（3）分析方法。

不同的研究类型会得到不同的研究结果和研究数据，此时就需要不同的数据分析方法。量化研究的描述性研究多采用描述性统计方法，分析其平均值、标准差、频数分布等描述性统计内容；相关研究采用相关分析和回归分析；因果研究多采用差异显著性检验。质性研究没有量化研究数据分析那么复杂，但也要根据框架式或扎根式写出资料分析方法和分析程序。研究者在写作分析方法选择时，要充分说明自己在研究中所获得的数据类型以及在研究中所采用的分析路径、分析工具和分析方法。

（4）研究过程。

研究过程是一个研究的详细规划，是研究人员为了实现研究目标而采取的一系列步骤和方法。一个明确的研究过程是遵循科学方法的体现，它有助于避免研究中的主观性和随意性，让整个研究得以细分，各个研究环节紧密相连。从最初的问题构思到最后的成果呈现，每个步骤都为下一个步骤奠定基础，同时确立时间表，不仅可让研究的可行性增加，且能进一步帮助研究者理清研究思路，要清楚写明研究要经过哪些步骤，每一个步骤由什么人参与，做哪些工作，在什么期间完成，从而提升研究的质量和效率。此外，当研究者遵循一个确定的研究过程时，他们在与同行交流研究成果时会更加顺畅。其他研究者可以很容易地理解研究的思路、方法和步骤，从而更好地评估研究的价值。

5. 研究的适用范围和局限

研究的适用范围是指研究成果能够有效应用的领域、情境、对象或问题范围。它明确了研究在哪些情况下是适用的，以及能够为哪些具体的实践活动或理论探索提供有价值的参考。不同类型的研究的适用范围也是不同的：量化研究推广的范围实际上是由抽样的总体决定的；质性研究没有严格的推广范围的问题，因为质性研究在很大程度上是有个案意义的。

研究的局限是指由于各种因素的限制，研究在某些方面存在的不足或受到的约束。这些因素可能包括研究方法、样本选择、研究环境、时间和资源等，它们会影响研究结果的准确性、普遍性和完整性。研究局限通常由三个方面的原因造成：一是研究条件的局限，如数据资源局限和资金局限，数据获取困难或者数据质量不高会影响研究，同时有限的研究资金也可能会限制研究的深度和广度；二是研究设计本身的局限，如研究方法单一，因为每种研究方法都有其固有的局限性，仅依赖一种研究方法可能无法全面了解研究对象；三是研究过程中难以预测的因素，如自然灾害、政策变化、市场波动等。因为这些因素具有不确定性，难以准确预测，但它们对研究过程和结果可能产生重大影响。

在开题报告及后面的研究报告中指出研究局限，可帮助研究者清晰自己哪些地方不管如何努力都难以完成，认识到研究过程中的各种限制因素时，就能够更加谨慎地得出结论，也可帮助研究者推脱指责，也体现了研究者的科学态度和诚信。在学术研究领域，真实地呈现研究的全貌，包括其不足之处，是一种负责任的行为，这种做法向读者和同行表明，研究者是在客观地对待自己的研究成果，而不是试图掩盖可能存在的问题，同时有助于防止研究者对研究结果进行过度解读。此外，认识到研究局限可以推动整个学科领域的研究不断完善，引导进一步的研究方向。随着研究的积累，后续研究可以逐步突破前人研究的局限，从而使学科知识不断深化和拓展。

【资料卡片】1-4

教师在承担课题研究需要在开题论证前后做好哪些准备？

一是要在开题报告撰写中群策群力，着重在研究问题确认与研究实施两个重点内容上下功夫，避免用课题申报书代替开题报告的简单做法。

二是要客观看待各种意见，直面问题，并结合专家建议进一步修改完善开题报告，以有效避免在研究正式开始后走弯路或做无用功。

资料来源：严星林. 中小学课题研究开题论证需瞄准"四个关键点"[J]. 中小学管理，2023（7）：42-45.

理解·反思·探究

1. 论述"研究问题""研究主题"和"科研课题"三者之间的关系。

2. 选题的来源和依据有哪些？

3. 开题报告应该包括哪些主要内容？

4. 简述撰写开题报告和撰写小课题申请书之间的异同点。

5. 质性研究和量化研究的研究设计的区别主要体现在哪些方面？

拓展阅读

［1］李润洲. 开题报告撰写的"三题模型"：一种教育学的视角［J］. 学位与研究生教育，2023（5）：14-18.

［2］刘凤朝. 撰写文科博士学位论文开题报告应注意的几个问题［J］. 学位与研究生教育，2005（12）：42-45.

［3］周毅. 研究生学位论文选题原则及方法［J］. 学位与研究生教育，2009（10）：34-41.

［4］陆爱桢. 课题研究中几种常用的选题方法［J］. 教育理论与实践，2008（12）：28.

［5］余来辉，陈雨莲. 我国出版硕士专业学位论文选题及研究方法分析：基于混合研究方法［J］. 出版科学，2024（2）：93-104.

第二章　文献查阅与文献综述

要点提示

　　查阅文献并有效地利用文献是每一个教育研究工作者的基本功，而文献综述像是给研究主题做一个"百科全书"式的梳理。本章将深入探讨文献与文献查阅，帮助学习者了解文献的概念、分类、检索及文献查阅与分析，并在此基础上掌握文献综述的撰写。

思维导图

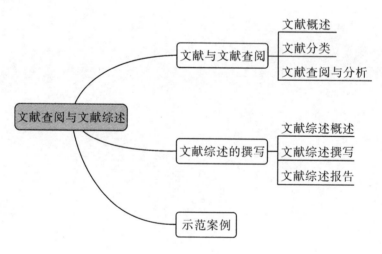

第一节 文献与文献查阅

进行文献查阅，是科研工作的基石，它涉及对特定领域内已有研究成果的系统性探索、分类、检索及深入分析。这一过程始于全面的文献查阅概述，以构建研究背景与框架；紧接着，依靠科学的文献分类与高效的检索技巧，精准定位关键资源；最终，通过细致的文献阅读与分析，批判性地吸收前人智慧，为自身研究奠定坚实基础。

一、文献概述

文献是学术传承和交流的基石，记录了前人的智慧和成果。如何在众多的文献中选择自己需要的文献呢？这就需要我们查阅文献。

文献有广义与狭义之分。广义的文献指已发表过的以及虽未发表但已被整理过、被报道过的那些记录知识的一切载体。广义的文献包括著作、期刊、学位论文、科学报告、档案、报道等，也包括权威机构搜集整理的统计资料和档案材料等各种材料。狭义的文献仅指以某种具体形式存在的参考资料①。

文献的特点主要体现在三个方面：一是文献具有时效性的特点，不同类型的文献有不同的时效性，需要根据具体情况选择使用；二是文献具有可信度和可靠性，需要根据来源、作者、出版社等多个方面进行评估；三是文献具有可获取性、可读性、可引用性等特点，需要根据研究目的和需求进行选择和使用。

二、文献分类

文献的内涵广泛，形式多样。通过有效的文献分类，我们可以系统地整理和分析大量学术资料，为后续的研究提供理论支持和方向指引。根据不同的划分标准，我们可以将文献划分为如下几类：

（一）相关的著作、相关的论文、教育档案类材料

依据文献的概念，可将文献分为三类：相关的著作、相关的论文、教育档案类材料。

相关的著作一般指对某一领域进行全面系统论述的著作，一般篇幅较长。著作具有论述系统、内容广博、观点成熟等特点，是重要科学研究成果的体现，学术参考价值较高②，与研究领域相关的著作常常能给我们提供相对全面的研究背景和理论。

---

① 陈平辉. 教育科学研究方法［M］. 南昌：江西高校出版社，2018：294.
② 鄂丽君. 图情档案学国家社科项目专著成果出版及利用分析［J］. 图书与情报，2009（5）：48-50，58.

相关的论文指与研究有关的论文，是文献查找中最主要的内容。相关论文可以通过访问相关领域的知名期刊、文献综述、引用追踪和关键词搜索等查找。

教育档案类材料是人类在各种社会实践活动中直接形成的，有保存价值的与教育相关的原始文献资料，包括年鉴、教育法令集、学术会议文献、墓志、碑刻等。教育法令集是官方有关教育政策法规的指令性文件汇集，通过立案归档，成为资料的一部分，如《中华人民共和国教育法》①。

（二）零次文献、一次文献、二次文献、三次文献

依据文献的出处，可将文献分为零次文献、一次文献、二次文献、三次文献②。

零次文献指未经发表和有意识处理的最原始的资料，包括个人日记、信函、手稿和单位团体的会议记录、备忘录、卷宗或曾经历过特别事件或行为的人撰写的目击描述以及使用其他方式的实况记录等。零次文献通常在特定领域、特定项目或特定研究中具有参考价值，但它们的获取和引用往往需要借助更为深层的网络或联系。此外，由于这些文献缺乏正式的出版过程，研究者在引用时应更加谨慎，确保其可靠性和有效性。

一次文献指研究者在教育教学实践中直接生成的原始文献，是离事实最近的文献，主要包括调查报告、实验报告、论文、档案材料等。一次文献的内容具有独创性并且具体详尽，有很高的参考和利用价值，但某些一次文献可能不易接触，尤其是历史或专有文档，获取途径十分有限，如柏拉图的《理想国》。

二次文献指在一次文献的基础上进行加工、整理、提炼、压缩后得到的文献，包括辞典、年鉴、参考书、目录索引、文摘、题录等。二次文献能系统地反映某个学科、专业或专题在一定时空范围内的最新研究成果，便于研究人员系统地了解和掌握该领域的发展动态。但由于二次文献是对一次文献的分析，可能会出现信息传递的失真，即对一次文献的解读可能会受到作者个人观点的影响。

三次文献是对一次、二次文献的加工、整理、分析、概括后撰写的文献，如研究动态、研究综述、专题评述、进展报告等。三次文献具有综合性、浓缩性、便捷性等特点，对于研究人员了解某一领域的发展概况、掌握最新研究进展、制订研究计划等具有重要的参考作用。然而，三次文献往往只提供表面上的概述和总结，缺乏对具体研究的深入分析和详细信息。同时，三次文献的质量还会受到一次、二次文献质量的影响。

（三）文件与档案、大众传播媒介的内容、研究文献、私人文献

依据文献的内容，可将文献分为文件与档案、大众传播媒介的内容、研究文献、私人文献③。

---

① 裴娣娜. 教育研究方法导论［M］. 合肥：安徽教育出版社，1995：116.

② 卢玉荣. 文献及其加工层次［J］. 编辑之友，1993（6）：58-60，67.

③ 秦伟. 社会科学研究方法［M］. 成都：四川人民出版社，2000：186-188.

文件与档案一是指党和政府正式文件与档案，如国家法律条文、政策文件及其制定过程中的会议记录，以及其他重大活动记载；二是指社会组织与团体的文件与档案，如各类群众团体、社会组织以及企事业单位等的档案资料、工作报告、文件、声明以及各种音像资料等。

大众传播媒介的内容是指通过各种渠道和平台向大规模受众传播信息、思想、文化和娱乐内容的工具和机构。它包括电视、广播、报纸杂志、互联网、图书、声像等传播媒体上的新闻报道、社会评论等内容。虽然大众传播媒介能够使研究者即时获取信息，但在使用和传播这些内容时，研究者需保持批判性思维，以识别信息的真实性和偏见。

研究文献指公开发表的研究报告、调查纪实等。研究文献为学术界提供了丰富的知识来源，使研究人员能够在已有知识基础上进行新的研究。这类文献的可靠性、科学性较高，但阅读时也要保持批判性思维，分析文献的研究方法、数据来源和结论的合理性。

私人文献通常指的是非公开出版或不广泛分发的文献，包含个人创作、私人收藏、文书、信件、回忆录以及家庭文书（如家谱）等。这类文献可用于个人的研究、学习或其他特定目的，通常不具备学术性和权威性，但在特定情况下仍然有其价值和意义。使用私人文献时需要注意尊重个人隐私和版权问题，尤其是当涉及他人文档或未公开的私人资料时。

因此，依据不同的分类标准，文献的分类呈现出多样化的特点，这些分类方式有助于我们更加全面、系统地了解和利用文献。

三、文献查阅与分析

文献查阅包括文献检索（literature retrieval、literature research）和文献阅读（literature read）两个环节。文献查阅是学术研究的基础，对研究者来说具有重要的意义。第一，文献查阅可帮助研究者了解和熟悉本研究领域中已有的观点和研究成果；第二，帮助研究者形成自己的研究思路；第三，帮助研究者找到适切的研究方法；第四，为研究者提供解释研究结果的框架，提升研究者对教育现象的敏感性。

（一）文献检索

文献检索是寻找和获取所需文献的关键过程，它能够帮助我们快速定位到与研究主题相关的文献，从而提高研究效率和质量。我们需要把握好文献检索的过程、方法和工具。

1. 文献检索的过程

文献检索的过程通常包括以下几个阶段：

（1）分析和准备阶段。

本阶段的任务包括分析研究问题、明确准备检索的要求和范围、选择检索数据库、关键词提取与构建，选择文献管理工具等。此时，研究者需要注意选择合适的检索方式并预估检索结果的可能情况，以便灵活调整检索策略，确保获取全面、准确的文献信息。

（2）搜索阶段。

本阶段的任务是搜索与所研究问题有关的文献，然后从中选择质量好且相关性高、切实可用的资料。在搜索到大量的文献后，研究者就要根据研究目的进行初步筛选，排除与课题无关或质量不高的文献，以便进一步加工。初步筛选时主要筛选阅读摘要、引言、研究方法、研究结果等信息，并以读书笔记、电子表格、资料卡片等方式记录搜集材料。

（3）加工阶段。

加工阶段是指对检索到的文献进行分类整理和评估，以便更好地理解和运用这些信息。为了从搜集到的大量文献中摄取有用的资料，研究者必须对文献做一番去伪存真、去粗存精、由表及里的加工工作：

第一，筛除虚假文献，删除相互重复、较陈旧的资料。虚假或不实的文献资料，通常缺乏科学依据或可信度，可能会对研究产生误导。同时，还应注意删除那些内容相互重复的文献，减少冗余信息，使我们的资料更加精炼。此外，对于较陈旧的资料，也要进行适当的剔除，这些信息可能已被更新的研究取代，无法反映当前的学术前沿。研究者通过这一系列的筛选，可以确保所使用的文献资料既准确可靠，又具备前沿性，从而为研究提供坚实的基础。

第二，保留那些全面、完整、深刻和正确地阐明所要研究问题的一切有关文献资料，以及含有新观点、新材料的资料。这些资料应提供详细的背景信息、理论框架及实践案例，可以为研究提供扎实的理论基础。此外，新颖的见解和数据可以为研究注入新的活力。研究者通过精心筛选和整理，可以确保最终保留的文献资料具备丰富的内容和前瞻性的视角，从而为整个研究提供有力的支持。同时，研究者要对孤证材料特别慎重。

第三，对初步筛选后的材料进行分类编排，确保每个类别下的材料逻辑清晰、层次分明。必要时，研究者可以编制题录索引或目录索引，以更快地找到所需的文献，避免重复劳动和浪费时间。

第四，对准备采用的文献资料，必须进行可靠性鉴别和评价，对那些不完全可靠或有待进一步明确的资料，则不予采用。同时，研究者还应保持对文献的持续关注和更新，以便随时掌握最新的研究动态和进展[1]。

（4）结束阶段。

文献检索到哪里结束呢？对于这个问题，学术界没有确切答案，但其标志有二：一是针对研究者所感兴趣的主题，主要信息和观点都有了，且已找到关键文献及其主要观点，已经知晓重要作者，已经明晰研究的发展脉络；二是研究者发现前人研究的不足，并以此为突破口，为自己的研究提供切入点。

---

① 裴娣娜. 教育研究方法导论 [M]. 合肥：安徽教育出版社，1994：98.

综上，文献检索是一个严谨且精细的过程，要求研究者具备深入细致的分析能力、全面的搜索技巧、精确的加工能力和审慎的评估眼光。

2. 文献检索的方法①

文献检索的方法包括顺查法、逆查法、抽查法、追溯法和综合查找法。

（1）顺查法。

顺查法是由远及近地利用检索系统进行文献信息检索的一种方法。它的优点是可以覆盖从课题起始到最新的所有相关文献，提供全面系统的信息，有利于研究者了解课题研究的全过程，这种方法多用于范围较广，所需文献系统全面、复杂的研究课题。并且按照时间顺序检索，一般不会漏检或误检，检准率较高。但该方法的缺点是比较耗时费力、工作量比较大，效率也相对较低。

（2）逆查法。

逆查法是一种利用检索工具进行由近及远、从新到旧的文献检索方法，适用于需要快速获取最新资料的情况，如新课题立项前的前期调研。逆查法的检索效率比顺查法高，能较快地获取最新文献。但相较于顺查法，逆查法就有可能造成漏检，特别是早期的重要文献容易被忽略。

（3）抽查法。

抽查法是选择研究课题所属领域发展迅速、研究成果较多的时期进行重点检索，以节省检索时间的一种文献检索方法，多用于时间紧张的小型项目研究。抽查法的检索效率较高，能花费较少的时间查得较多有效文献，针对性也较强。但若要使用抽查法，还要求检索者必须事先对课题研究的历史情况有较多的了解和掌握，否则有漏检的可能。

（4）追溯法。

追溯法是以已搜集文献的引文注释和参考文献为线索，逐一追查原文、层层扩展追溯查找的一种方法。采用追溯法一般可以帮助研究者快速定位到与原有文献相关性较强的文献，但该方法容易受到原有文献质量的限制，导致最终追溯的文献质量不高，并且存在漏检和误检的可能性。

（5）综合查找法。

综合查找法又称分段法或循环法，它是将各种方法结合起来，以期取长补短、相互配合，并获得更满意的检索结果的文献检索方法。需要注意的是，在采用该法时要及时把所需资料复制、转录下来。另外，电子文档除了要存储在电脑中，还应备份在 U 盘或移动硬盘中，以防因电脑损坏而丢失文献。

综上所述，每种方法都有其特定的适用场景和优势，研究者可以根据具体的情况和研究需求，选择最合适的方法来进行文献检索。

3. 文献检索的工具

检索工具是依据不同研究需求，广泛汇聚某一领域各类知识与材料的工具。它

---

① 徐红. 教育科学研究方法［M］. 武汉：华中科技大学出版社，2013：52.

具备特定的编排方式和检索方法，作为查找文献资料线索的关键手段，是开展研究工作的重要条件。而利用检索工具（包括检索系统），从浩瀚的文献资料中，尽可能迅速准确无漏地查找出自己所需的文献，这一过程就是文献检索。文献检索是一种使我们"知道应该到什么地方去获得知识"的方法。

根据载体的不同，可将检索工具分为印刷型检索工具①和计算机检索工具。

（1）印刷型检索工具。

印刷型检索工具是目前最多的检索工具，按其功能的不同，又可分为以下九类：

第一，目录。目录是著录一批相关的文献，并按照一定的次序编排而成的一种揭示与报道文献的工具，书目的著录项目一般包括文献名称、作者、卷册、版本及收藏情况等项目，有的还有简短提要，基本职能是提供文献概况和线索。如《全国总书目》《全国新书目》《全国高等院校社会科学学报总目录》等②。

第二，索引。索引也称"通检"或"备检"，是一个系统化的工具，用于帮助用户快速找到他们所需的特定信息或文档。在各种类型的资料库、书籍、期刊甚至数据库中，索引的存在起到了导航的作用，能够高效地定位到相关内容，节省用户的时间和精力。它通常在文档的末尾列出，将文献资料中各种有检索意义的信息名称（书名、刊名、篇名、主题、人名、地名、引用文献等）分别摘录，并按一定顺序编排组织，注明出处，以便于检索。检索信息较书目更为细致，是检索文献的重要工具。

第三，文摘。文摘是将文献的主要内容简要、准确地摘取出来，并按一定著录规则和编排方式系统地编辑起来，从而提供文献的内容概况、基本信息。如《新华文摘》《高等学校文科学报文摘》《国内外教育文摘》等。

第四，字典、词典。字典是汇集单字、按照某种查字方法编排，并注明其读音、词义和用法以供查阅的工具书。词典又称辞典，是汇集词语，并按一定方式编排、逐条加以释义或提供有关信息以供查阅的工具书。词典可分为语文词典（《方言词典》《成语词典》等）、专科词典（《教育学词典》《心理学词典》等）、综合性词典（《辞海》《词源》等）。

第五，百科全书。百科全书是汇集各种或某种知识，并按照词典的形式分列条目来加以阐述的工具书，具有权威性、知识性、检索性的特点，以及查考和教育的双重作用。如综合性的《中国大百科全书》《不列颠百科全书》《美国百科全书》《苏联大百科全书》、专科性的《心理学百科全书》《国际教育百科全书》等。

第六，年鉴。年鉴是汇集最近一年内各方面或某一方面的重要情况、统计资料等，可供参考的编年体工具书，一般会逐年出版，有资料性、时效性、连续性的特点。如《中国百科年鉴》《中国教育年鉴》等。

---

① 周家骥. 教育科研方法［M］. 上海：上海教育出版社，1999：62.
② 周家骥. 教育科研方法［M］. 上海：上海教育出版社，1999：62.

第七，手册。手册是编集某种专业性资料或综合性资料，以供查验参考的工具书，有简明实用的特点。如《读报手册》《电化教育手册》等。

第八，表谱、图录。表谱是依照事物的类别或系统编制的反应时间和历史概念的表册工具书，包括年表、历表及历史表谱。如《中华人民共和国教育大事记（1949—1982）》《中国历史年代简表》等。图录是用图形、图像直观而清晰地描绘各种历史现象、事物、人物的空间概念和形象概念的工具书，包括地图、历史图录、文物图录等[①]。

第九，类书、政书。类书是按知识门类编纂，分门别类地辑录史实典故、名物制度、诗赋文章等内容的一种工具书，它是重要的资料仓库[②]。如《太平御览》《永乐大典》《古今图书集成》等。政书则专门记载典章制度，有点类似于专科性类书。类书和政书中均收录有古代教育制度方面的资料。

上述各种类型的印刷型检索工具，已有部分制成光盘（CDROM），更便于检索。

（2）计算机检索工具。

计算机检索现代信息技术主要包括微缩技术、视听技术、计算机技术、多媒体技术、网络通信技术及数据库技术等。这些技术在教育学领域有广泛的用途。现代教育技术通过计算机检索系统，为文献检索现代化提供了广阔的前景[③]。

第一，光盘检索法。光盘检索法是通过研制检索软件，将文献资料制作在磁盘或光盘上，供用户上机检索。光盘检索的优点是存储量大、价格低、保存方便、索引简便，不需要专业人员帮助，用户可直接使用，且费用较低。

第二，联机检索法。联机检索法是用户将检索终端与计算机检索系统相连，运用一定的指令和检索策略与检索系统的终端进行"人机对话"，从文献数据库中查出所需文献的一种检索工具。联机检索最明显的优点是查全率高和速度快，可以直接上机修改检索要求，查找所需文献，并可根据用户要求打印目录、摘要和原始文献。

第三，计算机网络检索。计算机网络检索是使用各种工具和技术，在互联网上查找与特定主题相关的文献、数据和其他信息资源的一种工具。计算机网络检索的特点是可以利用任何一台终端检索网络内任何一个计算机文献资料库，实现真正的资源共享。

总之，文献检索工具是学术研究中的重要辅助，它能帮助研究者从海量的文献中快速、准确地获取所需信息，为研究的深入和发展提供支持。研究者可以根据自身需求和实际情况选择合适的检索工具进行文献检索。

---

① 刘磊，娄策群. 如何系统掌握和综合利用中文工具书 [J]. 赣图通讯，1986（1）：28-31.

② 包寿南. 高校学生利用图书馆的几个问题 [J]. 西北民族大学学报（哲学社会科学版），1986（3）：115-122.

③ 陈秀珍. 教育研究方法 [M]. 济南：山东人民出版社，2014：54.

【资料卡片】2-1

文献检索应注意的事项

1. 全面

研究者应广泛查阅与课题相关的国内外研究成果。研究者不仅要搜索与自己观点一致的材料，也要搜集那些与自己观点不一致或与自己的构思相矛盾的资料；不仅要广泛查阅中文资料，同时也应查阅外文资料，以便及时掌握最新的研究资料和动态。

2. 准确

研究者应注意搜集第一手资料，保证资料的准确性、可靠性，从而保证研究的客观性。

3. 积累

研究者要养成善于学习、勤于积累的习惯，掌握查阅文献资料的方法，逐步积累自己的资料目录。查阅文献要认真仔细，应通过细读基本掌握所研究的课题，特别要注意近年来的新研究讨论过哪些问题，有哪些分歧，有哪些代表人物和主要著作、主要倾向，要认真推敲观点和论据，并做好记录，以保证客观准确地掌握已有研究的全部成果。

资料来源：陈平辉. 教育科学研究方法［M］. 南昌：江西高校出版社，2018：50-51.

在教育研究过程中，在确定选题时，为了更好地了解某一研究领域的研究概况，不断缩小研究范围，研究者需要反复查阅文献，以确定一个适切的研究课题；在确定选题之后，研究实施阶段，对文献查阅的需要甚至超过了前一个阶段，研究者需要结合自己的选题有针对性地查阅相关文献，使研究方向更加明朗。

无论是选题阶段还是确定选题之后，文献查阅都是教育研究过程中不可或缺的一部分。可以说，教育科学研究是一项站在前人肩膀上开展的活动。因此，研究者应高度重视文献查阅工作，投入足够的时间和精力去查阅、分析和整理相关文献。

（二）文献的阅读

文献阅读在研究中扮演着至关重要的角色，它不仅涉及对已有研究成果的获取和理解，更是对新知识、新观点的探索和创新。

1. 文献阅读概述

普通阅读和研究中的文献阅读在目的、态度和方式等方面存在着不同。

第一，在阅读目的上，普通阅读主要在于欣赏和获得对生活有用的信息。例如，阅读文学作品主要是为了欣赏其艺术价值，阅读报纸则是为了获取新闻资讯，这些阅读行为主要服务于个人的娱乐和生活需求。而研究中的文献阅读主要在于获取对研究有用的信息，其阅读行为严格，以研究的需要为准绳。通过阅读文献，研究者能够了解领域内的研究进展、理论框架、研究方法等，为自己的研究提供理论支持和方法指导。

第二，在阅读态度上，普通阅读往往以轻松的心态进行，阅读是读者娱乐和生活的一部分，读者可以自由选择阅读内容，不受特定目标的约束。研究中的文献阅读要求研究者要以严谨、认真的态度进行。研究者需要仔细阅读文献内容，理解其核心观点和论证过程，并与其他文献进行对比和评价。

第三，在阅读方式上，普通阅读的方式较为灵活多样，读者可以根据个人兴趣和时间安排自由选择阅读方式和速度。阅读后往往只是留下大致印象或进行简单的笔记。而研究中的文献阅读通常采用更为系统和规范的方式。例如，研究者可能会先阅读文献的摘要和讨论部分以评估其相关性，然后仔细阅读正文内容并做详细的笔记。此外，研究者还可以借助计算机软件等工具进行文献记录和管理。

2. 文献阅读方法①

阅读研究文献的方法一般有浏览、粗读和精读三种。不同的方法适用于不同的阅读目标和阶段，研究工作者可以根据需要选择适当的阅读策略。在进行研究时，通常会综合使用这三种方法，从而有效地筛选和理解文献，为后续工作打下基础。

第一，浏览。浏览是一种快速阅读的方法，用于对文献进行初步了解。浏览的主要目的在于获取文献的整体结构和主题，而不深入研究具体内容。其具体操作是研究者对文献的内容、价值和相关性有个初步的认识和判断，并据此对文献进行分类和排序。比如：把相关性高和有价值的资料放在一起，以便对其精读；把相关性较小和初步看起来价值不大的资料放在一起，以备下一步粗读。浏览文献时，要善于从文献的大小标题、关键词和摘要中把握文献的概况。

第二，粗读。粗读是一种相对深入的阅读方式，用于获取文献的重要信息和主要论点，但不会关注每一个细节。粗读通常适用于对文献有一定理解基础的读者。研究者通过对文献资料进行粗略阅读，一方面可以增进对研究课题全貌的了解和把握，另一方面可对文献资料做进一步的划分，以确定阅读的次序和精细程度。需要注意的是，粗读不需要逐字逐句地读，但对研究的问题、方法、结果等部分要相对仔细一些。

第三，精读。精读是在浏览和粗读的基础上对比较有价值的文献资料进行的一种深入、精细的阅读方式，是文献查阅中最关键的一步。精读涉及对文本的全面分析和批判性思考，包括全面把握文献的内容和逻辑结构，提出超越所阅读文献的新思想、新观点、新方法。在精读时，研究者应一边阅读，一边随时记下受文献启发的思考，如文献的要义、存在的问题、对文献的评价、自己提出的新见解、解决问题的新观点等。

在学术研究中，研究者需要掌握多种文献阅读方法，通过综合、灵活地运用浏览、粗读和精读等方法，以确保对文献的准确理解和深入分析。

（三）文献分析

对文献资料的分析主要有非结构式定性分析和结构式定量分析两种，它们各自

① 李广平. 教育科研方法 [M]. 长春：东北师范大学出版社，2005：80.

从不同角度对文献中所包含的信息进行加工和处理。

1. 非结构式定性分析

文献的非结构性定性分析，常被称为文献研究法，旨在根据特定研究课题的需要，从现有文献中提取和解读相关信息。这种方法不仅仅是查阅和汇编相关文献，通过深层次的解读、分析、比较和综合，对文献中所包含的信息进行分类和整理，选取典型的例证加以重新组织，而且能在定性描述的基础上提炼出评述性的说明与结论。因此，该方法更注重个人文献及根据研究者自身兴趣和课题要求选择小样本或个案的研究，它在辨别过去的趋势并用该信息去预测与此相关的未来模式方面，具有特别的价值。它类似于观察研究，研究过程较为灵活随意，规范程度不高。非结构式定性分析的常见表述形式是文献综述[①]。

2. 结构式定量分析

结构式定量分析，常被称为内容分析，其主要目的是通过对文本、图像、音频或视频等多种信息载体做技术性处理和系统性分析，以定量的方式提取出有意义的数据和模式，从而为研究提供客观和可重复的结果。操作时，研究者需要制定出一套系统的分类标准和编码体系，以确保在数据收集和分析过程中保持一致性和科学性。由于内容分析是对大量文献进行系统的结构分析，具有客观性、系统性和量化等特点，因而可弥补定性研究缺乏系统和确切的不足。

总之，非结构式定性分析侧重于文献内容的定性描述和解释，而结构式定量分析则侧重于对文献内容的量化分析和比较。两种方法各有侧重、相互补充，共同构成了文献分析的重要工具。

通过系统地阅读和分析文献，研究者可以深入了解研究领域的现状和前沿问题，为自己的研究提供有力的理论支撑和实践指导。研究者从文献中提炼新的思想、观点和方法，可以为自己的研究提供新的思路和方向。

第二节 文献综述的撰写

在文献查阅与分析的基础上，研究者根据研究实际，需要开展文献综述的相关工作。在开展文献综述之前，研究者需要明晰文献综述写作的关键步骤、策略及注意事项，以高效、系统地完成文献综述的撰写，明确研究的框架。

一、文献综述概述

在深入探讨某一学术领域或研究主题时，我们不可避免地需要参考前人的研究成果和理论观点。然而，面对海量的文献资料，如何系统地梳理、归纳和评述这些文献？这就需要我们进行文献综述。

---

① 刘电芝. 教育与心理研究方法［M］. 重庆：西南大学出版社，1997：179–189.

（一）文献综述的含义

文献综述又称文献回顾、文献评析，是指根据需要把本研究领域国内外已有研究在研究主题、研究方法、研究结论等方面进行系统归纳、整理、分析，并在此基础上，做出一定评论，指出已有研究存在的问题和今后研究的方向，从而水到渠成地提出自己的研究问题的文献整理活动。

（二）文献综述的意义

在我们深入探讨某一研究领域时，文献综述的作用不可或缺。它不仅是我们了解前人研究成果的窗口，更是我们构建自己框架的基石。文献综述的意义具体表现在以下四个方面。

第一，提供背景资料。文献综述可以为我们提供背景资料，从而避免进行重复研究，这不仅有助于提高研究效率、节省研究资源和时间，还能帮助研究者理解已有知识体系、确定研究方向和问题。通过全面的文献分析，研究者能够洞察领域的现状和发展，识别理论和方法的应用。因此，高质量的文献综述对推动科学研究的深入与发展、确保研究的创新性和有效性都是至关重要的。

第二，明确研究方向和研究问题。文献综述是研究过程中的重要步骤，能够帮助研究者系统地整理已有知识，为新的研究奠定坚实的基础。通过系统地回顾现有文献，研究者能够识别出已被探讨的领域和尚未解决的问题，为自己的研究找到合适的切入点，从而明确研究方向和研究问题。

第三，厘清研究思路和研究方法。一方面，文献综述对已有的相关研究成果进行了系统性整理和总结，并形成了清晰的知识框架，能够帮助研究者厘清研究思路。另一方面，它还提供了各类研究方法的概述和比较，使研究者能够评估各种方法的优劣，选择最适合自己研究问题的方法。

第四，提升研究质量。通过提供坚实的理论基础、识别研究空白、指导研究设计及方法，文献综述为研究者研究某一领域或专题提供了一个更加全面的视角，使研究更具学术性、创新性和实用性。于研究者自身而言，文献综述为其提供了与其他学者对话的机会。通过在综述中批判性地讨论现有研究，研究者可以与同行进行学术互动，提升自身的学术素养和研究能力，从而提升研究质量。

（三）文献综述的特点①

与单纯的实验研究或案例分析相比，文献综述具有更广泛的涵盖面和更深入的分析能力。具体而言，文献综述有以下四个特点。

第一，文献综述具有综合性。文献综述是对一定教育研究课题的研究成果的综合性概括，包括各种来源的教育文献，因此要求研究者在进行文献检索时一定要全面，尽可能将所有能查找到的研究成果都搜集到手。同时，研究者要对查找到的资料进行认真细致的整理分析，将不同研究者、不同派别的观点和结论用清楚、明晰

---

① 龚冬梅. 学前教育科学研究方法［M］. 南京：东南大学出版社，2017：73.

的方式综合表达出来，因此内容上也要体现综合性的特征。文献综述的综合性在于梳理该专题在不同历史阶段的发展状况，以揭示其研究水平的演变过程。

第二，文献综述具有叙述性。文献综述是对相关研究资料成果的阐述，应尽量保证原汁原味，将不同研究者的观点内容进行比较客观的叙述，不需要进行很多的加工，即使是转述也要站在客观中立的立场上。

第三，文献综述具有评价性。在综述过程中，不要将文献资料进行简单的堆砌，而要进行合理的分析和评价。文献综述的重点是"述"，关键点却在于"评"，即评价性地进行叙述。这就要求研究者在介绍了他人的研究成果后，在综合分析的基础上进行评价，发表自己的观点和见解，对原始文献研究做出评论。这种综述本身就是具有创造性的成果，在以文献研究作为单独的教育研究方法中，就是以这类分析评论性的综述来表述研究成果的。

第四，文献综述是对一次文献的再创造。从逻辑上讲，文献综述首先要体现综述者的分析能力。它要求将各类一次文献按照主题、观点或阶段等特征进行分类。大类中又能分出小类，争取能为每篇代表性的文献找到其独特的存在空间。其次，要体现的是作者的综合能力。它要求综述者不仅能将观点、主题等相近的文献提炼出其相同点，还能归纳出不同点和主题文献的某些共同特征。这样，因为展示了相同点，读者能很快把握该领域的共同特征；又因为展示了不同点，读者又能区分对待不同文献的学术价值。

综上，文献综述并非简单地罗列或堆砌前人的研究成果，而是具有独特的学术特征，这些特征使其在学术研究中发挥着不可替代的作用。

【资料卡片】2-2

什么是好的文献综述？

第一，前沿性。文献综述应该关注学术的最新发展，不是为了赶时髦，而是为了防遗漏。

第二，覆盖性。一个好的综述应该涵盖所有重要文献，并能围绕研究的中心问题，探索方方面面的答案，包括自己不同意的答案。对与自己的假设或发现不一致的文献或理论，尤其不能忽略。首先，只有站在对立面上，才能真正深思熟虑地斟酌自己的观点。其次，如果你能驳倒某个主流的观点或有影响力的理论，那么你的研究将更有分量。最后，对立面的存在至少说明你的结论并非显而易见、琐碎无聊。

第三，相关性。在坚持"全面"原则的同时，我们还应对所有文献进行筛选。在实际操作中，我们只需要回顾与本研究直接相关的或至少间接相关的文献，避免讨论不相关文献。

第四，分析而不是堆砌文献。罗列文献是初级水平，成熟的文献综述要有分析。最重要的分析技巧包括辨识有重要理论贡献的关键文献，依据不同的理论视角将文献进行归类，比较各种观点之间的差异和逻辑关系，并且批判性地评估各种观点的理论价值和经验证据。

第五，连贯性。好的研究综述应该自始至终围绕一条主线，为作者的思路服务，一步一步推演出研究假设。年轻的学者容易被烦琐的文献牵着鼻子走，偏离主题。

资料来源：彭玉生."洋八股"与社会科学规范 ［J］. 社会学研究，2010，25（2）：180-210，246.

二、文献综述撰写

文献综述是连接已有研究与未来研究的桥梁。然而，要撰写一篇高质量的文献综述并非易事，需要遵循一定的写作策略。

（一）文献综述的主要内容

文献综述的内容包括该研究领域或主题的历史研究背景和意义、研究现状和进展、研究方法和过程、研究成果的总结和归纳、研究结果的评估和展望等方面。

文献综述的文献包括背景文献、相关文献和密切相关文献。其中，背景文献大致提及与引述即可；相关文献需要进行较为详细的描述与摘要，并给予读者一定的明确指引；密切相关文献则要将重点放在方法设计、数据处理与结果的介绍上。

文献综述的具体内容主要涉及相关研究背景、相关研究成果梳理、对已有研究的评价等方面。

第一，"相关研究背景"是简要介绍研究主题的背景信息，阐述该研究领域的重要性和研究意义。这一部分内容主要是概述领域的历史背景，提供有关研究主题的起源与演变的背景知识，它能为后续研究提供扎实的理论基础与参考，对于推动该领域的进一步探索和创新具有重要作用。

第二，"相关研究成果梳理"是在对相关研究从研究领域范畴上层层聚焦的方式系统梳理已有研究成果，阐述已有研究的观点或理论基础，概述当前领域内的重要研究成果、研究的热点及研究状况，分析其研究动态和趋势。需要强调的是，对已有研究成果的梳理，需要标注文献出处（参考文献的具体要求详见本节第三点"文献综述报告"的相关内容）。

第三，"对已有研究的评价"这一部分最能体现研究者对现有理论和研究成果的思考。一方面，对已有研究的评价要求研究者基于对相关研究成果的梳理分析已有研究在观点、理论和成果对本研究领域发展的意义与参考；另一方面，研究者根据已有文献分析，指出未被充分研究的领域或问题，找出本研究的切入点与突破口，为本研究开展提供方向与依据。

（二）撰写文献综述的要领

第一，明确主题和问题。在撰写文献综述时，研究者需明确所要探讨的研究主题和目标，这有助于聚焦相关文献，避免信息的过载和不必要的偏离。例如，先选择一个感兴趣且具备一定专业知识的领域作为研究主题，再将主题细化为具体研究问题，层层"抽丝剥茧"，可使整体结构更加清晰。

第二，系统性文献检索和筛选。研究者先要根据研究问题，列出可能的关键词和相关主题词，包括同义词和不同的表达方式。文献检索要系统全面，确保覆盖相关领域的核心文献。研究者再根据预设的标准筛选相关文献。对于初步筛选后选出的文献，要仔细阅读摘要或引言、结论部分，以确保文献的相关性和质量。

第三，分类整理与分析。这需要研究者具备敏锐的眼光，采用批判的态度，在广泛阅读相关文献的基础上，将文献按照主题、方法或理论框架进行分类，方便后续讨论与深入分析。例如，使用电子表格或文献管理软件（如 EndNote、Zotero、Mendeley）来制作文献汇总表，整理记录每篇文献的关键信息。

第四，逻辑严谨的写作结构。撰写文献综述时，确保写作结构逻辑严谨是让读者理解研究背景和分析结果的关键。研究者撰写时必须保持逻辑清晰，厘清逻辑关系，围绕研究问题丝丝入扣，使整篇文章层次分明、语言精练、表达完整。

第五，客观中立的语言。科学研究强调数据与证据，使用客观语言能让读者更加关注研究结果和数据分析，而不是个人主观判断。在撰写文献综述时，研究者要避免使用带有感情色彩或偏见的词语，要在不同观点之间保持平衡，使得各方声音得以呈现，避免对某一观点的偏倚，以确保研究的专业性和科学性。

第六，规范准确地引用。规范和准确的引用不仅关乎学术诚信，也能大幅提升文献综述的学术性、可读性和影响力。在引用文献的时候，研究者要注意格式规范，并正确标注出处。

第七，清晰的总结与展望。一篇好的文献综述需要研究者周密构思、精心组织，而不是简单罗列堆砌研究结果[①]。研究者在撰写文献综述时要加入自己的见解和思考，在结尾部分，清晰总结文献综述的主要发现，并指出未来研究的潜在方向和建议，这样才能让综述更具价值。

（三）撰写文献综述的策略

研究者应充分和广泛地选择与研究问题直接相关的文献，确保覆盖所有重要观点和研究成果，以全面反映研究领域的现状和发展趋势。同时，对于文献来源的权威性也要慎重考察，优先选择那些来自知名学术机构、权威出版社或经过同行评审的文献，以确保所选文献的质量和可靠性。除此之外，研究者最好使用一手文献，即原始的研究报告、论文或数据集，以获取最直接、最准确的研究信息和数据。

撰写文献综述需要灵活运用多种策略，从主题选择到信息整合、逻辑构建再到语言表达，都需谨慎对待。研究者通过使用合理的策略和方法，可以提高文献综述

---

① 张庆宗. 文献综述撰写的原则和方法［J］. 中国外语，2008（4）：77-79.

的质量和有效性，为之后的研究奠定基础。

其一，设定清晰的研究问题或主题。这是文献综述撰写的出发点和落脚点。如何设定清晰的研究问题或主题呢？研究者可以从自身兴趣和专业背景出发，选择一个广泛的研究或主题，然后进行初步文献回顾，确定研究空白，再逐步细化形成具体问题，确定研究框架。

其二，做好前期文献调研和记录。在撰写前，研究者应进行初步文献检索和阅读，以获取对该领域的基本了解。与此同时，研究者建立文献综述归纳 Excel 表单进行记录。需要记录文献信息包括标题、作者、发表期刊和年份、研究思路、研究方法与工具、得出的结论等。

其三，确保逻辑严谨和流畅书写。研究者应根据主题和问题构建一个系统化的大纲。大纲应包括主要部分，如引言、文献检索方法、文献分类与分析、发现与结论等，然后按照大纲逐章撰写，每个部分专注于相关的文献，确保逻辑衔接紧密。除了组织精巧、逻辑严谨，还要注意语言流畅正确。例如，写作中适当使用转折词和连接词，避免学术术语的过度复杂化，以增强可读性、语言的简洁性和准确性。

其四，强调研究"空白"与未来方向。在文献综述撰写中，强调研究"空白"与未来研究方向能够为该领域指明未来路径，不仅促进了学术讨论的深入，同时也为研究人员提供了更清晰的研究目标。这一部分需要围绕识别出的"空白"进行深入剖析，并提出有针对性的建议，从而激励后续的学术研究和实践探索。需要注意的是，对于一般研究者特别是初学者而言，要想在某一研究领域填补空白是很难的，这里的"空白"除真正意义上的填补空白外，更多地指初学者通过文献综述发展已有研究的不足，以便为自己的研究找到突破口。

其五，充分利用图表和视觉工具。在撰写文献综述时，图表和视觉工具是帮助读者理解的重要手段。这些工具不仅可以有效地展示数据、趋势和关系，还能够帮助阅读者归纳复杂的信息，使其更加直观易懂。比如运用 Cite Space 可视化软件，进行文献图谱的可视化分析，软件工具为研究提供了技术便利，但每一篇相关的研究文献还是需要研究者认真研究，这样才能更好地开展可视化图谱分析。

其六，反复修改和精炼。初稿通常包含语法错误、拼写错误或引用不准确、思路不够清晰、结构不合理等问题，仅依赖一次性撰写往往无法达到预期的效果。只有通过反复修改和精炼，在不断地思考和调整之后，才能够确保最终作品的逻辑性、学术性和可读性。因此，初稿完成后，研究者要反复阅读、邀请同行或指导教师审阅文稿，获取外部反馈，帮助发现不足之处，然后进行修改，确保逻辑严谨、观点明确，语言流畅，最终精炼成一篇高质量的文献综述。

【资料卡片】2-3

文献综述的要求

1. 开门见山，直奔主题

文献综述避免大篇幅地讲述历史渊源和立题研究过程。

2. 言简意赅，亮出观点

文献综述不应过多叙述同行熟知的及教科书中的常识性内容，确有必要提及他人的研究成果和基本原理时，只需以参考引文的形式标出即可。在前言中提示研究对象和观点时，意思应明确、语言应简练。

3. 主题鲜明，突出重点

在进行文献梳理的时候，要有重点，内容要紧扣文章标题，围绕标题介绍背景，用几句话概括即可。在提及所用的方法时，不用展开讨论。文献梳理时虽可适当引用过去的文献，但不要长篇罗列，不能把前言写成该研究的历史发展；也不要把前言写成文献小综述，更不要重复说明那些教科书上已有的或本领域研究人员所共知的常识性内容。

4. 尊重科学，价值中立

不要在研究中过多掺杂个人感情色彩，评价本课题的价值要恰如其分、实事求是，用词要科学，对课题的创新性最好不要使用"本研究国内首创""首次报道"或"本研究填补了国内空白"等主观的评语。

5. 引经据典，讲究伦理

学术伦理是教育科学研究中最重要的要素，引用文献要忠实文献内容。由于文献综述有作者自己的评论分析，因此在撰写时应分清作者的观点和文献的内容，不能篡改文献的内容。

资料来源：徐红. 教育科学研究方法［M］. 武汉：华中科技大学出版社，2013：56.

三、文献综述报告

文献综述报告不仅能够给读者提供一份全面而深入的参考资料，还能促进学术交流与合作，推动学科的发展与进步。因此，撰写高质量的文献综述报告对于学术研究具有重要意义。

（一）文献综述报告的结构

文献综述的目的是向读者介绍与主题有关的详细资料、动态、进展、展望，以及对以上各方面的评述，因此文献综述的格式相对多样，但总体来说，一般都包含标题、前言、主题、总结和参考文献，撰写文献综述时可按这五部分拟写提纲[①]。

---

① 陈平辉. 教育科学研究方法［M］. 南昌：江西高校出版社，2018：53.

1. 标题

标题是对综述内容的高度浓缩和概括，应鲜明地表述主要问题，使人一目了然。标题也要避免使用非学术性语言、缩写（除非首次出现时有完整解释）和不必要的修饰词。在可能的情况下，应体现出文章的创新点或独特视角，以区别于其他同类研究。

2. 前言

前言旨在引入所讨论的研究主题，并为读者提供必要的背景信息。一个良好的前言应当吸引读者的兴趣，并清晰地表达综述的目的和重要性。在综述的前言（或导言、引言）部分要交代清楚以下内容：①说明写作的目的，定义综述主题、问题和研究领域；②指出有关综述主题已发表文献的总体趋势，阐述有关概念的定义；③规定综述的范围，包括专题涉及的学科范围和时间范围，必须声明引用文献起止的年份，解释组织综述次序的准则；简要说明有关问题的现况或争论焦点，引出所写综述的核心主题，这是广大读者最关心的，也是写作综述的主线①。

3. 主题

主题是综述的主体，其写法多样，没有固定的格式。可按不同的问题进行综述，也可按不同的观点进行比较综述，还按年代顺序综述，不管用哪一种格式综述，都要将所搜集到的文献资料归纳整理及分析比较，阐明有关主题的历史背景、现状和发展方向，以及对这些问题进行评述。主题部分应特别注意代表性强、具有科学性和创造性的文献引用和评述。而文献综述主题的选择可从研究者的兴趣以及专长领域考虑，更有助于专注于某个特定主题。也可在进行初步调研的基础上，了解研究热点和前沿问题再确定主题。

4. 总结

总结是整篇综述的结束，旨在对前面的内容进行回顾和概括，强调主要发现，并指出未来研究方向和实践意义。其内容包括概括主要理论和实践意义，指出研究的局限性和未解决的问题，推荐未来研究方向，为后续研究提供方向和思路，探讨其在实际应用中的潜在价值。

5. 参考文献

参考文献是文献综述的重要组成部分。它不仅表示对被引用文献作者的尊重及引用文献的依据，而且为读者深入探讨有关问题提供了文献查找线索。因此，应认真对待。参考文献的编排应做到条目清楚，查找方便，内容准确无误。陈列参考文献时要核对原文保证信息准确无误，并遵循格式要求，确保所有参考文献格式统一、规范。格式应包括作者名、出版年份、文章标题、期刊名、卷号、期号、页码和出版社等信息。

（二）文献综述报告撰写的注意事项

撰写文献综述报告是一个系统而深入的过程，要特别注意以下几点。

---

① 陈平辉. 教育科学研究方法［M］. 南昌：江西高校出版社，2018：53.

第一，应紧紧围绕研究的问题。所有纳入综述的文献都应与研究问题直接相关，能够为研究问题提供背景、理论支持或实证依据。通过这样的方式确保文献综述的针对性和深度，为后续的研究提供坚实的基础。

第二，避免大量引文，即大量堆砌引文而不进行深入的分析和综合。过多的引文不仅会占用大量的篇幅，还可能使读者感到冗长和重复，影响综述的清晰和可读性。因此，作者应在精选文献的基础上，注重对其进行深入的分析和阐述，而不是简单地罗列引文。

第三，避免引用他人对原始文献的解释或转述，因为他人对原始文献的解释或转述可能存在偏差或误解，导致综述的准确性和可靠性受到影响。通过直接引用原始文献，可以确保综述内容的准确性和权威性，同时也有助于读者进行进一步的查阅和验证。

第四，引述有影响与权威的文献，权威性文献通常代表了该领域的研究前沿和主流观点，能够为综述提供有力的支持和依据。通过引述这些文献，可以提升综述的学术价值和说服力，使其更具深度和广度。

第五，引文应该是新近的文献（近5—10年），科学研究是一个不断发展的过程，新的研究成果和观点会不断涌现。通过引用新近的文献，可以确保综述内容能够反映该领域的最新研究进展和动态，从而提升其学术价值和实际意义。

第六，应该有述有评，在撰写文献综述时，不仅需要对相关文献进行系统的梳理和阐述，还需要对其进行深入的评价和分析。这意味着应在综述中明确表达自己的观点和看法，对文献中的观点、方法和结果进行评价和讨论。通过这样的方式，可以展现作者对研究问题的深入理解和思考，提升综述的学术水平和价值。

第七，应有大量文献阅读基础，在撰写综述之前，需要广泛搜集和阅读相关文献，对研究领域内的主要观点、研究成果和研究方法进行全面的了解和掌握。以此确保综述内容的全面性和深入性，同时也有助于作者在综述中提出新的观点和见解。

示范案例

基于 Cite Space 对我国教育戏剧研究热点和趋势的可视化分析

理解·反思·探究

1. 论述文献查阅的内涵及其意义。

2. 文献检索的方法有哪些？

3. 结合实际，谈谈你是如何进行文献分析的。

4. 在撰写文献综述时，我们应该注意避免哪些问题？

5. 如何对文献检索的工具进行选择？

6. 结合实际谈谈你对文献综述标准的理解。

拓展阅读

［1］石娟，曾婧. 基于 CiteSpace 对我国教育戏剧研究热点和趋势的可视化分析［J］. 呼伦贝尔学院学报，2022（3）：23-28.

［2］周美云. 轨迹·焦点·走向：劳动教育研究七十年［J］. 当代教育论坛，2020（3）：106-113.

［3］张海森. 2001—2010 年中外思维导图教育应用研究综述［J］. 中国电化教育，2011（8）：120-124.

［4］赵玥颖，孙丹儿，尚俊杰. 国际教育游戏实证研究综述：基于 2018—2022 年的文献分析［J］. 开放教育研究，2023（5）：106-120.

［5］冯仰存. 数据驱动的教师教学决策研究综述［J］. 中国远程教育，2020（4）：65-75.

［6］刘德建. 人工智能赋能高校人才培养变革的研究综述［J］. 电化教育研究，2019（11）：106-113.

［7］贺慧敏. 教师主体性研究综述与展望［J］. 教师教育研究，2019（1）：107-112.

［8］王兆璟，屈婧. 近十年国外比较教育研究文献的知识图景：基于 ProQuest Education Database 2013—2023 年数据［J］. 西北师大学报（社会科学版），2024（5）：91-101.

［9］吴峰，童弋馨，范宇轩. 老年教育学国际研究综述：基于 WOS 数据库的文献计量分析［J］. 开放教育研究，2024（1）：111-120.

第三章　教育科学研究中的样本抽样

要点提示

选择研究对象是教育研究设计的重要一环。绝大多数研究课题的研究对象较为广泛，全面研究所有对象既困难又没有必要。这时就需要有针对性地选择研究对象，即需要抽样。本章在样本抽样概述的基础上，了解抽样的概念、必要性、设计原则和基本要求等内容，详细探究样本抽样的两种基本类型，即概率抽样和非概率抽样。

思维导图

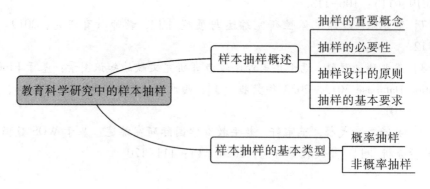

第一节 样本抽样概述

样本抽样是一种统计技术手段，通过从总体当中科学地选取一部分有代表性的个体作为样本，旨在以较小的成本和较高的效率来估计和推断总体的特性、分布或参数。样本抽样在科学调研、市场研究、质量控制等多个领域广泛应用，其关键在于确保样本的随机性、代表性和足够的数量，以提高推断结果的准确性和可靠性。

一、抽样的重要概念

抽样过程涉及一系列核心概念，包括总体、样本、抽样、抽样单位、抽样框、参数值、统计值和抽样目的。

（一）总体

总体是研究对象的全体。凡是在某一相同性质上结合起来的许多个别事物的集体，当它成为统计研究对象时，就叫作总体，它是一定时空范围内研究对象的全部总和[①]。例如，全国人口普查的总体是全国人口，某省大学生择业观调查的总体是某省全体大学生。

（二）样本

样本是从总体中抽取的并对总体有一定代表性的一部分个体，它是能够代表总体的一定数量的基本观测单位。样本中所包含的个体的数量称为样本容量。例如，从某省大学生总体中抽取 1 000 名大学生，所抽取的这 1 000 名大学生就构成一个样本。

（三）抽样

抽样是遵循一定的规则，从研究总体当中抽取一定数量的有代表性的个体进行研究的过程，即将样本从总体中选取出来的过程。例如，从 17 000 名在校大学生构成的总体中，按照一定抽样方式抽取 200 名学生的过程。

（四）抽样单位

抽样单位是指在一次抽样过程中所使用的样本基本单位。例如，从全国高校中抽取 100 个班级，此时，抽样单位为班级；再从全班 50 人中抽取 10 人构成小样本，此时，个人（学生）也是抽样单位。在实际抽样中，抽样单位往往是多层次的。如调查家庭，通过县—乡—村三级抽样，抽样单位为乡、村、家庭三种，分别为初级抽样单位、次级抽样单位和终级抽样单位。

（五）抽样框

抽样框也称抽样范围，指一次直接抽样时总体所有抽样单位的名单。如果研究

---

① 国务院学位委员会办公室. 同等学力人员申请硕士学位教育学学科综合水平全国统一考试大纲及指南［M］. 北京：高等教育出版社，1999：465.

对象是某一地区的所有中学学生，抽样框就可以设置为该地区所有中学的学生名单。抽样框的数量与抽样单位的层次相对应。例如，对家庭的抽样中，有三个层次的抽样单位，即乡、村、家庭，则对应的抽样框也有三个，即全部乡的名单、乡样本中所有村的名单、村样本中所有家庭的名单。

（六）参数值

参数值也称总体值，是对总体元素特征的综合数量表现。例如，全国妇女平均受教育年限。参数值只有通过总体的每一个元素进行调查或测量才能得到。

（七）统计值

统计值也称样本值，是关于调查样本中的某一变量的综合描述[1]。例如，从一个样本中得到的妇女平均受教育年限。

（八）抽样目的

抽样目的是通过选择一部分具有代表性的样本，获取有关总体的信息和一般性结论，并利用样本的特征来推测总体，从而为相关研究提供结论。

二、抽样的必要性

总的来说，抽样的必要性是由教育研究对象的特点和抽样本身的基本特点决定的[2]。抽样的必要性主要体现在以下三个方面：

第一，绝大多数教育研究课题涉及的对象比较广泛，通常涉及多个层面的对象群体，如学生、教师、家长和学校等。由于这些对象的数量庞大，逐一研究得出结论是非常困难的，事实上也是不必要的，因此，通过抽样的方法，可以有效地从总体中选取具有代表性的样本，从而在较短时间内获得研究结论。这不仅提高了研究的效率，还可以使得研究者根据特定需求和群体特点展开研究，获得更具针对性的结论，拓展研究的深度。

第二，取样是按随机原则从全部调查总体中抽取样本单位，这种随机性确保了样本的代表性，使得研究结果能够更准确地反映总体的特征。此外，抽样推断的误差可以事先计算并加以控制，从而保证研究结果的准确性和研究的可靠性，这种科学的随机抽样方法为教育研究的结果打下了坚实的基础，使研究结论更具说服力。

第三，合理的抽样方法可以避免因取样方法不当造成人力、物力和时间的浪费以及数据资源的浪费。在教育研究中，数据的收集需要消耗大量的时间和精力，如果取样方法不当，则可能导致收集的数据无效，从而影响研究进度。此外，重复和密集的调查可能造成被调查者对调查泛滥的抵触情绪，影响调查数据的可信度。

三、抽样设计的原则

抽样设计的原则在进行教育科学研究或任何形式的定量研究中都扮演着至关重要

---

① 朱启臻. 社会心理学原理及应用［M］. 北京：中国农业大学出版社，2008：43.
② 裴娣娜. 教育研究方法导论［M］. 合肥：安徽教育出版社，1995：116.

的角色。这些原则确保了样本的代表性、研究的科学性及结果的可靠性和有效性。

（一）目的性原则

抽样设计首要遵循的是目的性原则，即紧密围绕课题研究的总体蓝图与研究目标展开。明确抽样的目的和意义，也就是说，需要从研究课题的实际情况出发，综合考量各种因素，如研究对象的特殊性、研究环境的复杂性等，以整体视角审慎选择最契合本研究课题目标的抽样方法。

（二）可测性原则

可测性原则强调抽样设计应具备从样本数据中提取有效信息的能力，也就是说，抽样设计可以通过样本本身计算出有效的估计值或抽样变动的近似值，以便对总体进行推断和评估。可测性要求样本数量足以保证统计分析的基本需要，能使研究者根据样本数据有效推断出总体特征并反映其真实面貌[①]。

（三）可行性原则

可行性原则关注的是抽样方案在实践操作中的可行性与实用性，要求研究者在设计抽样方案时，不仅要考虑理论上的完美性，更要注重实际操作中的可行性与便捷性。这包括预见可能遇到的实际问题，如样本获取难度、数据收集成本等，并提前设计相应的解决方案。此外，抽样方案还需详尽具体，操作步骤清晰明了，以确保研究课题能够顺利执行并达到预期的研究效果。

（四）经济性原则

经济性原则是抽样设计中不可忽视的一环，是指抽样方案的设计要与研究的可得资源相适应。经济性原则要求研究者在确保研究质量的前提下，合理规划资源利用，降低研究成本，提高研究效率。这包括根据研究的可得资源（如经费、时间、人力等）制定适宜的抽样方案，避免浪费和冗余。

四、抽样的基本要求

抽样设计的基本要求对于任何一项基于样本的研究来说都是至关重要的，它们确保了样本的可靠性、代表性和有效性。

（一）确定总体范围

抽样首先要明确规定抽样的总体范围。一般来说，研究课题和研究目的决定了总体的范围。以"某省初中生科学素养的调查"为例，这里的总体范围即明确指向了该省内所有在校的初中学生。这一界定为后续的抽样工作提供了明确的边界和范围。

值得注意的是，当总体范围不够清晰或存在模糊地带时，必须在抽样之前对总体进行操作性定义，即通过具体的、可量化的标准来明确总体所包含的个体或群体。否则，不仅会增加抽样的难度和复杂性，还可能导致抽取的样本无法准确反映总体的真实情况，进而影响到研究结果的准确性和可靠性。同时，研究者还需要认

---

① 孙亚娟，褚远辉. 幼儿园课程设计与实施［M］. 武汉：华中科技大学出版社，2019：100.

识到，从某一特定总体中抽取的样本所获得的研究结果，其适用范围和推广价值是受到总体范围限制的。换句话说，这些结果只能被合理地推广到与样本总体具有相似特征或结构的群体中去，而不能盲目地推广到更广泛的范围中去。

【资料卡片】3-1

如何确定"总体"的范围？

确定研究总体的时候要特别注意，并不是总体越大越好，而是应该考虑研究者所选择的样本是否能够代表这个总体。因为总体的范围越大，在选择样本的时候，其代表性就应该越广。如果我们只能在一个比较小的范围内选择样本，那么就不能希望其能够代表更大的总体。一些研究者在对自己的研究结果做推论时常犯的一个错误就是夸大了研究结果的代表性。比如，我们对中学生的网络道德现状进行调查，只是在市区内选择了几所重点中学进行调查，却对调查的结果冠以全省中学生网络道德现状，这就属于夸大了研究结果的代表性。如果要想使调查结果可以代表更大的范围，研究者就必须在更大的范围内选择样本，或采取一些必要的措施，来证明研究结果具有更广泛的意义。

在一个普通的研究中，要谨慎地运用比较大的总体，如全省的学生、全国的学生等。只有在普查性的研究中，才可以用这样的总体，如全国儿童情况的调查、全省普及义务教育状况调查等。

因此，在确定研究总体时要明确总体所包含的范围，规定总体的明确界限。如研究的对象是"小学生"，是否包括特殊学校的学生和在小学读书的超龄儿童；调查的对象若是"小学教师"，是否包括已退休但还在校工作的教师和代课教师。

资料来源：郑启学. 教育研究方法［M］. 长春：吉林人民出版社，2019：42.

（二）抽样的随机性

在量化研究中，特别强调抽样的随机性。随机性意味着总体中的每一个个体在被选入样本时，都享有非零且相等的概率（probability），即每个个体入选的机会是完全均等的。例如，抽签、摇奖等活动。

坚持随机抽样，是为了有效避免抽样偏差（sampling bias）的发生。抽样偏差是非随机因素导致的样本与总体在结构或特征上存在差异，这种差异会直接影响研究结果的准确性和可靠性。通过随机抽样，我们可以最大限度地减少这种偏差，确保样本能够真实、客观地反映总体的实际情况。当样本的选取不受任何有意义的标准或成分影响时，就更有可能保持与总体相似的结构，从而能够在更大程度上代表总体的特征。这种代表性是科学研究得以进行和推广的基础，也是保证研究结果具有普适性和应用价值的关键所在。

（三）样本的代表性

样本的代表性同样适用于量化研究，是衡量其质量的核心标准，指样本能够充分展现并反映出总体所具有的关键性质或特征，确保在较大程度上能够作为总体的有效替代或缩影。样本的代表性直接关联到研究结论的可靠性及其推广至更广泛情境的可能性。

在样本研究的过程中，抽样与推论构成了不可分割的两个关键环节。抽样作为推论的先决条件，其设计与实施的质量直接决定了后续推论的有效性与准确性。一个代表性强的样本，能够更精确地捕捉总体的真实面貌，从而使得基于该样本所得出的研究结论具有更高的普遍性和可信度。然而，若样本缺乏代表性，则可能导致研究结果偏离总体实际，甚至引发研究的失败，无法为相关领域提供有价值的洞见或指导。要使取样有代表性，研究者必须高度重视并妥善处理取样误差问题，需对可能影响误差大小的各种因素进行深入分析，如总体分布特征、样本容量、抽样框的完整性等，并据此制定相应的策略以最小化抽样误差。

（四）样本容量要合理

样本容量，作为研究设计中至关重要的一个参数，指的是实际抽取并用于分析的样本具体数量。在确定样本容量时，研究者既要紧密贴合研究目的与核心内容，确保样本能够充分满足教育统计学的严格要求，又要兼顾抽样的实际可行性与效率，力求在控制误差的同时，实现资源的最优配置。可见，这一数值的确定，是科研过程中必须细致斟酌且极具挑战性的环节。

通常而言，样本容量与样本的代表性之间存在着正向关联：样本数越多，其包含的总体信息就越丰富，也就越能够全面地反映总体的特征，提升样本的代表性。但这并不意味着样本容量可以无限制地增加。因为随着样本数的不断膨胀，研究所需的人力、物力、财力等成本也会急剧上升，这不仅增加了研究的复杂性和难度，还可能造成资源的严重浪费。相反，如果样本容量过小，虽然能够节省研究成本，但随之而来的问题是抽样误差的显著增大。这种误差的累积，可能导致样本无法准确代表总体，进而影响到统计分析的准确性和可靠性，甚至使研究结果失去实际意义。因此，确定一个合适的样本容量，是一个需要综合考虑多方面因素的复杂问题。

【资料卡片】3-2

抽样调查的一般步骤

1. 明确调查目的、要求，安排调查计划，进行经费预算

明确调查目的、要求是很重要的，它关系到整个调查工作的成功。这一步也包括弄清调查的总体。如果是委托调查，应与委托单位签订合同。在需要估计的总体特征数中要分清主次，如有可能，应对主要特征数的估计量给出精度要求，以便进一步确定样本量。

在此基础上，可以制订调查计划，进行经费预算。

2. 设计抽样方案

设计抽样方案（如何抽取样本），确定样本量（抽多少），将需估计的总体

特征数分类，并对每一类给出估计量及其精度的有关计算公式。这一步很重要，它是抽样调查建立在科学基础上的关键。

3. 抽样

编制抽样框，根据抽样方案利用随机数进行抽样。为了便于调查和管理，应列出样本单元名册（包括编号、姓名、地址、调查情况等）。

4. 设计问卷

问卷应根据最终需求提出的调查报告或汇总表的内容来设计。为了提高调查质量，可以做个试点调查，看看调查是否可行，问题是否提得恰当，并对初拟的问卷进行修改。设计好的问卷要请委托单位有关同志过目，必要时再作修改。

5. 调查

调查的方式有很多种，可以邮寄调查表、上门访谈，也可以把被调查对象请来进行调查。

在调查前要培训调查员，使他们明确调查目的、内容和要求。对问卷中的问题进行充分的讨论，避免对一个问题产生不同的理解，还要弄清问题的逻辑关系。

6. 数据处理

首先要对填写好的问卷进行检查，找出有异常值或有逻辑错误（如十岁的小孩已退休）的问卷，并加以处理（可重新调查或作废卷）。对比较复杂的问卷可以编码，但需加以检查，避免产生新的错误。对录入的数据，要做值域检查和逻辑检查，以保证录入质量。数据检查完以后，可按已给出的公式进行计算或打印汇总表，还可以利用其他统计方法进一步提取数据中蕴含的信息。

7. 分析数据处理的结果，撰写调查报告

资料来源：梁小筠. 抽样调查的方法和原理［M］. 上海：华东师范大学出版社，1994：8-9.

第二节 样本抽样的基本类型

在教育科学研究中，样本抽样是一项基础且至关重要的工作，对不同的研究主题和研究对象，采用的抽样方式也有所不同。生活中有很多关于抽样的例子，比如，厨师在一锅汤里舀出一勺品尝汤的味道、体检抽血、初中采取抽签方式录取学生、在水果（蔬菜）市场挑选水果（蔬菜）、交警查酒驾……在这些例子中，在一锅汤里舀出一勺品尝汤的味道、体检抽血、初中采取抽签方式录取学生，这三个例子属于概率抽样，强调样本的代表性，样本能够很好地代表总体，反映总体的情况，适合量化研究；在水果（蔬菜）市场挑选水果（蔬菜）、交警查酒驾，这两个例子属于非概率抽样，强调样本的典型性，适合质性研究。概率抽样与非概率抽样是样本抽样的常见类型，每种类型都有其特定的应用场景和优势。

一、概率抽样

概率抽样，也称随机抽样，指在被限定的研究对象中每一个研究对象都具有同样被抽取到的可能性。

概率抽样遵循随机性原则。概率抽样的基本逻辑是能够很好地按总体内在结构中所蕴含的各种随机事件的概率来构成样本，使样本成为总体的缩影，即样本能够很好地代表总体，能用概率计算的方法客观评价研究结果的精度，并对总体进行有效推断。概率抽样常用于正式的量化研究。

（一）概率抽样的意义

在教育科学研究中，抽样的作用至关重要，它使得研究者能够在有限资源下，高效、经济且准确地了解教育现象和问题。

1. 调查速度快、调查消耗低

全面调查要调查总体中的单位，耗费的人力、物力和财力非常大；抽样调查只调查总体中的小部分单位，这样可大大节省人力、物力和财力。由于抽样调查所要调查的单位只占总体全部单位的极小部分，所得资料可以快速汇总、整理与分析，方便人们及时利用调查结果。特别是紧急需要有关信息时，抽样调查的重要性显得更为突出。量化研究抽样提供一种实现"由部分认识总体"的途径和手段，强调样本的代表性，部分可以很好地代表和反映总体，即"一滴水见太阳"。

2. 调查结果准确可靠

由于参与抽样调查的单位和人员少，并且可以对参与者进行严格的训练，因而产生登记误差的可能性就会降低，这样调查质量和效果也就提高了。质性研究抽样强调样本的典型性，抽样能为研究更好地提供数据支撑。

3. 应用范围广

抽样是架在研究者有限人力、财力和时间与庞杂、广泛、纷繁、多变的社会现象之间的桥梁，它能帮助研究者方便地从对较小部分的考察达到对一个较大整体的了解[①]。

（二）概率抽样的类型

概率抽样之所以能保证样本对于总体的代表性，其原理在于它在教育研究中，有四种概率抽样方式，即简单随机抽样、系统抽样、分层抽样、整群抽样。

1. 简单随机抽样

简单随机抽样亦称纯随机抽样。从含有 N 个单元的总体中抽取 n 个单元组成样本，如果抽样是不放回的，则所有可能的样本有 C_N^n 个，若每个样本被抽中的概率

---

① 风笑天. 现代社会调查方法 ［M］. 武汉：华中科技大学出版社，2015：51.

相同，都为 $1/C_N^n$，这种抽样方法就是简单随机抽样。这是一种最基本、应用最广泛的抽样方法，它使得总体中对每一个个体都有同等而独立的被选中的机会。

简单随机抽样主要的操作方式有抽签和随机数字表两种。

（1）抽签。

抽签是简单随机抽样中最常用的一种操作方式，它简便易学，一般在总体较小的时候使用。其抽样步骤如下：

第一步，确定要抽取的样本数目；

第二步，形成抽样框；

第三步，准备抽签；

第四步，抽签；

第五步，从用于抽签的容器中随意抽取出纸条，数量与预先确定的样本数目相同。

（2）随机数字表。

当构成总体的个体数目比较多时，用抽签的方式抽取样本会遇到一定的麻烦，写号码的工作量也会超负荷，这时可采用随机数字表的方式进行抽样。其具体步骤如下：

第一步，购买或找到一本随机数字表；

第二步，确定拟抽取的样本总数；

第三步，取得一份调查总体所有个体的名单；

第四步，将总体中所有个体按顺序进行编号，并组成样本抽样框；

第五步，确定从随机数字表中去读样本对数码单位；

第六步，读取样本；

第七步，选取足够样本数码，到样本框中找出应调查的个体。

【举例】

从 3 000 人总体中抽取 100 人作为样本。第一步，取得总体名单；第二步，从 1 到 3 000 编号；第三步，从随机数字表中选择 4 位数，具体选法是从随机数字表中的任意一行和任意一列的某个四位数开始[①]，按照从左到右，或者从上到下的顺序，以 3 000 为标准，对随机数字表中依次出现的每隔 4 位数进行取舍，选出 3 000 以内的 100 个数字。

简单随机抽样的优点有两个：一是可以保证全部标识的代表性；二是能够确定抽样误差的理论值，并且操作简便。但其不足之处在于样本的代表性会随着抽样规模的减小而变低。

2. 系统抽样

系统抽样亦称等距抽样、机械抽样，即依据相同抽样间隔从总体中抽取一定数

---

① 莫传伟，王宁生，梁进权，等. SAS 程序在随机化实验设计中的应用［J］. 中药新药与临床药理，2001（4）：298-301.

量个体组成调查样本的抽样方式，是概率抽样的重要方式。其具体抽样步骤如下：

第一步，为总体的每个个体依序编号，制定样本抽样框。

第二步，计算抽样间距，其方法是以总体规模除以样本规模。例如：总体规模为 E，样本规模为 F，抽样间距为 K，则抽样间距 $K=E/F$。

第三步，采用随机抽样方式确定系统抽样的随机起点。具体操作方法是在抽样框中随意确定一个数字作为样本抽取的起点，该数字对应的个体则为样本的第一个个体。

第四步，在抽样框中，由第三步确定的随机起始点间距 K 位抽取样本的第二个数字，其对应的个体为样本的第二个个体；再隔 K 位抽取样本的第三个数字，由此循环往复。当抽取够样本所需个体后将所抽取个体合起来构成该总体的样本。

系统抽样的主要优点是操作简便，如果有辅助信息，对总体内的单位进行有组织的排列，可以有效地提高估计的精度；缺点是对估计量方差的估计比较困难[1]。此外，系统抽样的一个关键前提是总体中个体的排列必须相对于研究变量是随机的，且不能存在与某种变量相关的规律性分布。否则，系统抽样的结果可能会出现显著的偏差。例如：假设要在一栋公寓建筑物中选择公寓样本。如果样本是从每个公寓的编码（如 101，102，103，104，201，202，203 等）中抽出的话，那么所使用的抽样间隔，可能刚好等于每层楼的户数或是每层楼户数的倍数，这样选择的样本可能具有共同的特性，从而产生偏误。

3. 分层抽样

分层抽样亦称类型抽样、配额抽样，即将总体按照某种特征或指标分成不同类型的子总体或层（如性别、年龄），然后分别在每一层内随机抽取若干个体组成样本。其原则是：层内个体差异小（同质性高），而不同层之间差异性大（异质性高）。例如：对某大学的学生进行分层抽样，首先要将所有的学生按年级加以分类，然后再分别从一年级、二年级、三年级和四年级的学生中，各抽出适当数量的要素组成样本。

分层抽样的具体步骤如下：

第一步，了解总体中各特征的差别，并按特征差异分组，计算每一类别在总体中占的比例；

第二步，根据各组在总体中所占比例，分配各组中每一类别的人数；

第三步，从总体的不同类别的对象中按规定人数在各组中随机抽取样本。

采用分层抽样时，要注意以下两点：

（1）分层的标准。

分层的标准可以概括如下：首先，以主要的研究变量或相关变量作为分层的基础；其次，确保各层内部具有显著的同质性，同时各层之间则应具有明显的异质

① 国家统计局. 系统抽样［EB/OL］. （2015－01－12）［2024－12－15］. https://www.stats.gov.cn/zs/tjll/tjxjbgn/202310/t20231012_1943525.html.

性，以突出整体的内在结果；最后，选择那些已经显著表现出层次区分的变量作为分层的变量。

（2）分层的比例问题。

按比例分层抽样指按各种类型或层次中的单位数目同总体单位数间的比例来抽样，以确保得到一个与总体结构相同的样本。但在总体类型或层次的单位数目太少时，往往采取不按比例抽样的方法，以便于对不同层次的子总体进行专门研究或进行比较。然而，在使用样本资料来推断总体时，需要先对各层数据资料进行加权处理，通过调整样本中各层的比例，使数据资料恢复到总体中各层实际的比例结构[①]。

【举例】

某县有小学教师 1 500 人，其中教龄在 0—5 年的教师有 453 人，6—10 年的 316 人，11—15 年的有 371 人，16—20 年的有 112 人，20 年以上的有 248 人。为全面了解该县不同教龄教师的专业发展情况，从中抽取 300 名教师作为样本，应该怎样抽取？

分析：根据某些小学教师的教龄，可将该县教师分为五个群体：即 0—5 年、6—10 年、11—15 年、16—20 年及 20 年以上，把每一群体视为一个层，因此，该总体可分为五个层。由于抽取的样本为 300，先确定每一层的比例，再在每一个层中实行简单随机抽样。抽取人数 300 人与教师总数 1 500 人的比是 300∶1 500＝1∶5，因此，在五个教龄层分别抽取 91、63、74、22、50 人，共计 300 人。

分层抽样的优点：不增加样本规模而能降低抽样误差，提高抽样的精度；分层抽样将异质性较高的总体细分为多个同质性较强的子总体，从而提高抽样效率，获得更好的抽样效果；便于了解总体内不同层次的情况，从而对总体中不同层次或类别进行单独研究或比较。需要注意的是：当层间的差异较大时，抽样误差较小；但当层间的差异较小时，抽样误差会比较大，此时分层抽样便失去了意义。

4. 整群抽样

整群抽样是先把总体划分为许多相互独立的子群，然后以子群为初级单位，按某种抽样方法，从总体中抽取若干子群组成群样本，再对抽取的所有个体进行调查。

整群抽样最显著的特点是：其抽样单位不是单个的个体，而是成群的个体。这种小群体可以说是学校中的班级、一个地区的学校、居民家庭等。

整群抽样与其他抽样方式的区别在于：它抽取样本的单位是群体，不是个体。整群抽样是对小群体抽取，亦应采取简单随机抽样、系统抽样或分层抽样的方法。整群抽样操作时较为方便和切实可行。例如，在对某一班级进行整群抽样时，原有班级不会被打乱，因此既能维持原有的教学秩序，不会影响师生之间的配合，又能够达到研究的目的。

----

① 万崇华，许传志. 调查研究方法与分析［M］. 北京：中国统计出版社，2016：41.

整群抽样的优点是简化了抽样过程；降低了调查中收集资料的费用；相对地扩大了抽样的运用范围。但整群抽样是以样本分布面不广、总体代表性相对较差等缺点作为代价的。

整群抽样与分层抽样易混淆，可采用以下方式加以区别：当某个总体由若干因自然界限而区别开的子群组成，且不同子群之间的异质性较大，而子群内的同质性较强时，较适合采用分层抽样的方法；当不同子群相的同质性较大，而每个子群内部异质性程度较大时，特别适合采用整群抽样的方法。

【举例】

某高校要调查学生对学校食堂的评价，学校一共 3 000 名学生，请用整群抽样方法进行抽样①。

步骤 1：按照某种性质将总体分群。在学校里，学生们已经被分到不同的班级，因此可以按照已经分好的班级作为群。假设每个班 50 名学生，则总体被分为 60 个群。

步骤 2：确定所需要的群的数目。假如经过样本量的计算，需要抽取 500 名学生，则要抽取 10 个群。

步骤 3：采用简单随机的方法从 60 个群里抽取出 10 个群，抽取出来的群内的所有学生均进入调查。可以采用抽签的方式进行。

【资料卡片】3-3

简单随机抽样与整群抽样、等距抽样之间的关系

整群抽样与简单随机抽样的差别仅仅在于抽样单位的不同，我们可以把整群抽样称为以群作为抽样单位的简单随机抽样。这样，就可以方便地利用简单随机样本的性质研究整群样本的性质，包括估计量、估计量的方差以及方差的估计量等。

在等距抽样中，如果抽样单位是基本单位，而且总体的排列顺序是随机的，即各个抽样单位的标志值与抽样单位的排列序号之间没有相关关系，则等距抽样可以看作一种简单随机抽样。

等距抽样也可以看作一种特殊的整群抽样。如果按照等距抽样的方法构造"群"，并且从总体的 N 群中采用简单随机抽样方法抽取一群作为样本，这样的整群抽样实际上就是等距抽样。因此，等距抽样也可以看作样本容量为 1 的特殊的整群抽样。因此，整群样本的许多性质可以应用于对等距样本的研究。比如，等距样本内部的构成对估计量方差的影响，就可以用整群样本的性质来说明。

资料来源：赵俊康. 统计调查中的抽样设计理论与方法［M］. 北京：中国统计出版社，2002：51.

---

① 统计学之家. 整群（聚类）抽样的例子例题与方法步骤［EB/OL］.（2020-11-08）［2024-12-15］. http://www.tjxzj.net/1993.html.

（三）概率抽样的样本规模与抽样误差

概率抽样的样本规模与抽样误差是影响研究准确性和效率的关键因素。研究者需要根据研究目的和对象特征，合理确定样本规模，并选择合适的抽样方法，以尽可能减小抽样误差，提高研究的代表性和准确性。

1. 样本规模

样本规模亦称样本容量，指样本中所含个体量的多少。统计学中通常以 30 为界，把样本分为大样本（30 个个案及以上）和小样本（30 个个案以下）。但社会学中样本规模与此不同，有很多因素影响着样本规模。之所以这样区分，是因为当样本规模大于 30 时，其平均值的分布将接近于正态分布，从而许多统计学的公式就可以运用，也可以用样本的资料对总体进行推论。但是，需要注意的是，30 个的样本对于社会研究来说常常是不够的，统计学中的大样本与社会研究中的大样本并不是一回事。结合实际经验提供一些供研究者参照的数据，其中，调查研究，其样本数量最好不少于 100 个；全国性的调查，其样本数量控制在 1 500—2 500 个；地区性的调查，其样本数量控制在 500—1 000 个；相关研究中，样本数量最好不少于 50 个；实验研究中，每组样本数量最好不少于 30。另外，根据研究者的经费、人力和时间，样本规模可以分为小型调查、中型调查和大型调查。其中，小型调查的样本规模是 100—300 个；中型调查的样本规模是 300—1 000 个；大型调查的样本规模是 1 000—3 000 个。

样本容量大小取决于以下一些因素：

（1）研究的类型、范围。

当研究为定量研究时，定量研究需要较大的样本量来进行各种统计分析，以确保研究结果更具代表性并且能够广泛推广。例如，在进行大规模流行病学研究时，研究者需要抽取不同性别、年龄和地理位置的样本，以便于得出更具普遍性的结论。所以，定量研究的样本数量应该适当增多一些。然而，当研究为定性研究时，由于质性研究主要聚焦于特定研究主题或现象，研究的范围比较狭窄，可以通过少量受访者进行深度访谈来获得所需信息，因此样本数量可适当减少。

（2）统计分析的精确程度。

当研究要求有较高的统计显著程度，具有较高的可信程度时，样本数量可多些；然而，如果研究只是初步探索，能够接受具有较大范围的变异或不要求研究结果广泛推行时，那么样本量可以适当降低。

（3）允许误差的大小。

当研究允许的误差值小，要求的可信程度高，所需样本容量相应要大。例如，一些医学或心理学研究中，研究者通常希望误差能够小于某个特定标准。然而，一些研究可接受的误差相对较大，因此可以适当减少样本容量。

（4）总体的同质性。

当总体的变异性比较大，变量的相关程度比较低，研究的条件控制不严格时，样本数量便可适当增加；当总体的变异性比较小，变量的相关程度较高，研究条件控制严格时，样本数量便可适当减少。例如，医院抽血进行化验时，由于血液的同质性较好，因此取样较少；而研究的样本是人的时候，由于个体差异较大，变异性也比较大，因此抽取样本数量也相对较大。

（5）测量工具的可靠程度。

如果测量工具的可靠程度较低，那么测量的误差就会增大，这时就需要增大样本数量；如果测量工具的精准度较高，那么就可以减少样本数量。例如，有关学习能力和成就的测量工具的可靠性程度会好一些，而有关人格特质、自我概念和态度等方面的测量工具的可靠程度会差一些。

（6）研究的成本。

研究的成本包括研究经费、时间限制和人员配备等，抽样数量总是要控制在研究成本允许的范围内。因此，确定样本容量时，必须仔细分析研究的条件，量体裁衣。在研究成本有限的情况下，如针对偏远地区的调研，样本量可能就会少一些[①]。

（7）分析的类别。

当研究的关系复杂，分析的项目较多，如进行多变量分析或者要建立多个模型的研究时，样本数量需要增加；如果研究目的较为单一，如只需要进行简单的相关分析时，样本量则可以相对减少。

综合上述七点因素，笔者结合实际经验为研究者提供一些可参照的数据。其中，对于调查研究，样本数量最好不要少于100；对于全国性的调查，样本数量控制在1 500—2 500；对于地区性的调查，样本数量控制在500—1 000；对于相关研究，样本数量最好不少于50；对于实验研究，每组样本数量最好不少于30。另外，根据研究者所拥有的经费、人力和时间，样本规模可以分为小型调查、中型调查和大型调查。其中，小型调查的样本规模是100—300；中型调查的样本规模是300—1 000；大型调查的样本规模是1 000—3 000。

2. 影响样本规模确定的因素

（1）样本规模与总体规模有关。

一定程度上，总体规模越大，涵盖的样本的特征也更多，样本规模也越大。例如，在进行全省乃至全国性的调查时，总体为数百万甚至几亿，样本量就会足够大，从而保证了研究结果的代表性。但当总体规模达到一定程度时，样本规模的增加对研究结果的边际效益会逐渐降低，此时样本容量即使继续增加，研究结果的可靠性也无法继续提高了。

（2）推断的把握性与精确性。

如果想要提高推断的精确性，研究者就会将研究所需要达到的置信区间设定为一个较高的数值，并降低可接受的误差范围。例如，将置信水平设置为95%或99%，或将误差范围设置为±2%或±5%，这样的设置需要更大的样本规模才能确保

[①] 李浩泉，陈元. 教育研究方法［M］. 成都：西南交通大学出版社，2018：42-43.

研究结果以更高的把握性进行推断。

（3）总体的异质性程度。

总体的异质性程度是指总体成员之间的差异性。如果总体成员的个体差异较大，那么研究者需要扩大样本规模来降低误差水平，确保研究结果的准确性。例如，在研究不同学段的学习策略时，不同学段学生的差异较大，这种差异可能对研究结果产生显著影响，因此要扩大样本规模来涵盖不同学段间的差异。

（4）研究者所拥有的经费、人力和时间。

研究经费通常是限制样本规模的直接因素，如果研究经费不足，那么对研究者和参与者的激励可能不足，研究工具的配备也可能出现问题，从而导致研究中缩小样本规模，影响研究结果的可靠性。时间和人员也是限制研究的重要因素，如果研究时间紧张，人员分配不足，那么调查时间将会缩短，样本数量受到限制，从而导致样本数据不足，数据收集的规范性受到影响，最终降低研究的准确性。

3. 抽样误差

抽样误差即样本的统计值与总体参数间的误差，它是由抽样本身的随机性引起的，无论采取何种抽样方式都不可避免。

抽样误差取决于总体的分布方差和抽样规模，两者皆可导致抽样误差的增加或减少。当抽样规模增加时，样本统计量的随机波动程度会降低，从而使抽样误差减少。缩小总体的异质性程度或分布方差也可以减少误差[1]。

影响抽样误差的因素：样本容量、抽样方式、总体内部差异。

需要注意的是：对于较小的样本而言，样本规模上很小的增加也会带来精确性方面明显的增加；而对于较大的样本来说，增加的样本量小则收效甚微；扩大样本规模虽可减少抽样误差，但同时它也会增加非抽样误差，因此需统筹考虑，只要误差在一定的范围内，没必要仅靠扩大样本规模来增加调查的准确性。

4. 误差的来源

统计误差的产生原因多种多样，既有技术性因素引起的误差，如统计方法不科学、统计指标设计不合理等；也有非技术性因素导致的误差，如统计对象故意谎报，人为干扰统计工作等。统计误差产生的原因可以概括为抽样误差和非抽样误差[2]。

非抽样误差是相对于抽样误差而言的，指除了抽样随机性以外，由其他多种原因引起的调查结果与总体真值之间的差异。在抽样调查和全面调查（普查）中都可能存在非抽样误差，具体产生的原因包括：①全面调查中由于统计指标、统计分组、调查方法设计不周、调查对象范围界定不清而产生的涵盖误差；②抽样调查构

① 风笑天. 社会科学研究方法系列丛书 社会科学研究方法［M］. 北京：中国人民大学出版社，2024：113.

② 国家统计局. 什么是统计误差［EB/OL］.（2023-01-01）［2024-12-15］. https://www.stats.gov.cn/zs/tjws/tjbk/202301/t20230101_1912951.html.

造抽样框时，目标总体与抽样总体不一致所导致的抽样框误差；③由于被调查对象无回答造成的无回答误差；④统计人员填写调查表错误，以及数据录入、整理、处理等环节中存在错误所产生的计量误差。实践中，非抽样误差通常是上述全部或部分原因综合作用的结果。

二、非概率抽样

非概率抽样，也称非随机抽样，它不遵循概率论的随机化原则，而是根据研究者的主观判断或因为客观条件下的方便来进行抽样。每个研究对象被抽取的概率是未知的，抽样方式不是随机的，样本通常是按研究目的选择的。非概率抽样的样本通常不具有代表性，无法依据该研究结果推断总体，强调样本的典型性，常适用于质性研究。一些样本量规模很小、探索性研究或研究的初始阶段、总体成员很少或很难寻找时，小范围的非正式的研究的抽样也适合用非概率抽样。

（一）非概率抽样的意义

随着网络的不断普及，非概率抽样的重要性也在不断上升，它能够使研究者在进行教育科学研究时更具灵活性和针对性[①]。一方面，非概率抽样具有灵活性。非概率抽样允许研究者根据研究目和自身所具有的研究条件选择样本，可以减少所需要的时间和成本，尤其是在难以获取概率样本的条件下。例如，在研究人员配备不足的情况下，非概率抽样就更加灵活和方便。另一方面，非概率抽样具有针对性。对于存在某些特定特征的群体，例如，特定的职业、罕见病或者特殊血型群体，非概率抽样可以帮助研究者选择更具针对性的样本。

（二）非概率抽样的类型

在教育科学研究中，非概率抽样方式主要有就近法或方便抽样法、目的性抽样、滚雪球抽样、定额抽样及综合式抽样。

1. 就近法或方便抽样法

就近法抽样指研究者根据研究目的以及客观条件，抽取距离其最近或最有可能获得的部分研究对象作为研究样本。例如，常见的街头随访、邮寄式调查和杂志内调查等均属于方便取样。

就近抽样法比较省时省力，方便抽样的偶遇性使得并非总体中每个成员都有被抽取的机会，即被调查者自我选择、抽样的主观偏差等，导致抽样偏差，故无法有效保证样本的代表性，无法有效推断总体。

2. 目的性抽样

目的性抽样是指当研究情景不能运用随机抽样时，为达到研究目的而选择样本的抽样方法。目的抽样并非随意的，它是根据研究目的、研究对象与研究问题有目的地选择样本。

① 郝一炜，刘晓宇，金勇进. 非概率抽样估计中先验信息的利用：基于贝叶斯模型估计视角［J］. 调研世界，2024（5）：86-96.

目的性抽样可以充分发挥研究人员的主观能动作用。但样本的代表性难以判断，多用于总体规模小、设计范围窄或时间、人力等条件有限而难以进行大规模抽样的情况。

在进行目的抽样时我们可通过以下九种方法选择需要的样本：

（1）极端或偏差型个案抽样。

研究者选择那些被视为异常极端或"不正常"的对象，以期从极端个例中提取经验教训，这些教训能够为常规情况提供借鉴。尽管这类案例不具代表性，但在质性研究中，它们可能更有效地揭示独特现象。

（2）强度抽样。

研究者抽取具有较高信息密度和强度的个案进行研究。该抽样方式的逻辑与上述"极端型抽样"比较类似，但是不刻意强调案例的极端性。

（3）最大差异抽样。

当研究对象内部的异质性很强时，如果我们只抽取其中少数几个个案进行研究，便很难反映该现象的全貌。为了最大限度地覆盖研究现象中的不同情况，此方法选择样本中具有最大异质性的特点作为抽样标准①。

（4）同质型抽样。

同质性抽样指的是选择一组同质性比较高的个案进行研究。使用该类抽样方法可以深入研究与调查现象中的某类比较相同的个案。

（5）典型个案抽样。

典型个案抽样则以研究现象中那些具有一定"代表性"的个案为选择对象，旨在了解研究对象的一般情况。这类研究的重点在于展示和说明，而非推论和验证。

（6）分层目的型抽样。

首先，研究者需要将研究现象按照一定的标准进行分层；然后，研究者在各层上有目的性地进行抽样。这么做旨在了解同质性较强的层次内部的具体情况以便进行比较，从而了解总体的异质性。

（7）关键个案抽样。

该方法选择的是那些会对事情产生决定性影响的个案为样本，以便推导出对其他个案的适应性。

（8）校标抽样。

该方法是指事先为抽样设定标准或条件，然后选取符合这个标准或条件的个案进行研究。

（9）证实和伪证个案抽样。

该方法是在研究结果初步形成研究结论的基础上，通过抽样来证实或伪证初步理论假设。这种抽样方式通常在研究后期使用，以验证或发展研究者的初步结论。

---

① 陈向明. 质的研究方法与社会科学研究［M］. 北京：教育科学出版社，2016：105-109.

3. 滚雪球抽样

滚雪球抽样是指先随机选择一些被访者并对其实施访问，再请他们提供另外一些属于所研究目标总体的调查对象，根据所形成的线索选择此后的调查对象。滚雪球抽样往往用于对稀少群体的调查。在滚雪球抽样中，首先选择一组调查单位，对其实施调查之后，再请他们提供另外一些属于研究总体的调查对象，调查人员根据所提供的线索，进行此后的调查[①]。

滚雪球抽样的操作简单、可行性强，但找到的信息提供者如果是同一类人，就不可避免地对研究结果产生影响。

4. 定额抽样

定额抽样也称为配额抽样，即根据预先了解的总体特征来选择样本，使其能够保证样本的特征分布和所要研究的总体一致。其与分层抽样中的按比例抽样相类似，也是按调查对象的某种属性或特征将总体中所有个体分成若干类或层，各层样本是非随机抽取的。

定额抽样的具体步骤如下：

第一步：定额抽样是以代表总体为目的的，因此研究中进行定额抽样时，研究者应尽可能依据那些有可能影响某个研究变量的各种因素来对总体进行分层，找出具有不同特征的个体成员在总体中所占的比例。

第二步：依据比例去选取调查对象，使样本中的成员在各种因素、各种特征方面的构成以及样本的比例与总体接近。

定额抽样的假定：

第一，只要类型划分较细，那么同一个类型中的每一个个体都是同质的，因而无须采用随机抽样。

第二，只要类型划分合理，且分配给各类的名额符合总体中各类人员的分布，那么样本就可以准确地反映总体。

但实施中很难满足这两个假定，所以研究者一般根据研究的主要目标来进行。

定额抽样的优点在于费用不高、易于实施，且能按照比例从总体中进行抽样，样本分布均匀。但容易掩盖不可忽略的偏差。

5. 综合式抽样

综合式抽样是指根据研究的实际情况综合使用不同的抽样策略选择研究对象的抽样方式。

综合式抽样可以结合不同抽样策略的长处，在需要的时候灵活地使用各种不同的抽样方法为研究服务。但由于各种抽样策略的标准不一，评价研究结果时可能会产生某些冲突。

---

① 贾俊平，何晓群，金勇. 统计学 ［M］. 4 版. 北京：中国人民大学出版社，2009：21.

理解·反思·探究

1. 怎样理解和保证样本的代表性、可靠性和有效性？

2. 抽样的作用有哪些？

3. 在教育研究调查中，应该如何选择合适的抽样方法？

4. 简述影响抽样规模的因素。

5. 如何减少统计误差？

拓展阅读

［1］谢爱磊，白宜凡. "自我低估"：精英大学农村籍大学生社会能力的自我建构［J］. 教育研究，2023（5）：103-118.

［2］拉毛草，董连春，何伟. 少数民族数学文化融入小学数学教学的实践与探索：以藏族数学文化为例［J］. 数学教育学报，2023（1）：38-46.

［3］刘祎伟，黄传慧. 复杂情境下学前儿童社会性行为实验研究［J］. 中国特殊教育，2021（8）：79-85.

［4］王奥轩. 课堂掌声运用的观察与分析［J］. 上海教育科研，2018（6）：71-74.

［5］汪雅倩. 接管空间、对抗规则与建构仪式：大学生对手机的课堂驯化实践［J］. 中国青年研究，2023（3）：90-99.

第四章　问卷调查法

要点提示

　　开题通过后，便需要收集研究数据了。问卷调查法是收集研究数据的方法之一，被广泛应用于心理学、社会学、统计学等领域。本章需要明晰问卷调查法的概念、调查问卷的类型与一般结构，问卷设计的一般过程、注意事项及数据处理等内容，引导学习者学会科学地制作调查问卷，从研究工具上确保研究的信度与效度。

思维导图

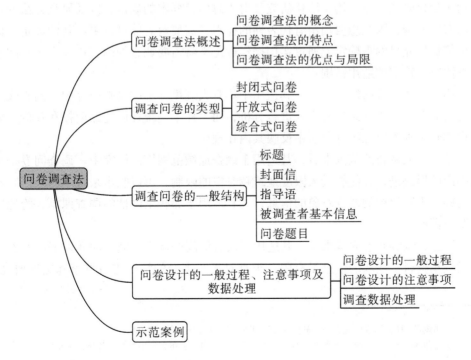

第一节　问卷调查法概述

在日常学习和教学中，当我们想要调查正在发生或已经发生的事时，往往会采取向当事人询问或者编制一份问卷向当事人了解情况，这种通过问卷收集资料的方式叫问卷调查法，是日常科学研究中最基本的调查方式。厘清问卷调查法的内涵与外延是正确使用该研究方法的关键。

一、问卷调查法的概念

问卷调查法被认为是现代社会调查研究中最规范、最高效，且应用最广泛的资料收集方法，它是实证主义研究方法中的一种，强调通过量化数据的收集和分析来获取客观知识。美国社会学家艾尔·巴比称："问卷是社会调查的支柱。"[1]

问卷调查法是一种以书面提出问题的方式进行资料收集的研究方法。研究者将设计好的问题制成表格，发放给调查对象填答，以收集被调查者对某一现象或问题的态度、看法、观点等信息[2]。问卷具有特定的形式结构和规范程序，能够保障调查研究规范化、程序化、科学化。

问卷调查法主要是在调查研究中使用，但同时也可以在实验、实地研究和其他观测方法中使用。这种方法通过一系列设计好的问题，探究调查对象的内心世界和外显行为，收集被调查者的观点、态度、行为等信息，适用范围广。问卷调查法既可用于量化研究，也可用于质化研究。对于总体及样本的确定，以及研究方法的不同而有所差别，因此想要抽出有代表性的样本，需要对总体进行更清楚的界定，此时可依据研究目的来确定，通过运用操作性定义将需要调查的内容描述出来。问卷调查法有其特定的适用范围：

第一，从调查的样本来看，其适用于具有大规模样本的调查研究中。问卷收集的资料通常采用统计研究的方式进行分析，而大样本是统计研究的前提和基础，如果样本较少则难以在统计分析中反映其内在规律。

第二，从调查的范围来看，其适用于调查地域范围广的研究中。调查问卷是采用书面的形式进行，能够最大限度地跨越时空的限制，可以收集来自不同地区、不同民族、不同组织的调查对象的信息，尤其适用于那些全国性的调查课题、跨地区的调查课题。

第三，从调查的内容来看，其适用于没有深度的调查研究。问卷以书面问答的方式收集资料，获取的信息量有限，很难对复杂多变的情况进行调查和定性研究，

---

[1]　谢俊贵. 社会调查研究方法［M］. 北京：北京理工大学出版社，2009：130.
[2]　毛乃佳，王等等. 教育学理论与实践［M］. 2版. 兰州：兰州大学出版社，2018：346.

因此问卷调查法仅适用于一般性的且不深入的调查研究[①]。

二、问卷调查法的特点

问卷是由固定问题和答案组成的调查表，适用于一切静态信息的收集。问卷调查法具有调查范围广、高效性、标准化程度高等特点，能够在较短时间内收集调查对象信息，了解研究现象。

第一，调查范围广。问卷调查是采用书面的形式与被调查者交流，对所有的调查者都能够同时进行询问，不受时间和空间的限制，因此能够大范围地收集资料。

第二，高效性。相较于社会科学中的其他调查方法，如访谈法、观察法、实验法等，问卷调查可以同时将大量问卷发放给众多调查对象，能够在短时间内收集大量的数据资料。

第三，标准化程度高。由于问卷调查采用统一的问题和固定的答案，因此收集到的资料便于进行统计分析和定量研究，这有利于保障问卷调查结果的客观性、科学性、准确性，量化程度较高。

【资料卡片】4-1

问卷调查相较其他调查方法明显的特点

1. 调查过程的标准化

问卷调查所依据的主要是事先编制好的问卷，一般来说，同一份问卷对不同性别、地区、文化水平的被调查者提出的问题的形式都是相同的；调查者与被调查者之间无须通过正面的言语交流，被调查者就可以按照统一的要求作答，一般情况下，被调查者不会受调查者主观意识左右；问卷所得结果也可以用事先考虑好的统计分析方法作标准化的处理。

2. 调查形式的匿名性

在问卷调查中，一般不要求被调查者署名，这能够有效地消除被调查者回答具有敏感性的问题时的疑虑，从而客观真实地回答问题，表明自己的真实想法，提高调查的信度和效度。

3. 调查的范围广、效率高

在实施问卷调查的过程中，调查者可以同时对大量的被调查者进行调查，它可以使调查者在短时间内搜集到大量的信息资料，也更加快捷、高效。从获得教育事实的角度看，它的确是一种省时、省力、效率高的研究方法。

资料来源：裴娣娜. 教育科学研究方法 [M]. 沈阳：辽宁大学出版社，1999：127-128.

---

① 隗斌贤. 科技调研与写作 [M]. 杭州：浙江科学技术出版社，2011：132.

三、问卷调查法的优点与局限

任何研究方法都有其优点和局限，问卷调查法也不例外。问卷调查法虽然具有调查成本投入少、调查范围广且方式灵活等优势，但往往编制一份问卷的难度较大，同时问题回答的真实性取决于调查对象的合作程度，并且对调查对象的文化水平有一定要求，因此研究者须根据研究的主题酌情选择。

（一）问卷调查法的优点

第一，问卷调查所需投入的调查成本低，能够节省大量的人力、物力、财力。问卷可以采用当面发放、邮寄、线上发放等形式，可以不受时间和空间的限制，只需印刷费、邮费，花费不多，经济且易实行。

第二，问卷调查范围广且方式灵活。采用问卷调查法收集资料，可不受人数限制，且能够同时从众多调查对象中快速获取信息，抽样范围较广。相较于访问、观察等调查方法，问卷调查法调查样本可大可小，问卷发放的方式多样且更加灵活[①]。

第三，问卷调查的匿名性可以有效避免其他调查方法的弊端。在填答问卷时被调查者有充足的时间考虑且不受他人干扰，又因其匿名性，故不用瞻前顾后，可自由地表达观点意见，从而减少调查对象的后顾之忧和心理负担。一定程度上避免回答的倾向性，其结果将更加客观和可靠，对于一些不宜当面询问的问题，如涉及敏感性、尖锐性或个人隐私的问题，相较于其他调查方法，问卷调查能够获取较为真实的答案。

（二）问卷调查法的局限

第一，问卷调查对问题设计有极高的要求。首先，问题措辞对结果有很大影响，当问题含糊不清时，往往不能得到确切的回答。其次，如果问题设计不当，如缺乏系统性、条理性，数据质量会大打折扣，导致收集的数据也难以进行统计分析和科学解释。此外，问题数量太多或过于冗长会使填答者失去作答兴趣，故而半途而废或是置之不理；倘若问题数量过少，又难以获得深入的信息，达到研究的目的。

第二，当样本量较小时，问卷调查无法保障研究的代表性。因此抽样的方式很关键，倘若抽取的样本无法代表总体，如过小或单一，那么调查结果的可靠性、完整性将无法保障，在问卷回收率较低的情况下，研究的代表性同样难以保证。

第三，问卷调查过程控制不严格，难以保障调查结果质量。当填答者不合作、言不由衷时，调查者难以辨别收集到的资料的真假，导致调查结果的真实性难以检验。

第四，问卷调查不适用于深度研究。首先，有些研究内容非常复杂，或是调查事件的动态趋势，则无法通过问卷的简单问答来反映。其次，问卷多采用封闭式的问题，问题的答案也限定了范围，缺乏灵活性，通过问卷获取信息的范围受限，难

---

① 秦伟，吴军. 社会科学研究方法［M］. 成都：四川人民出版社，2000：141.

以获得深入、详细的资料①。

第五，问卷调查受限于被调查者的读写能力和文化水平。问卷调查要求填答者具备一定程度的文化知识水平，因此不适用于文化程度相对较低的人。

总之，研究者在采用问卷调查法收集数据时首先要避免上述问题，确保问题表述清晰、简单易懂、避免分歧，其次所选样本要能够代表所属群体，最后问题数量合理避免填答者回答疲劳，以保障所得结果的质量。问卷调查法虽然能够快速获得大量的数据，但与大部分研究方法一样，不能将其看作提供答案的方法，而应将其视为了解调查对象现实情况的工具。

第二节　调查问卷的类型

在社会调查研究中，由于调查的目的不同，问卷的设计也存在多样化的形式。根据问卷问题的形式划分，调查问卷可分为封闭式、开放式和综合式三种类型。

一、封闭式问卷

封闭式问卷，也称结构式问卷，是根据调查目的精心设计的，问题的提问方式、排序、答案都按照一定的规则设计。需要注意的是，封闭式问卷的问题顺序不能随意更换，并对每个问题都给出了固定的答案，回答者只能在限定的范围内回答问题。

（一）封闭式问卷的类型

对于封闭式问卷的类型，一般概括为是否型、选择型、排序型、等级型和定距式五种。

1. 是否型

是否型也称正误型，答案只有两个选项，即"是"或"否"、"对"或"错"，这种类型的缺点在于当调查对象对某个问题态度中立，或者调查对象另有想法时，容易出现二者随便答一个的情况②。此外，是否型容易给人具有引导性的暗示，作答时人们容易产生从众心理。例如，"你喜欢自己的工作吗？""你知道吗？"对于这类问题，调查对象会认为喜欢总比不喜欢好，知道总比不知道强。

2. 选择型

选择型是指从多种答案中挑选一种或多种答案。多项选择设计通常要注意两点：①答案要穷尽所有选项，否则可能出现调查对象想答但没有合适的选项，从而随意选择。为保证所设计的答案能穷尽所有项目，通常使用的方法是：先将该题目进行多级分类，即将问题分成几个大类，然后从各大类中列举出若干项目，最后将

① 俞爱宗，金哲华. 教育科学研究方法［M］. 延吉：延边大学出版社，2009：133.
② 陈平辉，王一定，刘艳玲. 教育科学研究方法［M］. 南昌：江西高校出版社，2018：94.

各项目综合起来，去掉重复项目，即为所有可能的答案。②答案中列出的选项必须互斥，也就是说答案之间不能出现交叉和包容的情况。为保证答案间的互斥，一是用同一标准分类；二是对较复杂较抽象的问题设计答案时，应在同一抽象层次上进行分类，然后在同一层次上设计答案。

3. 排序型

排序型的问题答案相较于其他题型较多，回答者需要自己确定答案次序。在形式上类似于多项选择题，但不同的是排序型是为了让被调查者排列顺序，而不只是让调查对象在答案中进行选择。

例如，把下列运动按你喜欢的程度依次编序：

羽毛球、乒乓球、篮球、游泳、跑步、跳绳、网球、足球、排球、滑雪

值得注意的是：排序型要求排列的答案不宜太多，一般不超过 15 项，否则增加回答时间和难度，会导致调查对象失去兴趣不愿回答，在排列时可允许将几个答案并列作为同一选择[1]。

4. 等级型

等级型是提出问题，让调查对象回答其程度。根据表示程度的方式不同，等级型可以分为数字式、线段式和文字式。

（1）数字式，即采用数字来代表其程度。例如，评价学生的注意力状况，以数字 1 至 5 依次代表"不集中、不太集中、一般、较集中、非常集中"五个等级。

（2）线段式，即可见的直线坐标表示其程度。例如，"你认为班主任管理是：专制的|__|__|__|__|__|__|民主的"。该坐标代表：很专制、较专制、有点专制、不清楚、有点民主、较民主、很民主。调查对象在相应的坐标上圈一个坐标点以表示自己的看法。一般来说，线段式比单纯数字式更有利于调查对象表示连续体的心理距离，有利于更准确地表示出其程度。

（3）文字式，即用文字来表达其程度。例如，"你喜欢新编人教版小学数学教材吗?"非常喜欢（）较喜欢（）

等级型的特点是两端为对立概念，中间分成若干等级。设计这类答案要注意：①每两个等级间隔程度相等；②不要漏掉中性项目；③一般采用能描绘出等级中间程度的奇数等级；④通常采用 5 至 7 个等级，这样不会因等级过多造成烦琐，也不会因等级过少导致不精确。

5. 定距式

定距式问题的答案不是一个点，而是一个区间。

例如：

您的教龄是：

①0—5 年（ ）；②6—10 年（ ）；③11—15 年（ ）；④16—20 年（ ）；⑤20 年以上（ ）

---

① 陈平辉，王一定，刘艳玲. 教育科学研究方法［M］. 南昌：江西高校出版社，2018：95.

设计这类答案要注意：①划分的档次不宜太多，每一档的范围不宜太宽；②尽量使档次之间的间距相等，这样利于分析结果时进行比较；③各选项的数字之间必须衔接，无中断现象。

（二）封闭式问卷的优缺点

封闭式问卷的优点：①能够标准化，得到较为精确的量化结果；②所提出的问题简单易答，利于提高有效回收率；③对调查对象心理干扰小，获得的回答较为真实；④收集的样本大，并且能解决多因素复杂问题。

但是，封闭式问卷也存在难以遮蔽的局限：①问题设计较为烦琐，需要调查者做充足的预备工作；②由于给了固定的答案，因此容易造成不知道如何回答或没有看法的填答者随意回答；③无法进行深入探究，难以了解调查对象选择答案的理由与动机。

二、开放式问卷

开放式问卷，也称为非结构式，这种问卷只提出问题，不提供答案，让被调查者自主构思、自由陈述自己的想法[①]。问卷的题型可以是填空式的，也可以是问答式的。

（一）开放式结构问卷的类型

开放式结构问卷的题型比较灵活自由，根据提问的方式不同，又可分为三种类型，即自由回答式、言语联想式和情境导入式。

1. 自由回答式

自由回答式即提出问题让调查对象自由作答。这类问题不限制作答，填答者能够充分表达自己的观点和想法，获得开放且真实的资料。但在回答时需要被调查者构思语言、准确表达，因此对调查对象的文化水平有一定要求。此外，得到的答案不具统一性，材料整理时往往费时费力，容易受调查者主观看法的影响。自由回答式的资料整理一般是将回答加以分类，得到各类回答的数量和比例。分类时要做到两点：一是分类要细，二是分类要避免主观性。

2. 言语联想式

言语联想式是通过提示词语，让调查对象回答联想到的东西。

例如，看到"蓝色""水滴"等词汇，你会联想到什么呢？

这种提问方式的好处在于能够了解调查对象对某事、某物、某现象的印象和看法，特别是能了解到他们无意中流露出的真情实感。

3. 情境导入式

情境导入式，即创设一个真实的情境，引导被调查者沉浸在此情景中作答。调查者通过将被调查者带入具体、生动的场景使其可以"身临其境地"思考问题，从而增强体验性和感悟性。例如："如果您是这个班的班主任，当您听说班里有学

---

① 叶祥凤. 社会调查与统计分析［M］. 成都：西南交通大学出版社，2011：114.

生遭受校园霸凌，您会如何做？”这一情景导入式的问题能使被调查者设身处地地思考他人的感受，并想出合适的解决问题的策略。

（二）开放式问卷的优缺点

开放式问卷的优点在于问题设计较为容易减少了答案设想环节，由于没有范围限制，被试者的回答也较为多样和真实，往往可得到意想不到的材料。开放式问卷中的自由回答式是较为常见的提问方式，它常常用于研究者对研究结果不清楚或无法预测回答结果时，经常用探索性、预备性的研究。如要了解"当前教育存在的主要问题是什么？"时，当研究者只能列举出经费少、师资水平不高、学生负担重这几个有限答案时，这时仅应采取开放式问卷，以得到尽可能多的比较全面的答案。但是，开放式问卷也存在缺点，即一般只能作定性分析，难以作精确的定量分析。

三、综合式问卷

综合式问卷是指以封闭式问卷题目为主、开放式问卷题目为辅的问卷。这种问卷充分融合了开放式问卷和封闭式问卷的优势，对于十分清晰且有把握的问题采用封闭式问卷，对于模棱两可或需深入调查的问题采用开放式问卷，在一定程度上给予被调查者自由作答的空间。值得注意的是，在综合性问卷中，开放式的问题不宜过多，一般2—3个。通常，半封闭式有如下三种形式：

第一，在选项中增加"其他"选择项。

例如，你的职业认同主要受哪种因素影响：第一，自身兴趣；第二，薪资待遇；第三，社会地位；第四，他人评价；其他。值得注意的是，如果调查对象经常填写"其他"这一栏，说明这张问卷题目编得不好。

第二，在列出的答案后加上询问动机、理由类问题。其目的在于探究调查对象回答的原因与动机，弥补封闭式问卷无法深入调查的不足。

例如，你平时在评价周围的人和事时，主要标准的来源是：（选一项）

①学习（   ）；②舆论宣传（   ）；③传统习俗（   ）；
④团体倾向（   ）；⑤亲友意见（   ）；⑥个人好恶（   ）
你这样做的理由是＿＿＿＿＿＿＿＿＿＿＿＿＿＿＿＿＿＿＿＿[1]。

第三，以封闭式为主，而后辅以一些开放式的问题。例如，一些问题的答案研究者无法准确、完整地预测；或者列出全部答案过于冗长；又或者需要进一步考察被调查者行为背后的深意。例如，"您在工作中遇到压力时，通常怎么处理？"总之，问卷调查表可以设计出多种不同的问卷类型。每个类型占比多大，要根据调查对象决定，一般对象可以多采用封闭和半封闭的问题。但是，向专家进行调查，就不应过多地采用封闭式问题，因为专家可能会对封闭式问题所给出的答案不满意，从而拒绝回答或不能很好地给予配合[2]。

---

① 黄秀兰，黄循伟. 学校教育研究方法［M］. 海口：海南出版社，2002：121.
② 谢建社. 中国社区工作本土化研究［M］. 广州：广东人民出版社，2013：238.

第三节　调查问卷的一般结构

调查问卷由多个部分构成，倘若问卷中仅仅包含问题，那它并不是一份完整的问卷。在社会调查和科学研究长期的探索下，调查问卷已经形成一套较为固定的问卷结构，一般而言，调查问卷由标题、封面信、指导语、被调查者基本信息及问卷题目五个部分组成。

一、标题

标题是表达问卷要调查的主题，依研究的目的而定，使被调查者对调查目的有一个大致的了解。通常用一句话概括问卷调查的基本内容时，要做到简明扼要、一目了然。如研究选题是"幼儿教师专业发展的社会支持体系研究"，问卷题目可设计为"幼儿教师专业发展的社会支持情况调查问卷"。

二、封面信

封面信是研究者通过书面的文字与被调查者打交道的一种方式，其作用在于向被调查者阐明本次调查的关键信息。封面信的质量会对被调查对象的合作程度、兴趣产生一定影响，同时也是研究者与调查对象建立基础信任的关键，因此在一份问卷中封面信具有至关重要的作用。

封面信常常写在问卷标题后，其作用是向被调查者介绍和说明调查目的或意义、调查者身份信息、调查内容、调查对象的选取方法[1]以及对调查结果的保密措施等，以打消或降低被调查者的顾虑，最后还应表达对被调查者的支持和合作的感谢，以期获得被调查者的信任和积极配合。写封面信时要注意语言简明、中肯，篇幅不宜过长，200—300 字为宜。封面信需要说明以下内容：调查者的身份与联系方式，即"我是谁？"调查的主要目的，即"为什么调查？"调查的大致内容，即"调查什么？"说明调查对象的选取方法及对调查结果的保密措施；感谢被调查者的合作与帮助[2]。

【示例】

尊敬的教练：

您好！

澳大利亚的一位作者在《我们的训练哲理》一文中指出[3]："教练员经常走在科学家的前面。"我们的研究课题涉及我国运动员选材问题，我们设计这份问卷之

---

①　孙文生，靳光华. 统计学导论［M］. 北京：中国农业大学出版社，2010：45.

②　张彦. 社会调查［M］. 南京：南京大学出版社，2001：47.

③　许永刚. 体育科学研究教程［M］. 北京：人民体育出版社，2006：72.

目的是通过抽样调查问卷，了解我国的运动员选育现状和特点。本问卷的结果分析不针对个体，采用匿名形式，答案没有对错之分，请您根据实际情况回答。您实事求是的态度将直接决定这份问卷以至我们整个研究的价值，恳请您结合您的创造性劳动，配合填写这份问卷，您填写的内容仅限于本人在统计与分析中使用，我们一定为您保密。如果您对某些内容存有疑问或者有更好的建议，请与我联系。

衷心感谢您的支持与合作！

科技部"奥运会优秀运动员选材研究"课题组
负责人：×××教授
联系电话：010-98765432
QQ：12345678
邮编：100089

上述封面信是非常规范的调查问卷封面信，封面信中说明了调查者的身份，并在后面留有调查者多种联系方式，让被调查者能直观地感受到研究者对被调查者的敬意与诚意；阐释了调查目的是了解我国运动员选育现状和特点；交代了研究课题所涉及的问题，说明了调查的大致内容；调查对象的选取方法为抽样调查，说明了对调查结果的保密措施，使被调查者能安心填写；最后对被调查者的配合与参与表达感谢。

一封好的封面信是调查者和被调查者之间沟通的桥梁，对于问卷设计者而言，封面信的设计要遵循以下原则：一是言简意赅，既要保障对调查信息充分介绍，又要避免内容重复和赘述；二是表达要避免过于专业化和文学化，以免给被调查者增加阅读负担，导致对调查结果产生不良影响；三是避免过分强调匿名性和保密性，以免适得其反。

三、指导语

指导语即对问卷的解释和说明，用来指导被调查者正确填答问卷，如同各类仪器的使用说明书。一些问卷填答方法简单，指导语很少，一两句话即可。而有些指导语则集中于封面信后，是专门增加的填表说明，其作用是对填表方法、要求和注意事项等做一个总体的说明。

根据指导语的限定范围，一般可将其分为两类：

第一类是总体性说明的指导语。写在问卷主体之前，对问卷中所有问题的填答进行指导。如答题说明：本问卷题目只有单项选择题，请根据您的实际情况在相应选项处或相应空白处打"√"，再次感谢您的支持！

第二类是出现在问卷中的指导语。对问卷中一些复杂的调查问题做出指导，或者对填答者疑惑的地方事先说明：

一是限定答案选择的个数，如"限选一种或可选多个答案"。二是指导回答过程，如"请按重要程度排序"；如"若选择'否'，请跳过2—3题，从4题开始作答"。三是对特殊情况的填答加以说明，如"如果下列答案中没有符合您情况和观点的选项，请在该题空白处写上您的具体情况和想法，并画上√"。

总之，凡是回答者在填答过程可能产生疑惑的地方，都要标注指导语，予以清晰的说明。

四、被调查者基本信息

问卷调查的第一部分主要是收集被调查者的基本信息，倘若是学生问卷则包括性别、学校、年级、班级和所在地等相关信息，倘若是教师问卷则包括性别、年龄、教龄、职称、职务、所在学校等相关信息。总之，问卷中的被调查者特征资料要根据所选调查对象来进行设计，要能够保证全面地收集被调查者的基本信息。

五、问卷题目

问卷题目是调查问题的正文部分，调查问卷题目由多种问题组成，一般有封闭式问题、开放式问题和半开放式问题等类型。

（一）封闭式问题

封闭式问题是指提出问题的同时，给出若干个可供选择的答案，由回答者根据自己的实际情况进行选择。它的优点在于：第一，填答方便，回答者能够在较短时间内完成填答，提高被调查者的配合程度，便于问卷的回收。第二，每份问卷的答案固定且统一，获得的资料便于编码和进行统计分析。

封闭式问题的缺点在于：第一，封闭式问题需要被调查者仔细阅读，当回答者无法正确理解问题或随便应付时，容易造成收集的资料失真。第二，难以察觉问题回答的误差。封闭式问题有固定的答案，即使填答者对问题的理解和问题提出者的意图存在偏差，也可以随意作答，但调查者往往无从考证，就算存在失误也难以分辨。第三，被动选择的回答方式，容易消除填答者在回答上的差异。封闭式问题的答案是固定的且重复率高，填答者在回答时往往会选择大致契合的答案，由此得到的答案不够深入，往往忽略微小细节，不适用于作更深层次的研究。

封闭式问题的回答有以下几种形式：

第一，填空式。在问题中间或问题末尾画线留白让回答者填答。

例如：本次参赛的教师有_____人，您排行第_____。

第二，是否式。答案的设计只有肯定和否定两种。这种答案简洁明了，方便填答，但能够获取的信息量较少。

例如：您是否赞成取消教师编制？是□　否□

第三，多项选择式。这类问题的答案一般在两个以上，填答者可根据自己的情况选择。

例如：您觉得幼儿园阶段培养幼儿最主要的能力是：（请在适合的答案后打√）自理能力□ 合作能力□ 表达能力□ 创新能力□ 计算能力□ 阅读能力□

（二）开放式问题

开放式问题即只设计问题不提供固定的答案，由回答者根据自己的情况，自由组织语言填答问题，研究者设计问题时，要在问题下方留下适当空白的空间。

开放式问题的优点主要包括以下三个方面：第一，填答者可以充分自由地发表自己的意见，便于获得丰富生动的资料。例如："您如何看待教师退出机制？"被调查者可能从正向和负向两个方面回答自己的看法，也可能从实施原因、好处、存在问题等方面做出回答。第二，适用于答案较多的问题。在调查中一些问题的答案涉及广泛，且每个人的回答差异较大，无法完全预测和全部罗列，例如："您在高中时期期望从事何种职业？"这时采用开放式问题，资料收集的效果较好。第三，设计简单，研究者只需提出问题，无须绞尽脑汁预设答案。

开放式问题的缺点主要包括以下四个方面：第一，难以编码和进行统计分析，开放式问题收集的资料往往五花八门、各有千秋，研究者难以总结出规律和类属。第二，对回答者的知识水平和文字表达能力要求较高，开放式问题需要填答者简明扼要、准确无误地表达自己的观点、看法或态度等，需要回答者具备较高的语言组织和阐述的能力。第三，填答时所花的时间和精力也比较多，调查对象配合度相对较低。开放式问题需要填答者理解问题、认真思考、组织语言、规范书写，调查对象往往会觉得麻烦，直接拒绝，或是敷衍了事，调查结果往往不尽如人意。第四，容易产生一些无用的资料。如果研究者在设计问题时，没能很好地传达问题想要表达的意思，所得结果就会产生偏差。此外，开放式问题对答案未做限定，填答者按照自己对问题的理解进行回答，但仁者见仁智者见智，获得的答案容易偏离主题。

（三）半开放式问题

半开放式问题既有可供选择的答案也有自由回答的空间，能够将开放式问题和封闭式问题有效结合。

例如：

您配偶的职业是：消防员□ 警察□ 教师□ 工程师□ 其他□ ［请注明］

值得注意的是，半开放式问题不能完全代替开放式问题使用，在问题设计中，想要了解调查对象对某一事件、现象等的看法或观点，采用开放式的问题会更加适宜。

总之，调查问卷既可采用开放式问题，也可用封闭式问题，还可以将两者混合使用：在进行探索性调查时可以采用以开放式问题为主的问卷；当调查样本较大时，则可以采用以封闭式问题为主的问卷以便后续的资料分析。

第四节　问卷设计的一般过程、注意事项及数据处理

在上述几个小节中我们已经了解到问卷是由多个部分构成的有机整体，因此我们在设计问卷时要考虑多方面因素，本小节将详细阐明问卷设计的一般过程、注意事项及调查数据处理。

一、问卷设计的一般过程

（一）问卷设计的重点

问卷设计的重中之重在于确定调查主题、对象，调查维度的划分，以及问题的设计。设计问卷之前首先要确定调查主题和对象，再将确定的调查主题细分成具体维度，然后围绕每个维度设计出具体的问题。

1. 确定问卷主题和调查对象

问卷主题的确定实际上关系到将调查的最重点内容放在哪里，而且主题的确定还指引提问重点和提问方式，以便能真正通过问卷将想知道的和想了解的问题都问出来。

一般而言，问卷主题的确定依研究目的而定，研究目的指引我们在思考研究中哪个部分需要做问卷调查，从而依此确定自己设计的调查问卷。

从问卷调查的实际操作层面来看，问卷调查主题的确定实际上与调查对象的确定有天然的联系，确定问卷调查主题的过程实际上也是决定对哪些对象进行问卷调查的确定过程。

2. 主题的调查维度划分

进行问卷设计时，需要对问卷的主题，特别是关键词进行细化，以便问卷所提的问题更有针对性、更具体、更能真正调查出所想要了解的问题。在设计问卷时，一般可将主题细化为5—7个维度。

3. 问卷的问题设计

在确定好问卷维度以后，每个维度再提出5—7个问题（指标），组成问卷。问卷设计好后，研究者应先自问以下问题，对问卷进行修改，然后完成初稿：研究者对每个问题的提问是怎样的？这些问题提得是否合适？能不能把想要调查的内容问出来？还有哪些值得加强和补充的部分？

定稿设计完成后，可用问卷对拟调查对象群体中未抽取进入样本的部分个体进行试测查（预调查），根据调查结果对问卷进行再修订，如此反复多次方能定稿。

【资料卡片】4-2

问卷设计的原则

1. 相关原则

调查问卷中除了少数几个提供背景的题目外，其余题目必须与研究主题直接相关。

2. 简洁原则

调查问卷中每个问题都应力求简洁而不繁杂、具体而不含糊，尽量使用简短的句子，每个题目只涉及一个问题，不能兼问。违反这一原则的例子如："你是否赞成加强高中的学术性课程和教师的竞争上岗制度？"

3. 礼貌原则

调查问卷中尽量避免涉及个人隐私的问题，如收入来源；避免那些会给答卷人带来社会或职业压力的问题，以免使人感到不满。

4. 方便原则

调查问卷中题目应该尽量方便调查对象回答，不要让调查对象觉得无从下手，花费很多时间思考。

5. 定量准确原则

调查问卷中如果要收集数量信息，则应注意要求调查对象答出准确的数量而不是平均数。例如，"在您的班级中六岁入学的有几人"和"在您的班级里学生平均几岁入学"，前者能够获得班级六岁入学儿童的准确数字，而后者则无法得到准确的信息。

6. 选项穷尽原则

调查问卷中题目提供的选择答案应在逻辑上是排他的，在可能性上又是穷尽的。例如，"您的最后学历是什么"的备选答案只有：中专、本科、硕士研究生三个答案，显然没有穷尽学历类型。

7. 拒绝术语原则

调查问卷中避免大量使用技术性较强的、模糊的术语及行话，以便使被调查对象都能读懂题目。违反这一原则的例子如"您认为您孩子的社会智力如何？"

8. 适合身份原则

调查问卷中题目的语言风格和用语应该与调查对象的身份相称。

9. 非导向性原则

调查问卷中所提出的问题应该避免隐含某种假设或期望的结果。例如："作为教师，您认为素质教育能够更好地促进学生的健康成长吗？"

资料来源：俞爱宗，金哲华. 教育科学研究方法［M］. 延吉：延边大学出版社，2009：136.

（二）问卷设计的一般过程和问卷调查实施的一般程序

1. 问卷设计的一般过程

问卷设计的一般过程包括初步探索、编制初稿、试用与修改、问卷打印四个环节。

（1）初步探索。

在问卷设计之前要对研究主题进行思考和探索。研究者应通过观察和访谈对主题做一些定性研究和文献阅读准备，充分了解研究主题、调查对象或区域，初步形成问卷的逻辑和结构。研究者可以亲自与调查对象交流，深入调查地区熟悉情况，体验被调查者的生活。研究者在广泛交谈和观察的过程中，验证、比较和深化已有的思路、假设和问题的可行性，并获得不同的答案种类、可接受的回答程度、可接受的问题形式、可能的问题等一系列一手资料。初步探索有助于调查者发现细枝末节的问题，如：问题设计的类型是开放式还是封闭式；问题排列的顺序；问题的陈述是否过于专业化；受调查者能不能理解问题的内涵；问题的表述是否符合受调查者的语言表达习惯等。以上探索可以让设计的问卷变得具体、简单，且契合实际①。

（2）编制初稿。

在探索性工作的基础上，研究者可以进行问卷设计。研究者将研究主题中，想要探究的内容和对主题的思考具体化和逻辑化，编制出各种形式的问题和答案，并按照一定的逻辑进行排列组合，形成初始问卷。研究者组合问题、形成问卷的思路各不相同。按照问卷结构和问卷问题设计的先后顺序，问卷的编制通常有两种方法：一是卡片法，二是框图法。

第一，卡片法。这种方法是先设计问题，再形成问卷结构。具体而言，卡片法是研究者先将探索性工作的所得，设计成一个一个的问题，将问题写在卡片上，有多少问题就写多少张卡片，当研究者尽可能详尽地列出所有问题以后，再对卡片进行归类整理②。其次，按照研究主题涉及的不同模块，将有着相同现象、相同事件、相同观点等的卡片归为一类，再重新组合排列每一类卡片内的问题顺序，使其具有逻辑性和连贯性。再次，在卡片间寻找逻辑关系，根据每一类卡片的主题厘清问卷的思路，形成有逻辑结构的问卷。最后，将经过分类和排列的卡片上的问题，以书面的形式呈现，再对问题进行调整，使其符合受调查者的阅读习惯和填答习惯，就形成了一份问卷。

第二，框图法。与上述卡片法逻辑相反，这种方法是先设计问卷结构，再设计填充具体问题③。框图法是研究者按照探索性工作的所得，先设计问卷的基本框架，将问卷分为几个部分，根据每个部分之间的逻辑关系和填答者的思维连贯性，将每个部分进行排序。其次，根据每个部分的主题设计出问题和答案，再将每个部分的问题进行内部组合排列。最后，进一步对所有问题和答案的表述、形式、内容整理和修正，以书面的形式呈现，最终形成初始问卷。

总而言之，卡片法和框图法的逻辑恰恰相反，卡片法遵循归纳的逻辑思维，从具体到抽象；框图法则遵循演绎的逻辑思维，从抽象到具体。一般而言，卡片法对于首次设计问卷的研究者来说，更容易操作，因为它是从具体问题开始，比较容易上手，但由于缺乏整体视角，容易造成某一主题或模块的遗落，导致问卷的结构不完整。框图法需要问卷设计者对研究问题有深入的认识，且对能力要求较高，框图

---

① 风笑天. 现代社会调查方法 ［M］. 武汉：华中科技大学出版社，2021：113.
② 谢俊贵. 社会调查研究方法 ［M］. 北京：北京理工大学出版社，2009：142.
③ 谢俊贵. 社会调查研究方法 ［M］. 北京：北京理工大学出版社，2009：142.

法不容易造成板块遗漏，但问卷的结构设计好以后，很难再对具体问题进行增减或调整。

（3）试用与修改。

问卷初稿完成后，并不能大规模投入使用，必须经过试验和修正。与其他调查方法不同，问卷调查法在调查的过程中很难对其错误进行修改，尤其是一些大规模的调查，问卷的数量巨大，动辄成百上千份。如果将有无效或存在问题的问卷发放出去，不仅会浪费大量的时间和金钱成本，还会影响调查结果的质量，因此在开展正式调查之前，必须对问卷进行测试和修正。问卷试用的方法有两种：一是客观检验法，二是主观评价法[①]。

客观检验法是指在问卷初稿设计完成后，打印几十份问卷，在所选定的调查总体中选取少量样本进行测试，然后对结果进行统计分析，检验问卷的设计是否存在缺陷，以及预判在正式调查中可能出现的问题，在此基础上对问卷再一次修正，如果调查规模较大，且十分重要，要经过多次的预调查，以求精益求精。预调查检验的内容包括问卷回收率、有效回收率、填答错误和填答不全等方面。

主观评价法指问卷设计完成后，由相关领域的专家学者、行业人士以及典型的受调查对象等熟悉研究主题的权威人士对问卷进行检验，他们根据自己的经验指出问卷设计的错误和不足，随后调查者将这些建议进行汇总，对问卷进行检查和修正。

（4）问卷打印。

问卷经过测验和修正后就可以投入使用，在正式打印问卷前，要先进行排版。如果是手写问卷要整理成电子文档，如果是网络问卷要将问卷导入适用的软件或程序中。转换问卷的过程中务必要仔细，避免印刷错误或录入错误，特别注意一些数字或符号，比如"6"和"9"、"×"和"√"等，避免造成难以挽回的损失。

2. 问卷调查实施的一般程序

在了解了问卷设计的一般过程并设计好问卷以后，便可以实施调查，问卷调查的实施可以分为以下几个步骤：

（1）被试者的选取。

在调查过程中我们无法对所有符合研究主题的对象进行调查，因此需要对调查对象的范围、数量等进行筛选。被试者的选取通常采用抽样的方式，而抽样的方式众多比如随机抽样、系统抽样、分层抽样等，调查者可根据具体情况选择适合的抽样方式[②]。在选取被试者时要充分考虑配合度和时间安排等问题。

（2）分发问卷。

调查过程中问卷发放的途径通常有发送、访问、邮寄、借助网络工具发放等形

---

① 张彦，吴淑凤. 社会调查研究方法［M］. 上海：上海财经大学出版社，2006：76.

② 王庭照. 教育科研方法［M］. 西安：陕西师范大学出版社，2016：197.

式。发送是指将问卷当面发放给调查对象；访问是指调查者当面或借助网络工具向被调查者提问，根据被调查者的回答来填写问卷；邮寄则是调查者将问卷寄发给被调查者，填答完成后再寄回给调查者。网络发放则是通过如"问卷星"等媒介向受调查者发放问卷。每种问卷发放的方式都存在利弊，如：发送问卷能够保障问卷回收质量，但耗时耗力；邮寄问卷的回复率较低；网络问卷填答的真实程度和质量难以保障。

（3）回收问卷。

为保障数据的真实性、有效性和科学性，问卷回收时要及时检查填答情况，对个别题目漏填、错填的现象及时修正，剔除空白的、乱填的以及未完成填答的问卷。一般而言，发放出去的问卷回收率不低于 70%，才能作为研究结论的依据[1]。以下是问卷回收率和有效回收率计算公式[2]：

$$问卷回收率 = \frac{全部回收问卷数}{发放问卷总数} \times 100\%$$

$$有效回收率 = \frac{全部回收问卷数 - 不合格问卷数}{发放问卷总数} \times 100\%$$

一般来说，影响问卷有效回收率的因素有：第一，设计的问卷是否科学合理。如课题的吸引力、前言和指导语的表述、问卷的内容、问卷的复杂程度、问题的数量、问卷长短、印刷质量等都会影响问卷的回收率和有效率[3]。第二，被试者是否愿意合作，以及被试的态度和能力。第三，分发方式是否合适，如线下发放的纸质问卷和网络电子问卷的回收效果会不同，调查过程中可将两者结合。第四，是否得到有关部门的支持，例如关于教师的调查研究，如果由教育主管部门牵头，问卷回收往往会事半功倍，因此调查过程中可以借助有关部门的支持。

（4）结果分析与处理。

首先，对问卷进行分类整理、淘汰不合格问卷（不完整或不正确），将问卷进行编码、登记等；其次，根据既定的分析维度对结果进行处理与分析。目前，对问卷结果的分析通常采用计算机进行统计分析，如 SPSS 数据分析软件，其具体操作步骤如下：一是确定统计分析的内容、项目和要求；二是根据有关要求编制编码手册即将题干和选项统一编码；三是根据编码手册将问卷中的资料数字化；四是将数字化的资料信息输入到 SPSS 系统中；五是根据统计分析的内容、项目和要求对资料进行统计分析，获得统计分析结果；六是输出统计分析结果，进入理论分析过程[4]。

① 贺霞. 教育科学研究方法 [M]. 北京：航空工业出版社，2022：91.
② 仇雨临，何凡兴. 社会调查研究方法 [M]. 北京：中国劳动出版社，1995：133.
③ 李志，潘丽霞. 社会科学研究方法导论 [M]. 重庆：重庆大学出版社，2012：179.
④ 谢俊贵. 社会调查研究方法 [M]. 北京：北京理工大学出版社，2009：151.

【资料卡片】4-3

问卷调查法实施流程见图 4-1。

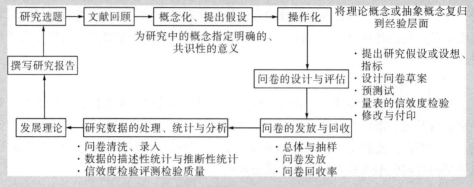

图4-1　问卷调查法实施流程

资料来源：路锦怡，徐建华，孙宣. 问卷调查法的设计与实施及其在图书馆学领域的规范应用［J］. 图书情报工作，2024，68（11）：4-13，10.

二、问卷设计的注意事项

问卷的设计直接关乎问卷回收率和可利用率，一份设计得当的问卷对于数据的回收至关重要，所以在设计问卷时要尤其注意以下四大类问题：

（一）问题类型与表述原则

1. 问题类型

问卷中的问题可以分为以下四类：

第一是背景性问题。背景性问题主要了解被试者的个人基本信息，比如年龄、性别、民族、文化程度、婚姻状况、职务和职称等[①]。背景性问题是问卷进行统计分析的重要依据，此类问题设计要囊括被试者所有跟研究主题相关的基本信息。

第二是客观性问题。客观性问题是询问现实情况和行为的问题，例如"您每天工作几个小时？""您的工作经常加班吗？"等涉及现实情况的问题。又如"您每天会写教学日记吗？""您会制订每日计划表吗？"等关于个人行为的问题。

第三是主观性问题。主观性问题主要是调查被试者态度、思想、感受、观念等主观层面的问题。例如"您对教师退出机制有什么看法？""您对目前的薪资报酬是否满意？""您遵循的教育理念是什么？"等。

第四是检验性问题。顾名思义检验性问题的目的就是检验被试者回答的真实性而设计的问题。我们可以在问卷中设计两个调查目的一致的问题，例如，先问"他人的看法和评价对您的职业认同会产生影响吗？"再问"如果您的家人认为你所从事的工作没有价值，您会产生离职倾向吗？"通过两个表述不同但目的一致的问题

---

① 周孝正，王朝中. 社会调查研究［M］. 北京：国家开放大学出版社，2018：135.

来互相检验回答的真实性。

值得注意的是，背景性问题是每一份问卷都不可或缺的问题，而其他三类问题则根据研究的内容和目的酌情设计。

2. 问题的表述原则

问卷是一种以书面形式收集数据方式，因此必须重视问题的语言表达方式。在问卷设计中，问题的提出应遵循以下原则。

第一是具体性原则，即问题的表述简单明了、明确具体，避免模棱两可容易造成歧义的表达。例如"您认为学生应该建立怎样的世界观？""您认为所在单位的组织氛围好吗？"世界观和组织氛围都属于笼统的概念，每个人的看法都不相同，且问卷的答案范围和数量有限，如此不具体的提问方式难以获得有价值的数据资料。

第二是单一性原则，即问题只问一方面的内容，不要将多个问题融合在一起。例如"您在工作中会产生情绪低落和职业倦怠吗？"情绪低落和职业倦怠属于两个方面的问题，属于复合型问题，被试者难以准确作答。

第三是客观性原则。即问题提问的方式要态度中立，不要有诱导性倾向。如果问题中含有某种倾向，被试者可能会揣摩出调查者的本意，在回答问题时会刻意选择答案或不知如何作答，影响结果的真实性。例如"大多数人认为如今教师职业地位很低，你认同吗？"这样的问题会诱发被试者的趋同心理，而忽视自己的真实看法，在问题表述中要避免"大多数""权威人士认为"等类似的措辞。

（二）问卷编制中的常见错误

问卷是具有科学性的研究工具，如果不了解问卷编制的重点与基础知识，在问卷编制中会出现一些常见的错误，此处搭配一些实例加以说明，以帮助学习者在设计问卷时避免产生类似错误。

错误一：概念抽象，即问题中涉及专业术语，或词语所涵盖的范围广，不能被清晰地划分和界定，不同的人对该词语有不同的解释。

例如：请问您家属于下列哪一类家庭？[①]

①亲身家庭　②核心家庭　③主干家庭　④联合家庭　⑤其他家庭

对于大多数的被试者来说，家庭类型的分类属于专业概念，他们很难划分和界定自己的类型，问卷中如果涉及专业概念应加以解释说明。

错误二：问题含糊，即问题的意思不明确有歧义。

例如：您觉得您所在的学校，自课程改革以来情况怎样？

①几乎没有什么变化　②变化不大　③变化较大　④变化很大

首先，课程改革涉及的范围广，问题中具体哪方面的改革并未阐明；其次，问题中并未明确提及哪方面的情况有变化？这样的问题含糊不清，难以得到正确的结果。

---

① 荆玲玲. 社会研究方法［M］. 哈尔滨：哈尔滨工程大学出版社，2016：147.

错误三：问题带倾向性。一份合格的问卷问题的提问方式一定要保持中立性和客观性，如果问题带有某种倾向性，将会影响问卷的信效度。

例如：您认为新课程改革的宠儿——探究式教学能提高学生的问题提出能力吗？

①是的　②不是的

上述问题中"宠儿"一词就有明显的倾向性，如果将其改为："您认为新课程改革中，探究式教学能提高学生的问题提出能力吗？"这样便可消除倾向性。

错误四：问题有双重含义，即在同一个问题中询问两件事。

例如：你觉得你的知识水平和实践经验能否适应工作的需要？①

①能适应　②不能适应　③不知道

在上述问题中知识水平和实践经验是两层含义，有的人可能知识储备丰富但实践经验不足，而有的人实践经验丰富但知识水平不高，这样的问题也无法获得真实的答案。

错误五：问题提法不妥，即问题的提出并没有站在回答者的角度着想，没有预设回答者可能遇到的障碍。

例如：您现在的实际文化程度相当于（　　　）②。

①小学毕业　②初中毕业　③高中毕业　④大专毕业以上

上述问题中"实际文化程度"一词会造成阅读理解障碍，回答者不清楚实际文化程度的判断标准，就算回答者能够判断自己实际文化程度，每个人的标准也不一致。

错误六：问题与答案不协调。在问题设计过程中不仅要考虑问什么，同时也要考虑回答者会答什么，要避免答非所问、答案不全、答案互相包含等现象。

例如：您最喜欢的专业是（　　　）。

①文科　②理科

上述问题是典型的答非所问现象，文科是对所有人文社会科学的统称，理科则是对自然科学的统称，但它们并不是具体的专业。

错误七：答案设计不合理。除了答案与问题协调的问题，答案设计中常见错误有答案不全、不互斥、答案的意思重复、答案不属于同一个层次等。

例如：下列各种素质中，您认为哪些是一个合格的校长应该具备的？

①决策能力　②指挥协调能力　③业务能力　④管理科学知识

⑤创新能力　⑥马列理论水平　⑦谋略能力　⑧综合分析能力

⑨任贤能力　⑩实际生产知识

以上答案中"业务能力"和其他能力就不属于同一层次，校长的业务能力就包括了决策能力、指挥协调能力、任贤能力等，因此将"业务能力"换成"责任心"更加符合。

---

① 赵杰. 统计学原理 [M]. 北京：中国科学技术出版社，2007：32.

② 赵杰. 统计学原理 [M]. 北京：中国科学技术出版社，2007：32.

此外，问卷设计中，通俗易懂、语义通顺是最基本的问题，但在实际操作过程中设计者语言方面的错误也较为常见。

错误八：使用行语、技术性语言、学术性语言。这类语言仅为特定群体所了解，或者在不同的群体中其含义不一致，因此要尽量采用一些大众化、普及性的语言。

例如：问卷的问题是"您在职业生涯中出现过职业高原现象吗?""职业高原现象"属于一种学术性名词，大部分人并不理解其中的含义。又如：在家长或学生问卷中出现"教育家精神、四有好老师"等行业名词，问卷的被调查者对此名词并不理解，容易导致收集的答案错误和无效。

错误九：使用不肯定的词。

例如，"一些""可能""或许""极少数"这一类模糊语词，每个人的理解很不一致，如果要使用，也要给予某种解释或定义。

例如，你去图书馆，还是不去?

①很经常；②经常；③有时去；④很少去；⑤不去。

错误十：问卷中出现调查对象未经历过的或不知道的问题，导致问卷结果假性。

例如：如果我们提出的问题是"您认为我国的基本经济制度有哪些优势?"那么大多数人都是无法回答的，因为大部分人并不了解基本经济制度是什么，这种情况下要么获得的都是错误的答案，要么就是千篇一律的标准答案。

错误十一：问题的陈述使用否定句（特别是双重否定句），使答卷人因忽略其中的否定词而误解题意，造成回答不真实。

例如："你反对教师不恰当的问题提出方式吗?"

错误十二：问题带有刺激性的词语，导致伤害调查对象的自尊心，使人受窘，引起不满[1]。

例如："你家里有人是酒鬼吗?""酒鬼"这种贬义词，常引起回答者反感，拒绝回答。

因此，研究者为了规避上述常见的问卷编制问题，在问卷设计的问题表述上需要做到：

第一，措辞简单明了。尽量采用通俗易懂的语言，避免使用专业术语及一些复杂、抽象的概念。问题的陈述不宜过长，应尽量简短，避免啰唆繁杂的问题，以免影响答卷的质量。

第二，避免双重或多重含义。双重或多重含义通常是指一个问题中同时询问两件或两件以上的事情[2]，这种问题易给被调查者带来困扰，不知回答时应如何取舍。

第三，不带倾向性。避免问题有引导性倾向，应尽量保持中立的提问方式，使

---

① 邱小捷. 中小学教育科研方法 [M]. 北京：高等教育出版社，2004：137.

② 吴忠民. 社会学理论和方法 [M]. 北京：中共中央党校出版社，2003：345.

用中性语言。在问题中引用或列举某些权威对话，或运用贬义或褒义的语句也会使问卷的提问及提供的答案带有一定的倾向性，并对其回答产生某种诱导，应注意避免。

第四，避免直接问具有敏感性的问题。如收入、家庭关系、离过几次婚、宗教信仰等问题，此外，敏感性的问题还包括涉及利益关系、个人隐私、风俗习惯等问题。

第五，避免用否定形式提问，在日常生活中人们习惯的提问方式是肯定形式，除特殊情况外，应该避免否定式的提问方式。

第六，避免问及回答者不知道的问题。保证问卷中问及的每个问题皆是被调查者能够回答或在被调查者知识能力范围内的。

（三）问题的排序

问卷问题的排列要条理清晰、逻辑连贯，以提高填答效果为目的。最重要的是降低填答者拒绝或放弃填答的概率。问卷问题呈现的顺序会影响问卷填答的质量，因此要注意以下事项，尽可能使问题由浅入深而依次递进。

第一，先易后难。假设在填答之初，填答者就遇到棘手的问题或无聊的问题，也许他就会直接放弃。因此问题的排序通常是简单的问题在前，复杂的问题在后。容易引起兴趣或共鸣的问题在前，枯燥的问题在后。简单、有趣的问题能够调动起填答者的积极性，即使后面遇到较麻烦的问题，由于前面的问题已经付出了精力，填答者也不会轻易放弃、半途而废。

第二，先一般后特殊。对于一般性的问题，被调查者往往不会拒绝回答，但涉及隐私或敏感的问题，容易引起被调查者的紧张、顾虑甚至反感。如果将特殊性问题放置在前，很可能引起填答者的畏难情绪和排斥心理，从而阻碍调查工作的进行。将特殊性问题放在问卷中间或后面，就算被调查者拒绝回答此类问题，但其他非特殊性问题的答案已经获得，资料也可以保留。此外，填答者可能因为前面的问题已经顺利完成，不想半途而废而习惯性地将剩下的部分坚持填完。

第三，先封闭后开放。封闭式的问题，回答者不需要耗费太多时间和精力。开放式问题不提供可选择的答案，需要填答者动笔将答案写出，填答者需要对问题进行思考，组织语言等，比较烦琐，一些受调查者不愿意花太多时间完成问卷，就会放弃回答开放式问题。因此将开放式问题放置在后面，能够减少无效问卷的产生。

同时，调查者还应当注意，将事实性问题放在前面，态度性问题放在后面；主题相同的问题须排列在一起，避免逻辑混乱，不利于填答者思考。

【资料卡片】4-4

问题的排列

第一，整齐美观，每一问题的位置排列应力求整齐，给人以美的享受，有利于提高回收率，便于统计整理。问题与答案应相对靠近、集中。问题与页码要有数码顺序，避免调查对象由于漏读而未答或误答。

（四）问卷问题的答案提供

第一，匹配性。在封闭性问题中，问题和答案间应相互匹配，选项和问题必须是直接的关系。第二，穷尽性。在封闭性问题中，针对问题提供的答案应覆盖所有的可能性，即穷尽问题的所有可能回答。第三，互斥性。提供的每个答案之间应有一定程度的互斥性，否则会造成回答者的困扰，不知如何回答，从而影响问卷的调查结果[1]。

三、调查数据处理

随着信息技术的发展，统计软件逐渐被运用到教育科学研究中来。对于量化数据的统计处理可以使用量化统计软件，如 SPSS、AMOS 等。封闭型问卷的数据主要为量化数据，可借用 SPSS、AMOS 等软件整理数据，选用不同统计方法（关于 SPSS、AMOS 的相关统计知识不作为本书重点讲授内容）。

常用的数据处理方法有以下三种：一是赋值法，赋值法是按照一定标准给各选择答案赋值，最后求得调查样本的平均分，这种方法常用于等级型问卷中。二是求出各项选择的人数和百分数。为进一步了解其获得的结果是否存在真正的差异，还应对百分数进行卡方检验。三是换值法，换值法一般用于排序式的量化分析，所谓的换值法就是：第一步将每个选择的顺序值换成数值，即将第一选择换为最高数值，第二选择则为第二大数值……例如，一共有 7 个选择项，那么第一选择的数值为 7，第二选择为 6……第七选择为 1。第二步是求出各个答案数值的总和。然后进行卡方检验，以考察各个选择项有无统计上的差异。

对于开放型问卷所获得的质性研究数据的处理，将会在第五章访谈法的访谈调查后的原始资料整理分析中详细讲解。

---

[1]　林聚任，刘玉安，泥安儒. 社会科学研究方法［M］. 济南：山东人民出版社，2004：233.

示范案例

新型城镇化进程中乡村教师专业发展现状调查研究

理解·反思·探究

1. 简述问卷调查法的优缺点。

2. 在设计问卷题目时应考虑哪些因素？

3. 调查问卷的基本内容包括哪些？

4. 封闭式问卷和开放式问卷的应用场景分别是什么？

拓展阅读

［1］李森，崔友兴. 新型城镇化进程中乡村教师专业发展现状调查研究：基于对川、滇、黔、渝四省市的实证分析［J］. 教育研究，2015，36（7）：98-107.

［2］初景利，解贺嘉，张冬荣，等. 研究生对学术不端相关问题认知的调查与分析［J］. 研究生教育研究，2022（4）：60-65.

［3］蒋宇，闫志明，李秀晗. 中学教师在线教学关注水平及采纳倾向研究：基于两万名中学教师的问卷调查［J］. 中国电化教育，2023（4）：107-114.

［4］张晗，杨茜茹，伊天杰. 共享发展理念下乡村儿童阅读研究：基于6省（区）12村的实证调查［J］. 中国出版，2023（8）：26-34.

［5］杨静. 核心素养背景下教师教学能力发展现状与对策建议：基于G市中小学教师的问卷调查［J］. 现代教育管理，2021（12）：61-69.

［6］张莹，陆莎，李廷洲. 选拔方式、学校保留策略对城乡教师留任意愿的影响：基于我国中西部5省16787位中小学教师的问卷调查［J］. 湖南师范大学教育科学学报，2021，20（2）：90-97.

［7］刘京翠，赵福江."双减"背景下中小学班主任工作现状调查与分析：基于对全国16166名班主任的问卷调查［J］. 教育科学研究，2022（8）：44-52，63.

第五章　访谈法

要点提示

　　访谈法是研究者与调查对象之间通过口头交流的方式收集研究数据的一种研究方法。这一过程并非单向的"客观"信息收集，而是基于双方互动，共同塑造对"事实"和"行为"理解的方式。访谈可以采用多种形式，其选择应依据研究的具体问题、目标、对象、环境及阶段的不同而灵活调整，有时还需融合多种访谈手段。本章将深入介绍访谈法的概念、特点、类型、优点与局限性，同时详细阐述访谈法的一般过程及访谈调查的相关事项。

思维导图

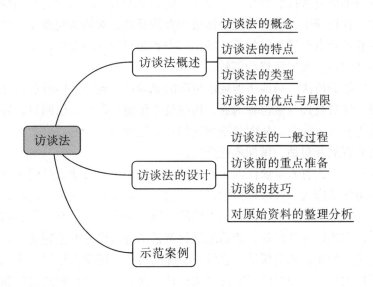

第一节　访谈法概述

如果想要深入获取研究课题的相关内容，比如调查对象对某一问题的基本观点、调查对象对某一问题的成因分析，以及涉及调查对象的敏感信息对象，等等，这时需要运用到调查研究的另外一种研究方法——访谈法。访谈就是研究者对被研究者进行"探访交流"的活动，涉及直接的"对话"与"询问"。而访谈法则是利用这种口头交流的方式，从研究对象那里搜集关于其心理特性及行为数据的科学研究手段。

一、访谈法的概念

与其他研究方法相比，访谈法具有自己独特而又十分重要的功能，它与日常对话也存在着本质上的差异。深入理解访谈法的概念，是进一步探索其特性与区分度的前提。

访谈法是访谈员根据调查的需要，以口头形式向被访者提出有关问题，通过被访者的答复来搜集客观事实材料的一种研究方法。

相较于观察法，访谈法能够深入探究受访者的内心想法与情绪反馈。访谈调查实质上是访谈员与被访者之间的一种互动与双向信息交流的过程，通过访谈可以了解受访者的内心世界，获得更深层次的资料；而观察法只能获得被观察者的言语行为，很难了解其心理的变化。

与问卷调查法相比，访谈法提供了更高的灵活性和对意义深入阐释的可能性。访谈法可以帮助研究者按照研究的需要向不同类型的人了解不同类型的材料，具有较大的弹性。在访谈中，研究者能根据被访者的反映，对调查问题及时做出调整或展开。而问卷调查由于调查员的不在场，调查者对于填答问卷的环境无法控制，很难根据被访者的特点做出解释和调整。

相较于实物分析法，访谈法展现出更高的灵活性、更强的即时反馈能力和更深的意义阐释。通过直接与被访者沟通，访谈员不仅能获取其言语回答，还能观察到动作、表情等非言语线索，从而判断回答的真实性及被访者的心理状态。而问卷调查无法与研究者展开对话，做深入的交流。

访谈与日常谈话有着本质性的区别。第一，访谈与日常谈话虽同为面对面的交流形式，但访谈法作为一种教育科学研究方法，其本质特性决定了它与日常谈话之间存在着显著的差异。其中，两者最本质的区别是访谈是一种有目的、有计划、有准备的谈话，它的针对性很强，谈话的过程紧紧围绕着研究的主题展开；一般情况下的谈话，是一种非正式的谈话，它没有明确的目的，随意性较强。第二，访谈是一种有特定目的和一定规则的研究性交谈；日常谈话是一种目的性比较弱、形式比较松散的谈话方式。第三，访谈要有研究者的主动反省和反思的过程，要有不断追问和倾听的技术；日常生活中的谈话可以随便地对话，不需要研究者的反思认识。第四，访谈主张在细微处发现被访者的感受和想法，从而建构与访谈主题有关的认识意义；日常生活中的谈话没有深刻的目的和相关的主题。第五，访谈强调研究者主要在于倾听，而被研究者主要在于倾诉；日常生活中的谈话则以双方的交流和沟通为主，强调信息的传递和感情的倾诉，如面试、记者采访，以及艺术人生、鲁豫有约等节目都属于访谈性质。第六，访谈的过程往往遵循一定的提纲或问题列表，以确保信息的全面性和一致性；日常谈话的内容通常比较随意，没有固定的提纲，双方可以自由发挥，根据兴趣和情境进行交谈①。

二、访谈法的特点

对于那些问题本质复杂、难以直接形成明确假说，或假说中包含大量操作性程度低的变量的问题，研究者通常采用访谈法。因此，访谈法具备灵活方便、易进行深入调查、易获得直接可靠的信息和资料、对访谈对象要求不高等特点。

第一，灵活方便。访谈的时间与地点均具备灵活性，访谈者能够视情况而定，适时调整访谈问题的次序，并且针对受访者的身份特征和兴趣点，采用不同的提问策略。此外，在访谈进程中若涌现出新的问题，访谈者亦可适时补充提问。

第二，易进行深入调查。通过访谈者的巧妙追问，访谈能够营造出融洽的对话氛围，鼓励访谈对象充分表达观点，这不仅能更深入地洞察对某件事情的态度及其根源，还能确保所收集的资料更加全面、细致且具体。

第三，易获得直接、可靠的信息和资料。由访谈对象直接陈述的事实与原因，具有较高的直接性和可信度。只要访谈者具备说话或书写的能力，并能清晰表达自己的想法，访谈即可顺利进行，访谈特别适合于那些无法书写或文化水平相对较低的调查对象②。此外，访谈者还能通过观察访谈对象的表情、动作及情绪等非言语信息，进一步判断所提供信息的真实性。

三、访谈法的类型

访谈是带有目的的进行交谈的过程，因此在选择具体的访谈类型的时候就需要结合实际情况选择。访谈的类型因其研究目的、内容及对象的差异而异，访谈可分为不同的类型：根据访谈内容和过程有无一定的结构，可以分为结构访谈、无结构访谈、半结构访谈；根据被调查者对象一次同时访谈人数划分，可分为集体访谈和个别访谈；从搜集资料的内容划分，可分为一般性访谈与深度访谈；从搜集资料的目的划分，又可分为作为搜集资料的主要手段的访谈和作为搜集资料的辅助手段的访谈。

① 党登峰，王嘉毅. 浅析教育研究中的访谈法［J］. 教育评论，2002（2）：31-33.

② 周东明，熊淳. 教育科研方法基础［M］. 武汉：华中师范大学出版社，2012：101.

（一）结构访谈、无结构访谈与半结构访谈

按结构是否开放，访谈法可划分为结构访谈、无结构访谈与半结构访谈。

1. 结构访谈（structured interview）

结构访谈，亦称标准化访谈或问卷访谈，是遵循预先设计好的、具备特定结构的问卷来执行的访谈。这种访谈形式的显著特点是高度的规范性和统一性：访谈对象的筛选、问题的提出及其顺序、提问的具体方式、疑问的解答以及回答的记录，均严格遵循问卷或访谈指南的规定。此外，访谈的时间安排、地点选择乃至环境布置等外部因素，也力求与访谈计划保持一致，以确保访谈过程的标准化和可控性。

结构访谈的优点主要包括以下三个方面：第一，便于统计分析。它能高效收集高度结构化的数据，访谈结果能够轻松转化为量化指标，便于执行定量分析，并且能对不同被访谈者的回答进行直观的比较研究。第二，可提高调查结果的信效度。结构访谈能有效提升问卷的回收率，减少访谈对象因素导致的误差，从而增强调查结果的可靠性和有效性。第三，可提高访谈效率。标准化的访谈流程使得访谈员能够更高效地与被访谈者进行互动，减少不必要的沟通障碍和误解。同时，由于访谈问题事先已经过精心设计，可以确保在有限的时间内获取尽可能多的有用信息。此外，结构访谈还能借助直接观察的手段，帮助访谈员获取关于访谈对象经济收入、身份背景、能力水平等方面的直观感受，有助于访谈员判断其回答的真实性，对收集到的资料和答案进行更为准确的评估。

结构访谈的局限在于访谈内容缺乏弹性和灵活性。在实际访谈中，面对突发情况或需要深入探讨的问题时，访谈员难以灵活调整策略，可能错失关键信息。同时，结构访谈的访谈形式比较呆板，在访谈过程中较少允许即兴发挥或偏离预设路径，导致访谈过程显得较为机械和固定，不利于研究的深入。此外，由于访谈时间的限制和访谈结构的约束，被访者对某个问题的深刻见解或独特经历无法充分表达，因此结构访谈难以进行深入研究。

2. 无结构访谈（unstructured interview）

无结构访谈，亦称非标准化访谈、深度访谈或自由访谈，是一种灵活性较高的访谈形式，它不依赖预设的统一问卷，而是围绕一个主题或宽泛的问题框架展开。在这种访谈中，访谈者和访谈对象在设定的范围内自由交流，具体问题往往是在对话进程中逐渐明确并提出的。至于提问的方式、顺序、回答的记录方式，以及访谈时的外部环境等，均不受严格限制，可根据访谈的实际情况灵活调整。

无结构访谈的主要优势体现在其高度的灵活性和自由度上，它能够充分激发访谈者与访谈对象的主动性、积极性和创造性。这种访谈方式能够灵活应对各种复杂多变的实际情况，有效探索原设计方案之外的新情况和新问题，从而对社会问题进行更为深入的探讨。在访谈过程中，双方可以围绕既定主题自由交流，广泛而深入地讨论相关问题，这使得访谈者能够收获许多未曾预料的、真实且具有启发性的资料。此外，无结构访谈还能帮助访谈者获取丰富的社会背景信息和访谈对象生动的生活与行动体验，从而对所研究问题有更深入、更全面的理解。因此，无结构访谈多用于个案调查和典型调查，并常与观察法结合使用于田野研究或实地研究中。

无结构访谈的局限在于对访谈者的要求较高，访谈者常常会不自觉地将主观意见带入访谈过程中，访谈者的态度、素质、经验也会影响访谈结果。这种访谈较难控制访谈结果，而且比较费时，访谈调查的结果也不宜用于定量分析。

3. 半结构访谈（focused or semi-structured interview）

半结构访谈可采取量化或质化的研究导向，其核心在于研究者依据宽泛的研究议题来引导访谈的走向。访谈前，会设计一个访谈提纲（interview guide）或访谈表作为访谈的基本框架，但其中的措辞和问题的顺序并不固定，关键在于确保访谈的核心内容与研究议题紧密相关。这是一种用途比较广的访谈方式。

半结构访谈的优点主要有：可以提供受访者认知感受较真实的面貌呈现；对被访者具有较少的强制性，在轻松、友好的气氛中进行，有利于打消被访者在面对机械化的提问方式时容易产生的紧张与顾虑。其不足主要在于半结构访谈问题的形式或讨论方式则采取较具弹性的方式进行，所以研究的可比较性可能降低。

（二）个别访谈与集体访谈

按访谈的人数的多少，访谈法可分为个别访谈与集体访谈。

1. 个别访谈（individual interview）

个别访谈是仅指访谈对象是单个人情况下的访谈。如"我国城市家长对3—6岁幼儿个人兴趣的感知与支持"[①]，这一研究就采用个别访谈法，了解幼儿自身的个人兴趣。在选择访谈对象时，个别访谈通常会考虑其典型性和特殊性。此类访谈主要局限于访谈双方之间的信息交流，确保回答者不受外界（第三方）的直接影响。只要访谈者能有效控制访谈环境，就容易引导被访者敞开心扉，尤其是对于无结构的深度访谈而言，这样的环境尤为有利。

个别访谈的优点在于研究者运用个别访谈能获取访谈对象较为深入全面的信息。访谈者可以与访谈对象建立良好的互动和信任关系，从而获得更加真实和详尽的回答。此外，个别访谈也可以针对研究对象提出具体问题，以深入了解他们的观点、价值观和前因后果。这种方法对于探索和解读个体的思维和情感非常有帮助，有利于帮助访谈者对个体生活的复杂性和多样性有更深入的认识，以及探索被研究现象的根本原因。个别访谈在一定程度上能避开复杂的人事关系和其他社会因素的影响，使被访者消除不必要的顾虑，敞开思想充分表达。特别是对于某些特殊情况，便于了解问题的细节，以及人们对敏感的问题的意见。

个别访谈的局限主要是个别访谈需要较高的人力和时间成本。与其他调查法相比，个别访谈要求访谈者与被访谈者建立更加深入和持久的关系，并花费更多时间和精力进行背景调查和数据采集，这对访谈者的意愿和能力提出了较高的要求；个别访谈的结果很大程度上取决于访谈者的技巧和主观判断。访谈者在提问、引导和

---

① 赵南. 我国城市家长对3—6岁幼儿个人兴趣的感知与支持［J］. 中国特殊教育，2016（10）：57-64，70.

解读方面的技巧和知识将直接影响研究结果的可靠性和有效性。由于个别访谈法需要投入较多的时间和精力，因此通常难以进行大规模的样本调查。这可能导致研究结果在代表性方面存在一定的局限性。

2. 集体访谈（group interview）

集体访谈是一种由多位被访者同时参与，并由调查者负责收集资料的方法。

集体访谈的优点是能够高效地汇集对同一问题的多样化观点，揭示人们在认识该问题上的差异性；且集体访谈的氛围相对轻松，受访者可以在较为放松的状态下做周密的思考后回答问题；在某些情境下，被访者间的意见分歧可以通过讨论和争辩达成共识。此外，即使观点一致，通过讨论也能促进相互间的启发，进一步丰富和完善原有见解，从而使研究者能够获取更为全面详尽的资料。

集体访谈的局限：一是可能会出现"团体压力效应"，导致个体因从众心理而隐藏个人真实看法；二是由于需要访谈者具备较高的组织能力，因此这种访谈的适用范围相对有限；三是该方法收集到的资料在对比性和统计分析方面存在难度。

（三）一般访谈与深度访谈

按搜集资料的内容划分，访谈法可分为一般访谈与深度访谈。

1. 一般访谈（general interview）

一般访谈，也称为初步访谈，其形式相对固定，遵循一套既定的访问提纲进行。访谈者按照顺序提问并记录，无须进行深入的探讨或协商。此类访谈的主要目的是验证某种假设理论或政策，在访谈过程中与调查主题无关的因素通常不被考虑。

一般访谈的优点主要是可获得与主题密切相关的资料，省时省力；所得的资料具有较高可比性，易于用计算机等工具统计演算。其缺点主要是因缺乏一定的灵活性，较难获得深层次的资料，需要水平较高的访谈者制定严谨的提纲按严格程序进行访谈；虽然一般访谈可以比较明确地验证研究主题的正误如何，但很难由此带来新的研究突破。

2. 深度访谈（in-depth interview）

深度访谈是一种灵活且直接的个性化访问方式，它由一个经验丰富的调查员与单个受访者进行深入交流，旨在挖掘受访者对特定问题的深层动机、信念、态度及情感。如"全面提质背景下初中学校是如何实现课堂变革的——基于对 10 位城乡优质学校校长的深度访谈"[①]，这一研究就是采取回顾式访谈的方法，对有过持续推进课堂变革经历且改革成效较为显著的初中校长进行深度访谈。深度访谈旨在通过深入交流揭示那些难以通过表面观察或常规访问获取的关键因素，常用于探索性研究。

深度访谈的优点在于能收集到全面且深入的资料，特别适合探究复杂议题。但挑战在于，由于其非结构化的特性，访谈成效高度依赖于访谈员的技巧与经验，对

---

① 施久铭. 全面提质背景下初中学校是如何实现课堂变革的：基于对 10 位城乡优质学校校长的深度访谈 [J]. 教育发展研究，2021，41（Z2）：93-98.

访谈员的素质有较高要求。此外，深度访谈还要求访谈员具备相关的专业知识、理解被访者的表达习惯并掌握有效的访问技巧。例如，缺乏商业知识的访谈员难以与商人展开深入对话，而不懂农民表达方式的访谈员在农村调研时会遇到障碍。

【资料卡片】5-1

深度访谈的特征

第一，开放性。在结构上，深度访谈灵活开放、不拘一格，研究者可以根据访谈时的具体情况灵活调整访谈内容。

第二，互动性。在形式上，深度访谈具有较强的互动性和关系性。深度访谈不是一方"客观"讲述、另一方"照实"记录的过程，而是双方共同建构、相互对话、彼此理解的过程，双方的相互关系、社会角色及个人兴趣都会影响访谈的进程、谈话的氛围。

第三，深入性。在内容上，深度访谈应该深入事实的内部，揭示深层的意义。

资料来源：王攀峰. 论教育现象学研究中的深度访谈［J］. 首都师范大学学报（社会科学版），2014（2）：127-132.

四、访谈法的优点与局限

访谈法的优势在于能够深入探索受访者的思想、情感与经验，通过面对面的交流获取丰富且生动的第一手资料。然而，访谈法也有其局限性，如耗时较长、结果易受访谈者技巧影响、可能存在信息偏差等。并不是所有情况都适用访谈法，研究者应该结合访谈法的优点和局限性加以考虑，从而进行取舍与调整。

（一）访谈法的优点

1. 灵活性强

在访谈中，调查者可以根据访谈过程的具体情况，灵活采取措施，如调查者可以根据被调查者的不同情况提供不同的问题，并以不同的方式问同样的问题；也可以对被调查者理解不清楚的问题做详细的解释，使被调查者理解问题的真正含义；如果调查者认为需要对某些问题做较深入的了解，可以就某一问题做进一步的补充提问或就被调查者所谈的情况进行追问；当受访者误解问题时，访谈者可采用另一种更易懂的方式表达问题，减少误解。这就使访谈调查较其他调查方法具有更强的灵活性。

2. 能够使用比较复杂的访谈提纲

在问卷调查中，问卷编制者需要把复杂问题做简化处理，或删除较复杂的调查问题，以免引起被调查者的厌烦情绪。在访谈调查中，由于有调查者作为访谈对象的指导者，可利用面对面交谈增强情感交流，从而有效消除被调查者对复杂问题的厌烦情绪；特别是受过良好训练并富有访谈经验的调查者，可以在被调查者面前灵活处理比较复杂的问题，从中得到有价值的信息，这是问卷调查难以办到的。

3. 能够获得深入、可靠的信息和资料

访谈调查可以通过多种途径来确定被调查者回答的真实性和有效性。调查者在与被调查者单独交谈时，可以直接观察被调查者的非言语行为和回答问题的态度，从而判断被调查者的回答是否可信。另外，调查者会选取对问题有较深了解的人，因此常常能收集到较深层次的观点和意见，从而使调查更加深入。

4. 不受书面语言文字的限制

访谈调查以口头交流为基本手段，可以不受书面语言文字的限制，可适用于对文化程度较低的人展开调查，也可对特殊群体如幼儿进行调查。在访谈过程中，访谈员不仅与被访者进行交谈，而且可以观察到被访者的肢体动作、面部表情及周围环境，使访谈法兼有观察法的优点，从而可以搜集到更加丰富的资料。

（二）访谈法的局限

1. 研究成本较高

访谈调查多采用面对面的个别访问方式，这种方式需要耗费大量时间和精力在寻找被访者、往返路程以及处理可能的多次访问不遇或拒访情况上。同时，大规模访谈还需培训一批访谈人员，导致费用显著增加。与问卷调查相比，访谈调查需要投入更多的时间、人力和物力资源。鉴于其高昂的成本和耗时特性，访谈调查通常难以大规模实施，样本规模相对较小。

2. 对访谈者研究素质提出更高要求

访谈调查作为一种个人化的调查手段，访谈者个人的研究素质在很大程度上影响被访者的心理反应，进而影响其回答的真实性。访谈，特别是初次访谈时，由于双方缺乏信任基础，涉及隐私话题或敏感话题时，就更要求访谈者具有灵活应变的能力和良好的人际沟通能力，从而与被访者建立良好的合作关系。此外，访谈者的价值观、态度以及沟通技巧，都可能在一定程度上影响被访者的回答，导致访谈结果出现偏差。

3. 记录上可能遇到的困难

访谈调查依赖于双方的口头交流。若被访者拒绝现场录音，则对访谈者的笔录速度提出了高要求。然而，未经专业速记训练的访谈者，可能难以全面准确地记录谈话内容，后续的追记和补记也常导致信息遗漏。

4. 研究资料处理上的难度

访谈调查虽具有灵活性，但由于访谈调查获得的多为文字型研究资料，对资料的整理与分析不像量化研究有统一标准，研究资料的处理多采取质性研究的研究范式，研究资料的处理对访谈者能力素质、访谈资料的一致性等提出较高要求，这些因素均可能影响研究效度。

第二节　访谈法的设计

精心设计的访谈不仅能揭示隐藏在社会现象背后的复杂机制，还能为理论构建提供宝贵的实证依据。本小节将系统性地解析访谈法的设计框架，包括访谈的一般过程、访谈前的重点准备、实施过程中的访谈技巧以及访谈后对原始资料的整理分析。

一、访谈法的一般过程

访谈法作为一种重要的研究方法，其一般过程和步骤涵盖了从准备到实施阶段，再到后续的资料整理与分析，每一步都至关重要。所以对于研究者来说，掌握最基本的访谈步骤是开启一个有效访谈的前提，访谈法的一般过程主要包括：制订访谈计划、选取访谈对象、了解访谈对象的基本情况、准备必要的访谈工具、建立合作关系等。

（一）制订访谈计划

制订访谈计划是确保访谈顺畅进行的基础。该计划需清晰界定访谈的主要方面，包括访谈的目的、具体题目与内容，以及访谈所采取的方式等。制订访谈计划通常涵盖以下步骤：确定访谈目的、确定访谈的题目与内容、确定访谈的方式、撰写提问用语及说明、准备应急备用方案、规定记录的内容及分类标准，以及确定访谈工作的进程时间表等。

第一，确定访谈目的。研究者要明确访谈的领域和重点，以便对后续访谈工作做出指导，同时须避免访谈者和调查对象之间漫无边际的交谈。

第二，确定访谈的题目和内容。访谈者应对访谈的主要目标和所要访谈的主要内容有一个明确的认识。从访谈的内容看，可将访谈大致分为三类：一是事实调查，由访谈对象提供自己确实知道的一般情况；二是意见征询，征求访谈对象对某些问题的意见与观点；三是个人的基本情况，包括个人经历、兴趣、爱好、动机、信仰、思想特点、个性特征、心理品质以及家庭情况、社会关系等[1]。

第三，确定访谈的方式。访谈方式的选择通常取决于研究的具体目标。对于探索性研究而言，非结构性访谈往往是一个合适的选择；如果要验证某个假设或者需要较快获得较多人的态度，通常选择结构性访谈。访谈方式、用词的选择、问题的范围要适合被访者的知识水平和习惯[2]。

第四，撰写提问用语及说明。在正式访谈前，访谈者需精心准备问题，确保每个问题都聚焦于单一的变量或议题，并且在提问时避免流露出个人偏见。

① 万崇华，许传志. 调查研究方法与分析 ［M］. 北京：中国统计出版社，2016：87.
② 裴娣娜. 教育研究方法导论 ［M］. 合肥：安徽教育出版社，2005：181.

第五，准备应急备用方案。备用方案主要是用于应对突发情况。

第六，规定记录的内容和分类标准。研究者需设计科学记录体系，包括记录方式（手写、录音、录像等）和内容（陈述、表情、语气等），并制定清晰分类标准，便于信息整理和后续分析。

第七，确定访谈工作的进程时间表。确定访谈进程时间表需考虑项目时间规划、内容复杂度，安排具体日期、时间和时长，考虑访谈对象日程。

（二）选择访谈对象

在访谈调查中，被访者的选择是重要的一环，因为访谈调查的信息资料是由被访者提供的，因此，它与访谈最终的结果有着最直接的关系。

选择访谈对象时，首要考虑的是调查研究的目标，接着明确访谈调查的总体范畴。在此基础上，采用随机抽样法从总体中挑选出具有代表性的样本，以满足研究需求。样本规模需依据研究目的和性质来决定，同时也要兼顾研究人员配置、时间及经费等实际条件。标准化访谈倾向于使用随机抽样，而非标准化访谈则更多依据研究目的来精选访谈对象。

（三）了解访谈对象的基本情况

在选择访谈对象时，访谈者还需深入了解被访者的相关信息。这在个别访谈、非结构性访谈或纵向访谈中尤为重要，因为对被访者情况的掌握越详尽，选择就越具精准性。此外，了解被访者的基本情况对于制定访谈提纲、选择恰当的访谈方式，以及确保访谈调查任务的顺利开展，均具有重要意义。通常而言，了解被访者的情况需涵盖两大方面：一是其个人基本信息，如性别、年龄、婚姻状况、教育程度等；二是其所处的环境背景，包括地区文化特色、家庭环境、班级及学校氛围等。这些信息有助于访谈者更全面、深入地理解和解释被访者的谈话内容。

（四）准备必要的访谈工具

标准化访谈一般要求有访谈提纲、调查表格、文具、介绍信等；非标准化访谈除上述工具外，根据需要可能还要准备照相机、录像机等。

1. 访谈提纲

访谈提纲中访谈问题的形式主要有封闭式和开放式两种。封闭式问题要求访谈对象在事先确定几个选择答案中选择一个自己认为最合适的答案，它易于计分，客观性高；开放式问题则是访谈对象根据自己的想法，用自己的语言来作答，它有利于收集深层次的信息[1]。编题顺序也属于访谈问题形式设计的范畴，编排顺序一般应遵循"漏斗原则"，即由一般、非限定的问题逐步到具体、限定的问题，由较大的问题到较小的问题。

2. 拟定访谈问题的注意事项

首先，问题必须紧紧围绕研究的目标展开，确保收集到的信息对研究有直接贡献。其次，问题的表述要清楚明确，避免模糊不清或产生歧义的表述，使访谈对象

---

① 杨承印，代黎娜. 学科教育实习指南化学 [M]. 西安：陕西师范大学出版社，2012：158.

准确理解问题并给出相应回答。同时，问题的语言应当通俗易懂，避免使用过于专业或复杂的术语。对问题的说明与理解要确保规范、统一，以避免理解差异而导致的回答偏差。每个具体问题应当集中在一个单一的变量或问题上，这样可以更清晰地分析访谈数据。在提问时，研究者应保持价值中立，避免在问题中融入个人的主观判断或倾向，以确保访谈结果的客观性和公正性。最后，访谈者应避免提出一些引导性问题、奉承性问题以及访谈对象不能作答的问题。引导性问题可能会限制访谈对象的回答范围，导致收集到的信息不够全面；奉承性问题则可能让访谈对象产生误解，影响访谈的真实性；而访谈对象不能作答的问题则会浪费访谈时间，降低访谈效率。

3. 访谈问题反映方式的选择

访谈问题反映方式的选择对于收集有效信息和确保访谈质量至关重要。常见的反映方式包括填空式、等级排列式、量表式和核对式等。

填空式通常用于收集具体的、量化的信息。访谈者通过为访谈对象提供一个框架或模板，让他们填入相应的内容，可以更容易地获取标准化的数据。例如，在询问某人的年龄、收入或工作年限时，可以采用填空式的方式，让访谈对象直接填写具体的数字。这种方式的好处是便于后续的数据整理和分析。

等级排列式适用于需要评估或比较不同选项或变量的情况。访谈对象被要求根据一定的标准（如重要性、满意度、频率等）对一系列选项进行排序或分类。这种方式可以直观地反映访谈对象对不同因素的主观评价和偏好。例如，在调查消费者对某种产品的满意度时，可以使用等级排列式来了解他们对产品不同方面的评价。

量表式是一种通过量化评估来收集信息的方式。它通常包括一系列具有不同权重或分值的选项，访谈对象需要根据自己的感受或判断选择相应的选项。量表式可以用于测量态度、情感、行为倾向等复杂变量，并且具有较高的信度和效度。例如，在测量员工的满意度或忠诚度时，可以采用量表式来评估员工对工作环境、薪酬福利、职业发展等方面的满意度。

核对式是通过提供一系列选项并让访谈对象进行勾选来收集信息的方式。这种方式通常用于收集关于特定事件、行为或特征是否存在或发生的信息。核对式的好处是简单易行，可以快速收集大量信息，并且便于数据整理和分析。例如，在调查某地区居民的健康状况时，可以使用核对式来了解他们是否患有某种疾病或是否有某种不良生活习惯。

4. 访谈与访谈程序的修订

访谈时应确保试谈对象与正式访谈对象属于同一群体。修订访谈程序时，需关注两点：首先，全面检查所有问题及回答，确保无遗漏和疏忽；其次，细致分析问题的提问次序、表述方式及措辞是否合适。

（五）建立合作关系

访谈者在进行访谈时还要注意与访谈对象建立合作关系，要在访谈活动开始前和访谈过程中注意一系列问题：

一方面，在访谈开始前，访谈者须与被访者取得联系，诚挚、简要地介绍自己的身份、访谈目的及访谈内容和预期时长，这有助于消除被访者的疑虑，为后续的沟通打下良好基础；还须提前与被访者联系确认访谈的时间、地点和方式，给予他们充分的准备时间，这体现了对被访者时间的尊重，也增加了访谈的顺利进行的可能性。研究者要以积极、正面的态度邀请被访者参与访谈，表达对他们意见和经历的重视，避免使用可能引起反感或抵触情绪的言辞。访谈者应事先了解被访者所在地区的文化背景、习俗和信仰，做到访谈时有的放矢，避免因文化差异影响访谈的正常开展。

另一方面，在访谈过程中，访谈者的着装应得体、符合场合，避免过于随意或过于正式，以减轻被访者的紧张感，营造轻松愉快的交流氛围。访谈者应尊重被访者的文化背景、习俗和信仰，避免在访谈中提及可能引起不适或争议的话题；可以通过幽默、轻松的开场白或话题引入，要始终保持耐心和尊重，营造轻松愉快的交流氛围，倾听被访者的意见和感受，使被访者更容易放松下来，分享真实的想法和经历，避免打断或质疑他们的观点；注意访谈的提问、追问及倾听的技巧（这一部分内容在本节第三大点"访谈的技巧"做详细论述）；在记录访谈内容时，应力求客观准确，全面且详尽地反映访谈对象的回答，避免掺杂个人主观意见。对于不清晰或模糊的回答，访谈者可以进行标记以便后续追问，确保保持被访者的原意。

二、访谈前的重点准备

访谈调查前的准备是确保访谈顺利进行和获取有效信息的关键环节。这包括确定访谈时间和地点、协商访谈相关事宜、设计访谈提纲、确定访谈记录方式以及注意非言语行为对访谈的影响等多个方面。

（一）准备重点一：确定访谈时间和地点

为了提高正式访谈的效率，通常需要在正式访谈前与被访者预先商定访谈的时间、地点及环境，联系方式可以选择口头通知或书面通知。在确定访谈的时间和地点时应尽量以被调查者方便为主。这样一方面对其表示尊敬，另一方面也是为了使被调查者在自己选择的地点和时间里感到轻松、安全，可以比较自如地表现自己。因此，确定访谈的时间和地点时，应优先考虑被访谈者的感受，确保他们感到方便并能保持轻松愉悦的状态，最终由双方协商达成一致。

（二）准备重点二：协商访谈相关事宜

一般而言，访谈开始前，访谈者应向被访谈者介绍自己和研究主题，并就语言运用、交流规则、自愿参与、保密条款及录音等事项与对方进行沟通。这些事项对访谈的成功至关重要。

其中，对保密条款的说明及录音问题的讨论，是两个核心要点。如果被访谈者心存顾虑，或访谈者仅忙于记录而忽视了对对方话语的深入理解，并在此基础上推进访谈，都将对访谈效果产生不利影响。因此，在安排访谈时，提前就这些问题进行协商是非常必要的。

（三）准备重点三：设计访谈提纲

访谈的提纲是访谈员将研究所需要获取的重要信息资料，按照问题的形式向被访谈者提出，在制定访谈提纲时需明确访谈的流程、核心问题及它们的顺序。设计时要注重提纲的概括性，只需勾勒出访谈者希望在访谈中探讨的关键问题及需涵盖的内容领域；同时，提纲应力求简洁清晰，作为访谈的一个重要提示蓝本；在访谈过程中，若被访谈者在介绍个人情况时自然提及了调查所需的其他相关信息，访谈员可以灵活调整问题顺序，不必严格遵循既定顺序。当访谈接近尾声时，若提纲中的关键问题尚未讨论，访谈员应主动引导被访谈者，确保获取到必要的信息资料。

（四）准备重点四：确定访谈记录方式

在进行访谈调查，特别是在以人类学为理论支撑的研究中，访谈的主要目的是精准捕捉被访谈者的原话，深入理解他们如何构建自己的世界观。为此，最好能将被访谈者的全部谈话内容一字不差地记录下来。条件允许时，访谈者应优先考虑进行现场录音或录像。若条件受限，则应进行详尽的笔录，以确保访谈内容的完整性。

现场笔录的方式一般有四种：一是内容型记录，即重点记录被访谈者在访谈中的具体发言，这在无法进行录音的情况下尤为重要；二是观察型记录，即重点记录访谈环境、场地布置、被访谈者的着装及表情等非言语信息；三是方法型记录，即重点记录访谈者采用的访谈技巧及其对被访谈者反应和访谈成果的影响；四是内省型记录，即重点关注访谈者个人特征（性别、年龄、职业背景、外貌、着装、言行态度等）对访谈进程的潜在影响。这些因素对访谈的深度和流畅性可能具有重大影响，是访谈中需密切监控并尽可能减少干扰的因素。对这些方面的观察和自我审视，对于最终研究成果的呈现和研究反思均具有重要意义。

（五）准备重点五：注意非言语行为对访谈的影响

访谈本质上是一种访谈者与被访谈者间的互动与交流。研究者采用访谈方法，最期望的是能够获得对方的全力配合，进而深入挖掘其内心真实想法或让对方针对研究主题畅所欲言。若缺乏对方的积极响应，这一期望可能落空。在研究中，有许多因素都会影响被访谈者的合作意愿，其中，访谈双方的非言语行为同样会对访谈进程产生影响。有时，这些非言语行为比言语更能反映双方的态度、关系及互动状态，并最终左右调查结果。

通过以上这些详尽而周全的访谈前准备，可以大大提高和完善访谈的效率和效果，确保研究者能够获取到真实、深入且有价值的信息，为后续的研究工作奠定坚实的基础。因此，充分而细致的访谈前准备是访谈成功的必要条件。

【资料卡片】5-2

访谈过程中的注意事项

（1）进入研究现场时说明访谈目的。在访谈进行之前，向受访者说明此次访谈的目的、对受访者是否会产生影响、访谈所需的时间、是否可以进行录音等十分必要，以便访谈者和受访者更好地沟通交流，获得真实有效的信息。

（2）创造轻松融洽的访谈氛围。正确合理的访谈导入、亲切和蔼的表情、平易近人的态度和语言等会让受访者在轻松愉快的气氛中更容易表达出自己的真实想法。

（3）进行深入访谈。深入访谈需要访谈者抓住受访者语言中模糊但对研究有意义的点进行有效追问。

资料来源：倪建雯，贾珊珊，摆陆拾. 教育研究中访谈法应用技巧浅析 [J]. 教育教学论坛，2016（8）：76-77.

三、访谈的技巧

访谈调查作为社会科学研究的重要方法，其成功往往取决于访谈者的提问技巧、追问时机与度的把握以及倾听能力。所以对研究者来说在访谈过程中学会运用适当的技巧有时候会起到事半功倍的效果。具体可分为以下几种基本技巧：

（一）访谈中的提问

访谈是访谈者直接向被访谈者提出问题并由其回答的过程。在这个过程中，访谈者所提问题的恰当性至关重要，它直接关乎访谈结果的成效。可以说，问题是访谈的灵魂，若问题设置不当，整个访谈就可能变成时间和精力的无谓消耗，难以对研究成果的最终呈现或待解问题的探讨产生实质性的贡献。

【资料卡片】5-3

访谈问题的类型

（1）背景或人口统计学问题，如被访谈者的年龄、教育程度等。

（2）知识问题，用以了解被访谈者所拥有的实际信息（与他们的意见、信念和态度相反）。

（3）经历或行为问题，用以了解被访谈者目前正在做或过去已经做过的事情。

（4）信念或价值观问题，用以了解被访谈者对某些话题或问题的想法。

（5）感受问题，指被访谈者对其经历的情感反应。

（6）感觉问题，用以了解访谈者看到、听到、尝到、闻到或触到了什么。

资料来源：彭秀平. 质的研究访谈法评介 [J]. 社会科学家，2005（S1）：534-535.

1. 访谈时注意提问的顺序

在访谈过程中，提问通常从较为宽泛的非指导性问题着手，引导访谈由开放式逐渐转向半开放式，逐步聚焦到核心议题上。此外，访谈初期是双方相互摸索与了解的关键阶段，一旦确立了交流的基调，后续便较难进行大幅度调整。

此外，访谈问题应遵循由浅显（开放、简单）到深入（增加难度和复杂性）的原则，由简洁逐渐转向详尽。这里的难度和复杂性并非单指内容的高深或表述的复杂，更多的是指那些对被访谈者而言难以轻易透露的方面，比如个人隐私、政治敏感议题、违背社会规范的行为与观念等。访谈时也要循序发问，即使被访谈者拒绝回答某个问题，只要记录下，继续问接下来的问题即可。

2. 访谈提问的过渡

访谈是一个访谈者与被访谈者之间进行双向沟通与交流的过程。在访谈开始时，访谈者提出问题，被访谈者给予回答；随后，访谈者根据被访谈者的回应继续提问，被访谈者再次回答，这一过程循环进行。因此，在提问时，问题之间的衔接对于访谈的顺利进行至关重要，它影响着访谈的流畅进行。在访谈中，问题的过渡应当尽可能自然且顺畅。

过渡性问题可以通过巧妙铺垫的方式，在被访谈者当前讨论的话题与期望其转向的话题之间搭建一座桥梁，使之过渡显得自然而顺畅，避免给被访谈者带来突兀感，进而防止这种感受对他们的心理状态产生负面影响，干扰访谈的流畅进行。

【资料卡片】5-4

访谈中的提问技（艺）术

如果我们希望对访谈者常用的一些问题进行分类的话，我认为可以在如下几个层面进行：按问题的语句结构可以分成开放型和封闭型；按问题所指向的回答内容可以分成具体型和抽象型；按问题本身的语义清晰程度可以分成清晰型和含混型。此外，对前述问题进行追问以及对所提问题的顺序和过渡的方式在访谈中也十分重要。不同的问题类型和提问方式在访谈中会起到不同的功能和作用，在很大程度上会影响到被访谈者的言语行为。它们不仅会影响到被访谈者回答内容的范围和回答的长度，而且还会对整个访谈的风格有所限定。

资料来源：陈向明. 访谈中的提问技（艺）术 [J]. 教育研究与实验, 1997（4）：48-53.

(二) 访谈过程中的追问

在访谈进行中，当访谈者听到被访谈者的回答后，若对某个点产生了浓厚兴趣并希望深入了解，便会采用追问的方式，鼓励被访谈者围绕该主题提供更多信息。因此，追问成为访谈中一项关键的提问技巧。

然而，访谈中的追问也需讲究策略，特别是追问的时机和程度，这两点对于访谈成效及进程具有重要影响，需谨慎把握。

1. 追问的时机与度

追问时机指的是访谈者在对话过程中，选择向受访者深入探究某个问题的具体节点。一般在访谈中间或访谈的最后阶段，最不好的时机是在访谈伊始。

追问的度指访谈者向受访者追问问题的合适程度。视访谈当时的实际情况或访谈进行的具体内容而定，在进行追问时，访谈者需要综合考量被访谈者的情绪状态、双方的关系紧密度以及所提问题的敏感程度等因素。

访谈中最不可取的追问方法是：无视对方的当前发言，仅仅依据自己预先准备的访谈提纲，机械地逐一提出问题。

2. 追问的具体策略

访谈中，访谈者要将自己放在学习者的位置，留意对话过程中被访谈者有意或无意释放的言语线索，并据此进行追问；对习以为常或不了解的观点、概念或现象进行追问，询问被访谈者的真实想法。

（三）访谈中的倾听

在访谈调查中，倾听同样是一个关键要素，因为访谈者唯有通过倾听被访谈者的回应，才能准确把握他们的真实意图。尽管倾听看似被动，但若忽视这一环节，访谈者将难以掌控访谈的进程，因为倾听直接指导了提问的方向、形式及具体内容。

1. 听的方式

从行为层面看，倾听的态度可体现为表面性倾听、消极性倾听和积极性倾听三种状态。从认知层面看，倾听可分为强加性倾听、接受性倾听和建构性倾听。从情感层面看，倾听则包括无情感投入倾听、有情感投入倾听和共情倾听[1]。

2. 听的基本原则

第一，不轻易打断被访谈者的谈话。在访谈调查中，访谈员不要轻易打断被访谈者的谈话，无论从尊重对方、了解对方还是理解对方的角度出发，都应该让被访谈者畅所欲言，因为对方这样说而不是那样说，总有他的动机、愿望和理由。有时即使是谈话的内容与我们希望了解的问题有距离，也要尽可能以积极地听、接受地听、共情地听的态度，给被访谈者极大的关注，以便在被访谈者充分自由地展示自己内心的过程中，走近和走进被访谈者的心灵。在访谈开始阶段，应当特别注意这一点。

第二，容许被访谈者的沉默。被访谈者在谈话过程中，有时会沉默，作为访谈员应该能够接受被访谈者的沉默，同时应该弄清楚对方沉默的原因是什么。如果是因为思考、回忆，就应该给予对方一定的时间；如果是要说的话说完了，就应该继续提出新的问题；如果是害羞，就应该打消对方的顾虑；如果是不想继续访谈，就应该视访谈效果来决定是否结束访谈。总之，当被访谈者开始沉默时，访谈员应该等待一段时间，然后根据情况决定如何对待[2]。

在社会科学研究的广阔领域中，访谈调查占据着举足轻重的地位。其质量的提

---

① 陈向明. 质的研究方法与社会科学研究 [M]. 北京：教育科学出版社，2000：195-199.
② 陈平辉，王一定. 教育科学研究方法 [M]. 南昌：江西高校出版社，2018：109.

升，无不依赖于访谈者对于技巧的巧妙运用，这也是需要访谈者在访谈过程中不断练习并熟悉的。

四、对原始资料的整理分析

对访谈资料的整理分析直接关系到我们的研究结果，同时，研究者可以在分析的过程中从中寻找有意义的信息来形成自己的研究结论。研究者需要具备足够扎实的理论知识以此指导研究实践，做到对资料的充分利用。

（一）访谈法原始资料整理与分析的特点

对资料进行及时整理和分析可使研究者逐步缩小研究的范围，尽早就研究的方向和类型做出决定；帮助研究者提出一些可以统揽所有资料内容的观点，发展出一些可供进一步分析的问题；使研究从原始资料向理论建构的方向过渡；帮助研究者在整理资料的基础上了解自己还需要哪些方面的信息，以便下一步有计划地收集资料。访谈法原始资料整理与分析具有同步性与及时性的特点。

1. 同步性

原始资料的整理和分析是同步进行，整理研究资料的过程本身就是对资料进行分析的过程，二者循环往复。在对原始的研究资料整理分析的过程中可采取自下而上的方式进行，即从原始资料中分析出对于研究来说有价值的理论框架，以形成自己的研究论点，并用自己调查的原始资料作为论据的过程。

2. 及时性

对资料进行及时的整理与分析，有助于系统地理解和把握已收集的信息，并为后续的资料收集工作提供明确的指引和聚焦点。若未能及时进行此项工作，可能会导致面对大量资料时感到迷茫，使研究失去明确的方向，最终沦为资料的简单堆砌。

（二）对访谈资料的初步整理

质的研究中的资料整理要求比较严格，在整理和分析资料之前，应当对资料进行初步的整理，如检查原始资料是否完整、准确，对多种资料来源进行相关检验等，以避免今后在分析资料时因记录不当而错失有重要价值的资料。在正式整理资料之前，我们可以先为每份资料分配一个编号，并据此构建一个编号体系。该编号体系应涵盖以下要素：资料的种类、提供者的详细信息、收集的具体时间、地点及情境背景、研究者的相关信息，以及资料的顺序编号。

（三）对访谈原始资料整理与分析的具体步骤

对原始资料的整理分析也是有顺序和步骤的，遵循一定的步骤更有利于对资料进行层层剖析，从而得到最全面、最客观的信息。具体操作时可按以下内容进行：

1. 阅读原始资料

（1）站在被访谈者的角度对原始资料加以理解。

阅读原始资料时研究者要不带任何价值判断和假设，不要有任何先入的观念，而是让资料本身说话。在阅读过程中，研究者会融入本人的阅历，这是正常的，也是对资料理解的过程。

（2）用整合的、联系的观点进行阅读。

研究者在阅读访谈资料时应该用整合的、联系的观点进行阅读。具体来讲，研究者应该从不同维度、不同层次、不同角度对同一事件进行解读和思考。

（3）寻找原始资料中可能蕴含的意义。

在资料的阅读中，要注意寻找意义，即通过原始资料的阅读寻找事件及事件之间的联系、概念及概念之间的联系。

2. 登录

（1）通过确定思考单位的方式来确定哪些资料需要登录。

整理和分析资料时应该根据研究的要求决定最基础的单位是什么。一般来说，在首次对资料进行开放性登录时，应该从最基础的层面开始，随着分析的不断深入，可以逐步扩大分析范围，如果研究者对资料分析比较有经验，也可以同时从几个层面进行登录。

（2）设码。

在登录过程中，一个极为关键、具体的任务是识别出与研究问题紧密相关的登录代码。"代码"作为资料分析中的基础意义单元，就像是构建资料分析体系所需的最小构件。确定代码的依据是特定词汇或内容在资料中出现的频次。

3. 寻找本土概念

本土概念是被访谈者使用频率较高、用以表达其真实想法的概念。为了使资料保持原汁原味，研究者要从资料中理出一个"本土概念"[①]，它可能是词语，也可能是句子。本土概念通常来源于以下三个方面：第一，那些被访谈者经常使用的概念在其生活中占据了较为重要的位置，使用频率较高。例如，在访谈调查中，了解被访谈者对教师这个职业的看法，其中一个被访谈者经常会使用的概念是"正能量"，认为"教师是正能量的职业，只有正能量的教师才能教出正能量的学生"。因此，"正能量"这个词便可以成为一个本土概念来建构研究框架。第二，被访谈者在使用时带有强烈情感的概念往往更接近其内心最真实的感受。例如，在调研中国和加拿大国际交换生的时候，其中一个被访谈者饱含激情地提到"教师是遇见不可能，这种不可能给了教师更多探索的空间，让教师带着一分好奇和执着坚韧地走下去"，"遇见不可能"便可成为一个本土概念，能反映出被访谈者的心理情感。第三，如果研究者相信自己判断力的话，那些在阅读时最易引起我们注意、最吸引我们的概念通常也可能是本土概念。

4. 建立编码系统和归档系统

完成首轮登录后，我们可以将所有代码汇总，形成一个编码手册。其中，初始代码示例见表5-1，聚焦代码和轴心代码示例见表5-2。这个编码手册体现了研究者当前对资料分析的基本概念框架，是解读资料的一种工具或方法。在建立编码系统的时候，既要考虑到还原原始资料的"真实"面貌，又要考虑到这个系统能有

---

① 陈向明. 质的研究方法与社会科学研究 [M]. 北京：教育科学出版社，2000：285.

效地为今后撰写研究报告服务。

在对原始资料进行登录后，我们还需要建立一个随时可以储存和调出的系统，这包括一个简明的检索系统以及相关的资料分类档案袋。编码系统和档案系统都不是一成不变的，需要不断地随着研究的变化而变化。

表 5-1　初始代码示例①

原始数据	初始代码
我非常感谢在 N 校见习的指导教师，当我有疑惑时，他会毫不保留地指导与帮助我。当然，他对我做得不对的地方也会提出诚恳的建议，这不是因为我们是国际友人，而完全是基于专业的考虑	基于专业的帮助
在学校教育情境中教师与学生是友好的师生关系，教师可以辅导学生、帮助学生，但绝不逾越教师的专业界限，"be friendly not to be friend"是他们经常说的一句话	友好的师生关系有着不可逾越的专业界限
我觉得两国（指中国与加拿大）的教师都特别注重终身学习，注重自我提升，我们在加拿大交换学习时，那些教师无时无刻不在学习，他们会与学生相互学习、与同事相互研讨交流，向书本学习、向网络学习、向生活学习……	教师是终身学习者
在 G 小学见习时，当学生回答一个问题后，虽不是正确答案，教师也会以鼓励的语气说："It is not right, but it is a good answer." 或者"Good, it is a better answer." 并不会追求统一的标准答案	教师对学生的回答不拘泥于标准答案
温莎学校针对化学元素周期表的教学很有创意，教师将周期表制作成钟表，学生在每天看教室里钟表的时间时便逐渐记住了各元素。同时，教师根据教学进度，让学生选择一个自己喜欢的化学元素，并根据化学元素的活性在课堂中进行表演	教师教学与生活紧密相连
加拿大职前教师有一门戏剧课程，专门培养教师的艺术性。中小学教师上课时千姿百态，气氛很好，且课堂井然有序，我觉得教师真的就是艺术家……	教师是育人的艺术家

表 5-2　聚焦代码和轴心代码示例②

初始代码	聚焦代码	轴心代码
友好的师生关系有着不可逾越的专业界限	教师需要学习教师教育类知识	教师具备广博、宽厚的专业知识
教师对学生的回答不拘泥于标准答案		
教师教学与生活紧密相连	教师注重学科知识的生活性	
教师是个多面手	教师具备通识性知识	

① 石娟，刘义兵. 基于扎根理论的职前教师互惠学习理论模型：以 RLTESECC 项目中加交换生为例[J]. 教师教育学报，201（5）：33-39.

② 石娟，刘义兵. 基于扎根理论的职前教师互惠学习理论模型：以 RLTESECC 项目中加交换生为例[J]. 教师教育学报，201（5）：33-39.

5. 采用适当方法对资料进行深入分析

为了使得到的结果更加科学，研究者在对资料进行深入分析时可以采用以下这些适当的方法进行操作。

（1）类属分析。

类属分析，指在质性研究资料分析中，寻找反复出现的现象以及可以解释这些现象的重要概念的一个过程①。在这个过程中，具有相同属性的资料被归纳为同一个类别，并且以一定的概念命名。类属分析的基础是比较，而比较又分为：①同类比较，即根据资料的不同性质进行比较；②异类比较，即根据资料的不同性质进行比较；③横向比较，即在不同的资料之间进行比较；④纵向比较，即对同一资料中的各个部分进行前后顺序的比较。

（2）情境分析。

情境分析是指在质性研究资料分析中，将资料放置于研究现象所处的自然情境之中，按照故事发生的时间顺序，对有关事件和人物进行描述性的分析②。对资料进行情境分析的主要思路是：提炼资料中的关键信息，识别出能够体现资料核心的故事脉络，并据此构建故事情节，对故事进行全面而细致的叙述。在分析过程中，需特别关注资料所处的语言和社会文化背景、故事发生的具体时空环境、叙述者的表达意图、资料所蕴含的整体意义以及各组成部分之间的内在联系。

（3）类属分析与情境分析相结合。

类属分析和情境分析各有其利弊，但是它们在实际分析中可以相互包容对方，并将二者有机地结合起来使用。一个类属可以有自己的情境和叙事结构，而一个情境故事也可以表现出一定的意义主题。

6. 选择适当的分析手段

（1）写备忘录。

撰写备忘录是一种至关重要的分析方法，它允许研究者记录下自己的发现、见解及初步结论，其核心目的在于通过书写过程来深化对研究的思考。

备忘录一般分为五种类型，即描述型、分析型、方法型、理论型和综合型。描述型是对被研究者发生的事情和所说的话用语言描述出来；分析型是对一些重要的现象和概念进行分析，特别是被研究者的本土概念；方法型是研究者对自己进行研究的方法进行反思，以避免产生伦理道德问题，提高研究的效度；理论型是对资料中呈现的初步理论进行探讨，随着研究的深入逐步建立假设和理论；综合型是结合以上各种类型进行综合分析。

备忘录主要是给研究者自己看的，所以写备忘录的目的是针对研究者个人而言的，但一般来说主要有以下六个目的。第一，将自己在研究过程中产生的想法记录下来；第二，将分析集中到某些重要的现象、概念和主题上；第三，记录自己是如

---

① 陈向明. 质的研究方法与社会科学研究 ［M］. 北京：教育科学出版社，2000：290.
② 陈向明. 质的研究方法与社会科学研究 ［M］. 北京：教育科学出版社，2000：292.

何发现这些重要的现象、概念和主题的；第四，帮助自己理解资料的内容，记录下自己对有关问题的理解和思考；第五，从资料中提升出主题，将资料内容逐步聚焦；第六，提出今后继续进行研究的方向。

（2）写日记、总结和内容摘要。

写日记同样是一种有效的资料分析途径，它能帮助研究者随时捕捉个人感受与思考，同时，通过日记的记录过程，研究者也会有意地回顾并反思自己当天的行为活动。此外，备忘录可被看作分散型的实地日记，作为研究报告的草稿，经过修改后可以纳入最后的研究报告中。

写总结和内容摘要是对资料内容进行简化，将资料的精髓以浓缩的方式表现出来。在写总结和内容摘要时，应该标有明确的参照体系，与相应的原始资料形成交叉参照，以便今后需要时查找。

（3）画图表。

图表是对线性文字信息的一种立体化概括，它利用三维直观的形式，更加集中且生动地展现了资料中蕴含的各种意义关联。常见的图表有矩阵图、曲线图、等级分类图、报表、网络图等。

（4）与外界交流。

与外界交流是指在分析资料时，与其他研究者、同行、同事、朋友和家人交谈以及阅读有关文献。以此帮助研究者拓宽分析资料的思路、发现新的分析角度、开阔自己的视野。当然，除了与其他人交流，还可以通过读书的方式进行，以借鉴前辈们分析资料的经验和教训。

【资料卡片】5-5

记录访谈资料的三种基本方法

（1）第一种是录音访谈。这种方法可以确保所说的每件事都保存下来以供分析，但其缺陷是易造成被访谈者的焦虑与不安，有时也可用录像记录非语言行为，但这比录音访谈更麻烦，干扰也更大。

（2）第二种是在访谈过程中做笔记。通过笔记以记录被访谈者所讲的重要内容或调整进度，但无法记下所有的内容，且开始时往往不能肯定什么是值得记录的。

（3）第三种方法最不可取。即访谈一结束就尽可能多地写下记住的内容，有的情况下前两种方法的干扰太大，只能采取这一方法。

资料来源：张福娟，苏雪云. 特殊儿童个案研究法资料收集的方法 [J]. 心理科学，2001（6）：673-675，765.

示范案例

中加教师课堂教学实践的"他者"比较

理解·反思·探究

1. 简述访谈与日常谈话的区别。
2. 论述不同访谈类型的优点和缺点。
3. 论述访谈法的一般过程。
4. 简述如何对访谈原始资料进行整理与分析。
5. 论述个别访谈法、集体访谈法、焦点团体访谈法，以及深入访谈法各自的优缺点和适用场景。

拓展阅读

[1] 黄盈盈，王沫. 生成中的方法学：定性研究方法十年评述（2011—2021年）[J]. 学习与探索，2022（5）：37-48.

[2] 冯昌扬. 质性研究方法在我国图书情报领域的运用和分析 [J]. 图书馆学研究，2014（7）：2-5，42.

[3] 彭秀平. 质的研究访谈法评价 [J]. 社会科学家，2005（S1）：534-535.

[4] 张立平，陈向明. 质性研究的迷思与澄清 [J]. 中国远程教育，2024（2）：62-78.

[5] 邢磊，邓明茜. 高校教师为什么不使用"新"的教学方法？对J大学教师的访谈研究 [J]. 现代教育技术，2018（11）：93-99.

[6] 陈向明. 教育研究中访谈的倾听技（艺）术 [J]. 教育理论与实践，1998（4）：27-31.

[7] 郑震. 社会学方法的综合：以问卷调查法和访谈法为例 [J]. 社会科学，2016（11）：93-100.

[8] 陈向明. 教育研究中访谈的回应技（艺）术 [J]. 教育科学，1998（2）：52-54.

[9] 石娟，刘义兵. 职前教师专业发展的主观理论结构：基于 RLTESECC 项目交换生跨文化学习经历的启示 [J]. 教师教育学报，2017（1）：8-15.

第六章　观察法

要点提示

　　完整的调查研究不仅需要"听其言"，还需要"观其行"。观察法是教育科学研究中常用的方法之一，观察法是有目的、有计划、有系统地借助感官和辅助工具去观察研究对象，从而获得客观、真实的数据资料的一种研究方法。本章对观察法进行探讨，引导学习者明晰观察法的概念、特点、类型、优点与局限，在此基础上，重点探究观察法的设计，引导学习者掌握观察法的一般程序、主要策略及注意事项。

思维导图

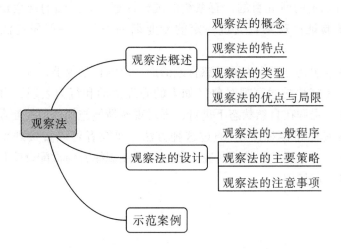

第一节 观察法概述

早在 20 世纪初，观察法就作为一种教育研究的方法加以应用，大约在 30 年代达到高峰。20 世纪以来，许多教育家都十分重视观察法。苏联教育家赞科夫进行教育研究，也采用长期追踪观察的方法。他的实验人员，长期进行课堂观察，在教室后面，隔着窗口，一边听课一边观察做记录。赞科夫特别重视后进生的发展问题。他的"使全班学生包括后进生都得到发展"的教学原则，就是在长期观察、积累材料的基础上提出来的。教育家苏霍姆林斯基也一样，他一生著述非常之多，研究所需的大部分资料都是靠长期观察得来的。为了研究道德教育问题，他曾先后为 3 700 名左右的学生做了观察记录。国内外著名教育家的经验说明，观察法是教育研究的一种最基本的方法，它对于认识教育现象，收集第一手材料起着重要作用①。

一、观察法的概念

观察法是研究者最常运用的一种研究方法，只要研究者进入一定的场域，便在有意或无意地观察着周遭环境。"观"就是通过感觉器官捕获事物的相关信息，而对这些所获取的信息进行深入的分析与研究则被称作"察"。广义上的观察，即我们日常所进行的观察活动，它依赖于主体自身的亲身感受或体验，从而获取关于研究对象的直观、感性材料。日常观察一般是偶发的、无意识的和无目的的。社会科学研究的观察法，与访谈法、档案分析法并列为三大数据收集方法。观察法的特征包括：有确定的研究目的；有系统的观察计划；有详细的观察记录；观察结果可以被重复验证；观察者受过一定的专业训练等，较一般研究法更严谨、清楚、有系统。

综上，观察法就是研究者通过感官或借助一定的科学仪器，在一定时间内有目的、有计划地考察和描述客观对象（如人的心理活动和行为表现）并收集研究资料的一种方法，强调在自然状态下进行，不对观察情境施加任何控制条件，以确保观察结果的真实性和客观性②。通过这种方法，研究者可以直接观察被试者的表情、动作、语言、行为等，从而研究人的心理活动规律，经常配合实地调查法、个案法、实验法一起使用。

---

① 肖贺. 科学运用教育观察法为成长赋能 [J]. 新青年（珍情），2024（5）：36-37.
② 陈虹帆. 语文课堂教师的负面评价语研究 [D]. 长沙：湖南师范大学，2017.

【资料卡片】6-1
作为一种研究工具的观察法

研究中的观察与日常生活中的观察是有着本质区别的，只有在以下情况下的观察才可以作为一种研究工具：

（1）当它是为有系统的研究目的服务时；

（2）当它有详尽的计划时；

（3）当它被有系统、有组织、有条理地记录时；

（4）当它服从于具有确实性和可靠性检验和控制的主题时。

资料来源：张福娟，苏雪云. 特殊儿童个案研究法资料收集的方法［J］. 心理科学，2001（6）：673-675，765.

二、观察法的特点

从观察法的概念可以发现，教育科学研究中的观察与我们日常生活中说的观察具有本质上的区别。通常，教育中的观察对观察对象不加控制、不加干预、不影响其常态，也就是说，观察是在自然状态下进行的。具体来说，作为一种重要的研究方法，观察法具有以下特点：

1. 能动性

科学的观察是具有能动性的感性认识活动，它与一般所说的观察不同，即不是简单反射式的感觉，而是根据研究课题的需要，为解决一定的问题而进行的有目的、有意识的观察与研究，其目的在于获得第一手的经验事实材料。观察法能动性的特点要求做到：①确定某个现象得以发展的条件；②详细描述所观察的现象；③科学地分析和说明所研究的对象，也就是查明现象及其发展的条件之间的因果联系和关系，为此，在观察之前，应根据科研任务，制订好计划，包括确定观察对象、观察条件、观察范围和观察方法，以保证观察有目的地进行。这样的观察是自觉的，不是盲目的；是能动的，不是被动的。它要求观察者充分发挥观察中的主观能动作用[1]。

2. 选择性

科学的观察并不是一般地认识现象和事实，而是从大量客观事实中，选择观察的典型对象，选择典型条件、时间、地点，获得典型事物的现象和过程。只有把注意力集中和保持在经过选择的观察对象上，把观察始终和有意注意结合在一起，不为无关现象所分散，尽量排除外界无关刺激的干扰，这样的观察才能获得预期的成效[2]。

---

[1] 苏忱. 如何运用观察法：与小学教师谈科研之六［J］. 上海教育，1995（4）：21-22.

[2] 范定昂.《心理学视域下翻译的二维透视：认知与审美》（第十章）翻译实践报告［D］. 西安：西安石油大学，2023.

例如，进行某班级学生学习态度和精神现状的观察。根据观察目的可以选择不同类型的学生作为观察对象，选择反映学习态度和精神的主要指标（如时效性、求知欲、创造力、自强、意志力、学习习惯等）；主要指标中又应选择典型指标（如时效性）以及主要二级指标，选择几个主要时间、场合等。只有把观察集中在经过选择的几名学生、几项主要指标、几个主要时间和场合等对象上，才有可能达到科学观察的目的。

3. 客观性

客观性是指要使观察所获得的现象和过程能正确反映客观事实。观察所获得的事实材料是认识事物的依据，是科学研究的基础。但是，这里有一个前提，即获得事实材料的观察是否具有客观性的品质。观察中获得的结果，实际上是观察者通过观察手段对观察对象的现象或过程的一种反映和描述①。

科学的观察就在于观察的客观性。因此在观察时应做到以下三点：

第一，要确保观察在自然存在的条件下进行，绝对不能影响被观察者的常态，这样才能得到自然条件下的真实情况，否则所得到的事实材料反映反常的情况，就会导致错误的结论②。也有这样一种情况，观察对象意识到自己在接受观察，这就有可能使观察对象预先考虑给予观察者以一定的反应。在这种情况下，只有观察者与被观察者建立良好的关系，消除对观察者的陌生感，才能尽量减少观察对象的异常状态③。

第二，观察要如实地反映现实情况，观察者不能带有任何感情色彩，不允许掺杂个人的偏见，否则就会掩盖对观察对象的情况的真实反映。观察要取纯客观的态度，不许有丝毫主观的偏见掺在心头，若有一点，所观察的便会走了样④。

第三，观察要反复进行。被观察的现象或过程要重复出现。观察是获取客观信息的重要手段，但它并非适用于所有情况。对于那些转瞬即逝的现象和过程，单纯依靠观察法并不合适，因为观察者难以验证和确认观察结果的准确性。此外，要想深入理解事物的本质，还需要长期、连续且反复地观察。只有这样，我们才能有效区分事物现象或过程中的偶然与必然、表面与本质、片面与全面。换言之，观察的次数越多，我们对客观事物的反映也就越准确。

三、观察法的类型

根据不同划分依据，观察法可以分为以下五种类型：

（一）自然观察法和实验观察法

依据观察的数据是在自然条件下取得还是在人为干预和控制条件下取得，可以将观察法分为自然观察法和实验观察法⑤。

---

① 陈建. 费用效益分析法在环境审计中的应用研究 [D]. 沈阳：沈阳理工大学，2008.
② 凌凤. 社会语言学基本理论问题审视 [D]. 大连：辽宁师范大学，2005.
③ 肖贺. 科学运用教育观察法为成长赋能 [J]. 新青年（珍情），2024（5）：36-37.
④ 陈建. 费用效益分析法在环境审计中的应用研究 [D]. 沈阳：沈阳理工大学，2008.
⑤ 陈虹帆. 语文课堂教师的负面评价语研究 [D]. 长沙：湖南师范大学，2017.

自然观察法强调在自然、未受干扰的环境中观察研究对象，以获取其真实、典型和日常的行为表现。例如，通过长期的课堂观察，研究者可以捕捉到学生在不同学习情境下的自然反应、学习策略以及与同伴的互动方式等。自然观察法不仅有利于研究者揭示教育现象的真实面貌，避免实验操控可能带来的偏差，而且有利于研究者搜集到观察对象在日常生活中真实、典型和一般的行为表现。但是，自然观察法也存在难以遮蔽的局限。第一，研究者处于被动地位。在自然观察法中，研究者通常处于相对被动的地位，他们不直接干预观察对象的行为，而是作为观察者记录和分析现象，这可能导致研究者无法完全控制观察条件，从而影响观察结果的精确性。第二，难以揭示观察对象在特定条件下的行为表现。由于自然观察法依赖于观察对象在日常生活中的自然行为，因此它很难揭示观察对象在特定或极端条件下的行为表现。例如，在自然环境中观察学生的学习行为，可能无法准确反映他们在高压考试环境下的应对策略和心理状态。

　　实验观察法是指通过人为地改变或控制一定条件，有目的地引起被研究对象的某些心理现象，以收集有关研究资料的一种方法[①]。实验观察法的优点主要包括以下三个方面：第一，研究者处于主动地位。与自然观察法相比，研究者处于更主动的地位，研究者可以设计实验来操控变量、设置特定的观察条件，并主动收集和分析数据。第二，可重复进行。实验法和其他一些量化研究方法具有高度的可重复性，这意味着其他研究者可以在相同的条件下复制实验过程，以验证研究结果的有效性和可靠性。第三，能深入考察观察对象各方面的心理特征。研究者运用实验观察法能够深入考察观察对象各方面的心理特征，揭示教育现象背后的深层次原因和机制，为教育实践提供更为全面和深入的理解。但是，受制于人为的改变或创设条件的影响，研究者运用实验观察法所观察到的行为并不一定能推广到自然情景中。

　　（二）直接观察法和间接观察法

　　依据观察时是否借助仪器，观察法可以分为直接观察法和间接观察法。

　　直接观察法是直接通过感官考察各种心理活动和行为表现来搜集有关科学资料的一种方法。直接观察法具有直观性和即时性的优势。首先，直接观察法的直观性是指观察者能够直接感知被观察对象，减少了信息传递的中间环节，增强了观察的生动性和真实性；其次，直接观察法的即时性是指观察者能够在第一时间捕捉到被观察对象的变化和反应，有利于及时发现问题并进行深入研究。但是，直接观察法存在主观性和局限性的缺点。前者是指观察者的感官和认知背景可能影响其观察结果，导致观察结果的偏差；后者是指观察者的感官能力和注意力有限，可能无法全面、深入地捕捉被观察对象的所有细节。

　　间接观察法是借助一定的仪器或装置观察、记录观察对象的各种心理活动和行为表现来搜集资料的一种方法。间接观察法的优势在于客观性、精确性和扩展性。第一，间接观察法的客观性是指研究者借助仪器设备进行观察，可以减少观察者的

---

　　① 王鉴，李泽林. 课堂观察与分析方法［M］. 兰州：甘肃教育出版社，2022：96.

主观影响，提高观察结果的客观性；第二，间接观察法的精确性是指仪器设备能够提供更为精确、量化的数据，有利于进行更为深入的统计和分析；第三，间接观察法的扩展性是指借助技术手段，观察者可以观察到一些直接观察法无法捕捉到的细节和现象。然而，间接观察法存在依赖性和复杂性的缺点。其依赖性是指间接观察法依赖于仪器设备的性能和精度，如果设备出现故障或误差，将直接影响观察结果的准确性；其复杂性是指使用仪器设备进行观察需要一定的技术知识和操作技能，这就增加了操作的复杂性和成本。

（三）参与观察法和非参与观察法

依据观察者是否直接参与被观察者所从事的活动，观察法可以分为参与观察法和非参与观察法[①]。

1. 参与观察法

参与观察法是指研究者直接参与被观察者的实际环境，并通过与被观察者的共同活动从内部进行观察，又称为局内观察法[②]。参与观察法的优点是在不破坏观察对象的原有结构和内部关系的同时，能够获得较为深层的观察资料，而且研究者方便进行多次观察。然而，采用参与观察之时，研究者的主观倾向性非常影响观察资料获取的客观性，同时参与观察的样本数小，研究结果的推广应用性深受影响。

【资料卡片】6-2

参与观察法的技巧

（1）化熟悉为新奇。

当研究者在现场进行观察时，必须持续不断地问问题——为什么这个动作（人、行为等）是这个样子？采取哲学家似的批判态度，不断地质疑和检验现场局内人以为理所当然的现象，通常一个似乎理所当然的现象，经过仔细地观察探究，可能会转变成最有意义的解释。

（2）观察指引。

在进入研究现场一段时间后，研究者可参照研究的主题和对现场情况的初步了解拟一份"观察指引"，列出在现场参与观察的领域和主题，以提醒自己扩展搜集资料的方向，这些领域和主题在观察过程中可能被不断地修订。

（3）学习倾听语言。

参与观察的一个重要工作是学习现场人们如何使用语言，因为任何团体都发展了他们自己的语言，这也引导着研究者观察和问问题的方向，因此参与观察者也应该是好的倾听者。

资料来源：黄娟娟. 质的教育研究方法及在学前教育领域的应用［J］. 学前教育研究，1997（5）：22-25.

[①]　陈虹帆. 语文课堂教师的负面评价语研究［D］. 长沙：湖南师范大学，2017.
[②]　陈虹帆. 语文课堂教师的负面评价语研究［D］. 长沙：湖南师范大学，2017.

2. 非参与观察法

非参与观察法是指观察者不参加被观察者的任何活动，从外部作为"旁观者"进行观察，又称为局外观察法。非参与观察法的优点是其不要求研究人员站到与被观察对象相同的地位，所收集到的资料以及由此得出的结论通常比较客观。但是，采用非参与观察法所获取的观察资料易表面化，不易获得深层的观察材料。

（四）结构观察法和无结构观察法

依据观察是否有统一设计的、有一定结构的观察项目和要求，观察法可以分为结构观察法和无结构观察法。

1. 结构观察法

在结构观察中，观察者会预先规划好需要观察的具体内容和项目，制定出相应的观察表格，并在实际的观察活动中严格遵循这些预设进行观察和记录。这种方法能够收集到大量明确且详尽的观察资料，使得后续对观察资料的定量分析和对比研究成为可能。但是，结构观察法存在缺乏弹性、研究者易受观察表格的限制以及耗费时间等缺点。首先，这种程式化的观察活动使得观察过程缺乏弹性，难以应对突发情况或意外，当被观察对象出现新的、未在提纲中预设的行为或现象时，研究者可能无法及时捕捉和记录，从而错失深入了解研究对象的机会。其次，研究者可能过于关注表格中的分类和记录要求，而忽视了被观察对象的整体性和复杂性，此外，观察表格的设计也可能存在主观性和局限性，无法全面反映被观察对象的真实情况。最后，在实施观察时，研究者需要严格按照提纲和表格进行观察和记录，这需要高度的专注力和耐心。因此，结构式观察通常比较耗时，对于时间有限的研究者来说可能是一个挑战。

2. 无结构观察法

无结构观察法是指观察者仅持有一个总体的观察目标或要求，或者仅明确了大致的观察领域与范畴，而并未设定具体的观察细节、项目或内容，同时也没有制定详细的观察记录表格来辅助记录。无结构观察法的优点是简便易行、灵活和适应性强。无结构观察法不需要复杂的预先设计和规划，也不需要大量的准备时间和资源投入，只需研究者携带必要的观察工具（如笔记本、录音笔等），根据自己的兴趣和直觉进行自由的观察，就可以随时随地进行观察，捕捉教育现象中的关键信息，并且研究者可以灵活应对各种突发情况，捕捉到预设框架之外的重要信息，可以应用于各种教育场景和对象中。无论是课堂教学、学生活动还是家庭教育，都能为研究者提供丰富的信息。但是，无结构观察法的缺点是所搜集资料比较零散和所获数据难以进行定量分析和比较。具体来说，无结构观察等质性研究方法通常依赖于研究者的直观感受、个人经验和直觉来进行观察，这种观察方式往往缺乏统一的标准和框架，以至于所获资料较为零散、难以对其进行定量分析。

（五）叙述观察法、取样观察法和评价观察法

依据观察内容是否连续完整以及观察记录的方式，观察法可以分为叙述观察

法、取样观察法和评价观察法[①]。

叙述观察法主要指详细观察和记录观察对象连续、完整的心理活动和行为表现[②]。叙述观察法的优点在于简便易行、资料可靠以及全面深入。首先，叙述观察法不需要复杂的仪器设备或特殊条件，只需观察者凭借感官和记录工具即可进行；其次，由于是在自然状态下进行实时记录，叙述观察法能够捕捉到被观察者的真实行为，因此获取的资料具有较高的可靠性；最后，观察者可以对被观察者的行为进行长时间的跟踪记录，从而全面了解其行为特征和发展变化。但是，叙述观察法耗时费力且主观性强。叙述观察法需要观察者投入大量的时间和精力进行实时记录，因此不适用于大规模或长时间的研究；而且，观察者的个人意识形态、价值观以及感情色彩可能影响到观察结果，从而影响研究的客观性。例如，我国幼儿教育家陈鹤琴，曾用日记的方式，从他的第一个孩子一鸣出生之日起，就逐日对其身心变化和各种刺激进行周密的观察，并作出详细的文字记载和摄影，连续追踪观察 808天，积累了大量研究材料[③]。

2. 取样观察法

取样观察法是研究者依据特定标准，选取被观察对象的某些心理活动和行为表现进行针对性观察，或者在限定的时间段内进行记录，以收集研究所需资料的方法。它可以进一步细化为时间取样观察和事件取样观察两种形式。取样观察法的优点有以下三个：其一，经济高效。取样观察通过选取部分样本进行研究，可以在有限的时间和资源下获取大量的数据，提高研究效率。其二，代表性强。如果取样方法得当，样本能够很好地代表总体，那么研究结果就具有较高的代表性。其三，易于分析。取样观察通常会对观察结果进行量化处理，便于进行统计分析和比较。但是取样观察通常存在下列两个缺点：一是取样观察的取样偏差。如果取样方法不当，可能会导致样本无法代表总体，从而影响研究结果的准确性。二是取样观察的观察项目归类推论多。由于教育现象的复杂性，取样观察中的观察项目可能需要进行较多的归类和推论，这可能会影响研究的信度。

3. 评价观察法

依据预先设定好的评价量表，对被观察对象的心理活动及其行为表现进行观察，并据此做出相应的评估与判断。评价观察法具有直接性、针对性强和促进反思的优势。一方面，评价观察法能够直接对被观察者的行为、表现或成果进行评价，为教育决策和改进提供依据；另一方面，评价观察法通常针对特定的评价标准或指标进行，因此能够针对具体问题进行分析和判断。此外，评价观察法不仅关注被观察者的表现，还关注其背后的原因和影响因素，有助于促进被观察者的反思和改进。但是，评价观察法的主观性强、评价标准难以确定且评价观察可能产生负面影

---

① 陈虹帆. 语文课堂教师的负面评价语研究 ［D］. 长沙：湖南师范大学，2017.

② 陈虹帆. 语文课堂教师的负面评价语研究 ［D］. 长沙：湖南师范大学，2017.

③ 陈龙燕. 高中政治主观题差异教学探析 ［D］. 济南：山东师范大学，2007.

响。首先，评价观察的结果往往受到观察者主观判断的影响，因此可能存在主观偏见；其次，评价观察需要明确评价标准或指标，但有时候这些标准或指标可能难以确定或量化；最后，如果被观察者意识到自己在被评价，可能会产生紧张、焦虑等负面情绪，从而影响其真实表现。

四、观察法的优点与局限

在教育研究方法中，观察法是一种重要的方法，它允许研究者通过感官和辅助仪器对处于自然状态下的客观事物进行系统的考察，从而获取经验事实，它具有其独特的优点和局限性。

（一）观察法的优点

第一，真实可靠。观察法在自然状态下进行，通过观察直接获得资料，不需其他中间环节，不需要被观察者做出超越自身的反应，因此可以获得第一手资料，资料的可靠性、真实性程度较高。它要求研究方法能够客观地反映教育现象的本质和规律，确保研究结果的准确性和可信度，为实现这一目标，研究者需要采用科学的研究设计，严格控制研究过程中的各种变量，避免主观。

第二，生动性。观察法通常是在自然状态下进行的，被观察者在不知道被研究者观察的情况下，往往能够自如地展示自己，因此获得的资料更为生动和朴素。在教育研究中，生动性不仅有助于增强研究结果的可读性和吸引力，还能够激发读者的兴趣和思考。为实现这一目标，研究者可以采用生动的语言、图表等多媒体手段来呈现研究结果。

第三，及时性。观察法能够及时捕捉到正在发生的现象，获得及时、新鲜的信息。在教育领域，许多现象都是动态变化的，因此研究者需要采用能够及时捕捉这些变化的研究方法，通过及时的研究，研究者可以及时发现和解决教育实践中存在的问题，同时，及时性也有助于研究者及时把握教育发展的前沿动态，推动教育研究的不断创新和发展。

第四，普适性。观察法适用于自然科学和社会科学的研究，以及教育技术研究中。在教育研究中，不同的研究对象和环境可能具有不同的特点和规律，因此研究者需要采用具有普适性的研究方法。通过普适性的研究，研究者可以将研究结果推广到其他类似的教育环境和对象中，为更广泛的教育实践提供指导和借鉴。

第五，可操作性强。观察法操作灵活、简单易行，能够直观、真实地收集信息。为实现这一目标，研究方法需要具有明确的操作步骤和程序，以及可行的数据收集和分析方法。同时，研究者还需要具备相应的研究技能和经验，以确保研究方法的正确实施和有效应用。

第六，纵贯性。观察法可以对同一观察对象进行较长时间的反复观察和跟踪观察，分析其行为动态演变。通过纵贯性的研究，研究者可以深入了解研究对象在不同时间段内的变化和发展趋势，揭示教育现象的长期规律和影响因素[1]。

---

① 马良存. 浅谈班主任管理艺术［J］. 新西部（下旬·理论版），2011（1）：148，135.

（二）观察法的局限

其一，人的生理局限。这种局限主要表现为人的感官使观察范围受到限制。感官是有一定阈值的，超过一定的限度，就听不到、看不到、感觉不到。人的感官也使观察的精度受到限制。人们常常只能凭感官对观察对象做出大概的估计。人的感官还使观察的速度受到限制。对于处在不断运动变化中的事物的现象或过程，人们也常常观察不到。这样观察常常就只局限于了解表面的现象，不能直接深入到事物的本质，难以分辨是偶然的事实还是有规律性的事实，这是观察法最主要的局限。

其二，观察仪器的局限。随着科学的发展，人们在凭借感官直接观察的同时，也借助于先进的科学仪器进行观察，大大地拓展了观察的广度、加深了观察的深度、提升了观察的精度，然而，观察仪器的认识功能也有其局限性。这种局限主要表现为缺乏直观性，间接观察还不能完全取代直接观察，仪器设计的错误或不精确，制作和操作仪器的误差，都会导致观察结果的错误、观察仪器容易产生对观察对象的干扰等。

其三，观察者对所获材料的解释，也往往容易受观察水平的局限而带上主观色彩。为此，在运用观察法时，除了尽力提高观察法的功能，如灵活移动观察位置、转换观察背景、延长观察时间以及增加观察次数等，以改善观察结果，另外，还要结合统计方法，对多次观察数据进行科学处理。观察法包含三个要素：观察研究的手段、观察的对象和观察对象的状态。作为观察研究的手段，要求敏锐、仔细、准确。研究者要具备一定的理论知识和较宽的视野，能够从多角度看问题，以及借助各种现代的技术手段，提高观察的精确性、系统性、全面性。观察的对象包含两方面的意思：教育活动中的人和教育活动。观察对象的状态应该维持在一种"真实状态"，不致因为受到外界的影响、干预或控制，而处于一种特殊的身心状态。

其四，观察法不适用于大面积调查，因观察的样本数小（样本容量小），而且观察得来的只是表面性的和感性的材料，因而也容易使观察结果带有片面性和偶然性。

第二节　观察法的设计

【教育前沿】6-3

英国教育督导制度下的课堂观察框架及启示（节选）

课堂观察指有计划、有目的地聚焦特定问题，借助有效的观察工具，收集、分析、研究课堂信息、数据的活动。美国教育家弗兰德斯于1960年首次将编码系统运用到课堂研究上，系统化、定量化的现代课堂观察随之展开。随着研究的深入，一种基于解释主义和自然主义，从培养教师观察力的视角出发，以文字描述为主的定性观察法受到教育界的广泛关注。1993年，英国教育家霍普金斯在《教师课堂研究指南》中从不同维度提出四种观察方法，系统地总结研究了定量和定性方式下课堂观察的具体实施办法。在不断的实践和探索中，定量和定性这两种观察方法逐步融合，受到英国教育管理部门的推崇和认可。

　　课堂观察是英国督学在督导期间所采用的主要方法，是督学评价的重要依据。英国《学校教育督导框架》规定：客观、公正的第一手证据就是直接观察，包括定量信息和定性信息。教育标准局一直致力于不断改进检验的有效性，不仅要求检查工作由证据主导以完善教学质量的评估，还要求评价工具的框架尽可能精确、有效、可靠。正式观察前，督学要使用标准化的培训材料进行专业培训，包括观察对象、观察目的、观察工具、观察步骤、评分标准；培训结束后，督学还要进行严格的观察测试。由于要进行相对较多的特定主题观察，所以对每所学校的检查会持续一周，预期课堂观察占整个检查时间的60%。督学通过标准化的高推论定性工具来收集教师行为的证据，课堂观察方法必须是具体、定焦的检查，与教师的负责程度和学生进步相关。观察后根据深度观察获得的证据进行诊断性分析，并与教师和学生进行观察后访谈，形成诊断性报告。一方面，督学为教师制定指导方针和支持教师专业发展的观察反馈；另一方面，教育标准局不会根据督察组的观察结果对教师进行评级，而是把观察作为对整个学校的教学质量总体判断的一部分。

　　资料来源：陈京京. 英国教育督导制度下的课堂观察框架及启示［J］. 教学与管理，2020（36）：119-121.

一、观察法的一般程序

　　科学的观察具有目的性、计划性和系统性。研究者在实施观察法之前需要明晰观察法各个阶段的任务和注意事项。因此，在进行观察之前，研究者需要进行观察设计，厘清观察程序，以便观察法的科学开展。

　　（一）界定研究问题，明确观察目的和意义

　　界定研究问题是教育研究方法的起点，也是整个研究过程的核心。一个清晰、具体且可操作的研究问题能够引导研究者聚焦于关键问题，避免研究过程中的盲目性和随意性。第一，界定研究问题。研究者需要根据自己的研究兴趣、教育领域的需求以及现有研究的空白，明确研究的核心问题。这个问题应该具有探索性和创新性，能够推动教育理论或实践的发展。第二，明确观察目的。在界定了研究问题之后，研究者需要明确观察的目的，即确定通过观察要解决的具体问题或达到的目标。这有助于研究者在后续的观察过程中保持专注，确保收集到的信息与研究问题紧密相关。第三，阐述观察意义。研究者还需要阐述观察的意义，包括研究问题对教育实践、教育理论或教育政策等方面的潜在影响。这有助于增强研究的价值感和紧迫感，激发研究者的积极性和责任感。

　　（二）编制观察提纲，进入具体的观察情境

　　编制观察提纲是研究者进入具体观察情境前的必要准备，它有助于研究者系地规划观察内容、方法和步骤。第一，确定观察对象。根据研究问题的需要，研究者需要明确观察的对象，如学生、教师、教学环境等。这有助于研究者有针对性地收集相关信息。第二，设计观察指标。研究者需要设计一系列具体的观察指标，用于衡量和记录观察对象的行为、态度或表现。这些指标应该与研究问题紧密相关，且易于观察和量化。第三，编制观察提纲。在确定了观察对象和观察指标后，研究者可以编制一个详细的观察提纲，包括观察的时间、地点、方法、记录方式等。这有助于研究者在观察过程中保持条理清晰，确保信息的完整性和准确性。第四，进入观察情境。在编制好观察提纲后，研究者需要进入具体的观察情境，并开始实施观察。这要求研究者具备敏锐的观察力和良好的记录习惯，以便及时捕捉和记录关键信息。

（三）实施观察，收集记录资料

实施观察是教育研究方法中的关键环节，它直接关系到研究结果的可靠性和有效性。第一，遵循观察原则。在实施观察时，研究者需要遵循客观、公正、全面等原则，确保观察结果的准确性和可信度。第二，灵活运用观察方法。研究者可以根据观察对象的特点和研究问题的需要，灵活运用不同的观察方法，如直接观察、间接观察、参与观察等。第三，及时记录观察结果。在观察过程中，研究者需要及时、准确地记录观察结果，包括观察对象的行为表现、环境特征、时间节点等，这有助于后续的资料分析和研究结论的得出。

（四）分析资料，得出研究结论

分析资料是教育研究方法中的最后一步，也是将观察结果转化为研究成果的关键环节。第一，整理观察资料。在收集到足够的观察资料后，研究者需要对这些资料进行整理和分类，以便后续的分析和处理。第二，运用统计方法。研究者可以运用适当的统计方法对观察资料进行分析，如描述性统计、推断性统计等，这有助于揭示数据之间的关联性和规律性。第三，得出研究结论。在分析资料的基础上，研究者可以得出研究结论，即通过观察和研究得出的关于教育现象、规律或问题的认识和判断，这些结论应该具有科学性、客观性和实用性，能够为教育实践或教育政策提供有益的参考和借鉴。

二、观察法的主要策略

选择适当的观察策略是观察法运用成功的重要支撑。观察策略的选择受多种因素的影响，如观察目的、观察对象、适用范围等，同时还要了解各观察策略的优点与不足之处。下面，笔者将详细介绍参与观察策略、时间取样观察策略和事件取样观察策略。

（一）参与观察策略

参与观察策略指身为文化研究者，深入被研究者的生活世界，参与到观察对象的活动中去，搜集全面而深入的信息，了解研究对象发生、发展的全过程和内在活动，了解现象或行动的意义。这种策略的主要目的不在于验证假设或揭示因果关系，而在于对未知领域进行现象描述和方向探索。参与观察策略可将观察者分为客观的观察者（透过访谈）与参与观察者（透过实地参与）两种，以看、听及问（类似访谈）进行观察。当代的参与观察有以下特点：①实地观察或直接观察；②在团体内建立和维持多面向、长久性的关系，以利研究的过程；③借助非结构性、引导性的访谈，获取丰富、详尽的资料。

1. 参与观察的适用情景

第一，参与观察适用于探索未知领域。当研究者对某个领域或现象缺乏深入了解时，可以从内部成员的角色参与活动，收集相关资料，从而对研究对象有更深入的了解。第二，参与观察适用于了解动态变化。通过参与观察，研究者可以观察到研究对象的变化发展过程，了解其在不同情境下的行为和反应，从而更好地理解其动态变化，可以搜集较为完整并且具有深度的资料，对研究现象的发生、发展的真实情况有较全面的、直接的了解。

2. 参与观察的适用条件

（1）观察者自身条件。

首先，观察者有较充足的时间，能够和观察对象建立和谐关系；其次，观察者能客观、中立地记录信息，且需要掌握一定的观察技巧；最后，观察者需要具备相关的专业知识与背景、敏锐的观察力与记录分析能力、良好的心理素质与态度以及沟通与协作能力等方面的素养。以上条件共同构成了观察者参与观察的基础和前提，也是确保观察结果准确性和可靠性的关键因素。

（2）观察对象条件。

观察对象的条件包括可接近性、代表性、稳定性、多样性、自然性和可观察性等方面。这些条件共同构成了观察对象选择的基础和前提，也是确保观察研究顺利进行和结果可靠性的关键因素。在选择观察对象时，研究者需要综合考虑这些因素，以确保所选择的观察对象符合研究的要求和目标。

3. 参与观察的特点

（1）深入性。

参与观察允许研究者直接参与到被观察者的活动中，从而能够更深入地了解观察对象的内部结构和关系。这种深入性有助于研究者捕捉到一些表面观察难以发现的信息，如被观察者的真实想法、感受以及潜在的行为模式等。

（2）真实性。

参与观察通常在自然情境下进行，研究者不干预被观察者的活动，因此能够保持观察对象的真实性和自然性。这种真实性有助于研究者获得更加客观、准确的数据，减少人为因素的干扰。

（3）全面性。

参与观察使研究者能够全方位地了解观察对象，包括其行为、态度、价值观等多个方面，这种全面性有助于研究者形成对观察对象的整体认识，避免片面性和主观性。在教育研究中，它有助于研究者更全面地了解学生的学习情况、教师的教学行为以及教育政策的实施效果等。

（4）灵活性。

参与观察具有较大的灵活性，研究者可以根据研究目的和条件选择合适的方法和技术手段进行灵活应用。例如，研究者可以选择不同的观察场景、观察时间和观察工具等，以适应不同的研究需求，这种灵活性使得参与观察在教育研究中具有广泛的应用前景，能够适用于不同类型的研究问题和研究对象。

（5）实践性。

参与观察强调研究者亲身参与被观察者的活动，从实践的角度出发进行研究。这种实践性有助于研究者更好地理解被观察者的实践经验和感受，从而提供更深入的分析和解释。这种实践性有助于研究者更深入地了解教学实践中的问题和挑战。

4. 参与观察法中研究者的角色

根据参与程度的不同，参与者可以分为完全参与者和非参与者。第一，完全参与者是一种特殊的角色，研究者深入到研究对象的生活、学习或工作环境中，以参与者的身份进行观察和研究，而不透露自己的研究者身份。这种方法的运用有助于获取真实、自然的第一手资料，对教育现象进行深入的探究。第二，非参与者又称完全观察者。顾名思义，非参与者是在观察过程中完全以旁观者的身份出现，不参与被观察者的任何活动，也不对被观察者的行为与事件的发展施加任何影响的观察者。这种观察方式旨在确保观察的客观性，从而获取尽可能真实、准确的第一手资料。

5. 参与观察的策略

在参与观察的研究中，为了确保观察的科学性、合理性，研究者在进入观察情境阶段和记录分析资料阶段均需要掌握相关策略。

在进入观察情境阶段，研究者需要做到以下四点：第一，事先了解观察对象的特点和规范。通过深入了解观察对象的特点和环境规范，可以更加准确地制订观察计划、收集资料和分析数据，从而推动研究的深入进行。第二，与观察对象建立并保持和谐的关系。通过建立明确的目标、积极沟通、建立共同兴趣、提供反馈与支持以及保持耐心与理解等方法，可以建立和谐的观察关系，这将有助于观察者更深入地理解观察对象的行为和内心世界，提高观察的准确性和有效性，从而确保研究结果的可靠性和科学性。第三，谨慎、诚实、不做预设、当个反思的听众。这些原则不仅有助于确保研究的客观性和准确性，还能促进研究者与研究对象之间的信任与合作。第四，愿意表露自己。愿意表露自己在教育研究方法中具有重要意义，它有助于建立信任关系、促进深入交流以及提高研究质量。

研究者在记录和分析资料过程中也需要注意以下两个方面。第一，客观且中立地记录。通过明确观察目的与标准、采用多种记录方法、保持中立态度以及定期反思与调整等措施，研究者能够确保记录的客观性和准确性，为教育研究提供可靠的数据支持。在这一过程中，要注意隐蔽地进行记录，这是教育研究中的一种重要技术手段，它有助于研究者在不影响研究对象自然状态的前提下收集到真实、客观的数据，然而，在使用这种方法时，研究者需要关注其伦理问题和合法合规性，以确保研究的科学性和可信度。第二，事后立即进行记录。它有助于研究者保持记忆的准确性、提高研究效率、便于后续研究。在进行事后立即记录时，研究者应明确记录内容、选择合适的记录方式、注意记录的及时性和完整性，并充分利用各种辅助工具。

6. 参与观察的优点

（1）研究者在开始研究前不必使用特定的假设。

虽然假设在教育研究中具有重要的指导作用，但并非所有教育研究都必须在研究开始前就设定好特定的假设。研究者可以根据研究问题的性质、研究目的以及可用的资源和方法论选择来决定是否使用假设。在某些情况下，不使用特定的假设可能会为研究者提供更广阔的研究视野和更深入的理解。

（2）研究者能较深入地了解观察活动，并及时发现新的研究信息。

在教育研究中，能够较深入地了解观察活动，并及时发现新的研究信息，是确保研究质量与创新性的关键，其不仅依赖于科学的研究设计和方法论选择，还涉及研究者的专业素养、观察力、敏锐度以及数据分析与解读能力。

（3）研究者可以搜集到观察对象动态的活动资料。

在教育研究及多个学科领域中，能够搜集到观察对象动态的活动资料是至关重要的，这类资料有助于研究者深入了解观察对象的实际行为、发展变化及潜在规律，进而为理论构建和实践指导提供有力支持。

7. 参与观察的不足

（1）研究费时费力。

研究过程往往需要投入大量的时间和精力。从确定研究主题、设计研究方案，到搜集和分析数据，再到撰写研究报告，每一个环节都需要研究者仔细斟酌和反复推敲，尤其是在进行实地观察、访谈或实验时，研究者需要花费大量时间进行前期准备、现场观察和后期整理。此外，研究过程中还可能遇到各种不可预见的困难和挑战，如资料获取困难、数据异常等。

（2）搜集的资料琐碎，不易系统化。

在搜集资料的过程中，研究者往往会获得大量琐碎的信息，这些信息可能来源不同，具有不同的格式和质量，将这些信息整合成一个系统化的知识体系是一项艰巨的任务，如果资料整理不当，可能会导致信息丢失、重复或混淆，从而影响研究的准确性和可靠性。

（3）研究的信度不高。

信度是指研究结果的一致性和可靠性。在研究过程中，由于各种因素的影响（如观察者的主观性、数据搜集的误差等），研究结果可能会出现偏差或不一致性。这会影响研究的可信度和实用性，使得研究结果难以被其他研究者或实践者接受和采用。

（4）研究推论的范围有限。

在教育研究方法中，研究推论的范围有限是一个重要的考量因素。由于研究过程中存在各种限制和假设条件，研究结果往往只能适用于特定的情境和条件，这使得研究结果的推广和应用受到一定的限制。

（5）研究对观察者的素质和技巧要求较高。

在进行观察研究时，观察者的素质和技巧对研究结果的质量具有重要影响。观察者需要具备敏锐的观察力、准确的判断能力、良好的沟通能力和专业的知识背景。同时，观察者还需要掌握一定的观察技巧和方法，如如何选择合适的观察时机、如何记录观察数据、如何分析观察结果等。如果观察者的素质不高和技巧不足，可能会导致研究结果的偏差或错误。

（二）时间取样观察策略

1. 时间取样观察策略的概念

时间取样观察策略是一种心理学研究方法，用于了解某一行为或事件是否发生、该行为或事件的发生频率和持续时间。研究者根据事先确定的观察的维度，有选择地在某些时间段内观察某一特定行为，并把观察的结果记录在事先拟定的记录表上。如某一行为或事件是否出现或发生？该行为或事件出现或发生的频率是多少？该行为或事件出现或发生的持续时间有多长？

例如，一位教育工作者想要了解学生在不同时间段的学习成绩变化情况。他采用了时间取样观察法，在学期开始、学期中和学期末这三个关键时间点，对同一批学生的考试成绩进行了记录和分析。结果发现，学生在学期初期的成绩普遍较低，中间阶段有所提高，而到了学期末则有明显的增长。这些数据为教育工作者提供了宝贵的信息，使他们能够更准确地评估学生的学习进度，并据此调整教学方法和学习计划，以帮助学生取得更好的学习成绩。

2. 时间取样观察的适用条件

时间取样观察只适用于以下两种情况：一是经常发生或出现的行为，平均来说至少要每 15 分钟能出现一次。这一要求主要基于观察研究的效率和数据收集的需求。在教育研究中，为了获得足够的数据来支持研究结论，观察者需要确保所观察的行为具有足够的频率。二是容易被观察到的一些外显行为，不适用于内隐或隐蔽性。这一要求主要基于观察研究的可行性和准确性。在教育研究中，观察者需要能够直接观察到所研究的行为，以便进行准确的数据收集和分析。

3. 时间取样观察的优点

（1）明确观察目的。

时间取样观察目的明确、具体，使观察者能对观察内容及过程进行更加有效的控制。观察者根据研究问题或假设，确定需要观察的具体行为或现象，从而避免在观察过程中迷失方向，确保数据的针对性和相关性。同时，明确的目的也有助于观察者制订详细的观察计划，包括观察时间、地点、方法以及所需工具等，从而实现对观察过程的有效控制，减少外部因素的干扰。

（2）节省时间和精力。

时间取样观察能在较短时间内获得大量观察数据，提高效率。通过观察，研究者可以在较短时间内捕捉到大量关于教育现象和行为的数据。相比问卷调查或访谈等方法，观察法通常更加直接和迅速，明确的观察目的和计划使得观察者能够有针对性地收集数据，避免了不必要的重复观察和数据整理工作，从而节省了时间和精力。

（3）提供量化数据。

时间取样观察的研究结果可推论性强，有助于统计分析，使观察结果更具客观性和代表性。量化数据使得研究结果更加客观、可验证，有助于研究者从数据中提炼出普遍性的规律和趋势。量化数据便于使用统计软件进行深入分析，如频次分析、相关性分析、回归分析等，从而揭示数据背后的深层关系。

（4）适用于高频行为。

时间取样观察特别适用于研究那些出现或发生频率较高的行为。高频行为在观察过程中更容易被捕捉到，观察者可以在有限的时间内收集到足够的数据点，以支持研究结论。通过观察高频行为，研究者可以发现行为之间的关联和规律，构建行为模式，为理解教育现象提供新的视角。

4. 时间取样观察的不足

（1）适用范围有限。

时间取样观察只适用于研究那些出现或发生频率较高的行为，不适用于低频行为。当研究的某些行为不常出现或不易观察，则会受到影响。

（2）无法观察内隐行为。

时间取样观察只能研究易被观察到的外显行为，无法了解行为发生的整个过程，难以获得有关行为发生情景的信息，以及某些行为的相互关系、作用及因果关系。

（3）研究者自身条件。

研究者需要具有一定的理论基础，并且对所观察的内容非常熟悉。在教育研究中，研究者作为探究教育现象、问题和规律的主体，其自身的条件对研究的科学性、有效性和创新性具有至关重要的影响。

（三）事件取样观察策略

1. 事件取样观察策略的概念

事件取样观察策略是指研究者根据事先确定的观察维度，有选择地在某些时间段内观察某一特定行为，并将观察结果记录在事先拟定的记录表上。

2. 事件取样观察的特点

时间取样观察考察的单位是时间区间，而事件取样法考察的单位是事件或行为本身。这意味着，首先，事件取样观察对观察者没有时间限制，只要所研究的行为事件发生，研究者就可以对其进行详细观察和记录；其次，事件取样观察不受行为发生频率的限制，可以研究各种各样的行为，而时间取样观察则更适合研究每15

分钟至少发生一次的行为；再次，事件取样策略和时间取样观察策略所获得的结果是不同的，即时间取样观察研究的是事件或行为是否存在，而事件取样观察研究的是事件或行为的特征；最后，时间取样观察策略更适合专业研究人员使用，而事件取样观察策略更适合于教师使用。

3. 事件取样观察的操作步骤

（1）确定需要观察的事件。

确定需要观察的事件是观察法的首要步骤。这一阶段要求研究者明确研究目的和研究问题，从而确定需要观察的具体事件或行为。例如，在探究小学数学课堂中师生互动模式的研究中，研究者需要明确观察的重点是教师的教学行为、学生的学习行为以及两者之间的相互作用。

（2）确定观察时间及记录方式，准备记录表。

在确定了需要观察的事件后，研究者需要明确观察时间和记录方式，并准备相应的记录表。观察时间的确定需要考虑到事件的发生频率、持续时间以及研究者的可用时间等因素，记录方式的选择则应根据研究目的和观察对象的特点来确定，如采用文字描述、表格记录、录音录像等方式。

（3）实地观察，并记录事件的整体状况。

实地观察是观察法的核心环节。在这一阶段，研究者需要亲自到教育现场进行观察，并记录事件的整体状况。观察者可以采用非参与式观察和参与式观察相结合的方式。在非参与式观察中，研究者可以作为旁观者进行观察和记录；在参与式观察中，研究者可以更深入地融入观察对象的生活或工作环境，以获取更真实、更全面的观察数据。

（4）资料整理与分析。

实地观察结束后，研究者需要对收集到的资料进行整理和分析。资料整理主要是对观察记录进行分类、编码和汇总，以便于后续的数据处理和分析；而资料分析则可以采用定量分析和定性分析相结合的方式。

（5）得到结论。

在资料整理与分析的基础上，研究者可以得出研究结论。该结论应基于观察数据和资料的分析结果，具有客观性和科学性。并且，研究结论可以是对观察对象特点和规律的总结，也可以是对研究问题的回答和解释。

4. 事件取样观察的使用准则

（1）确定要观察的事件和行为并下操作性定义。

操作性定义是指将抽象的概念或行为转化为具体、可观察、可测量的指标。例如，在观察学生的学习行为时，研究者可以将"学习投入"操作性定义为"学生在课堂上参与讨论、提问、做笔记等活动的频率和持续时间"。这样的定义有助于研究者更准确地观察和记录目标行为。

（2）确定观察的时间和地点。

观察时间的确定需要考虑到观察对象的日常活动规律、研究目的以及研究者的时间安排。例如，在观察学生的学习行为时，可以选择在上课期间进行观察，以获取学生在课堂上的真实表现，同时，为了获取更全面的数据，研究者可能需要多次观察，以消除偶然因素的影响。

（3）确定所要记录的信息。

观察地点的选择应与研究目的和观察对象的活动范围相匹配。例如，在观察教师的教学行为时，可以选择在教室或实验室进行观察；在观察学生的课外活动表现时，则可以选择在操场、图书馆等场所进行观察。

（4）设计观察记录表和代码系统，并尽量使之简便易行。

为了简化记录过程和提高记录效率，研究者可以设计代码系统。代码系统是将观察信息转化为简洁、易懂的符号或数字的方式。例如，在记录学生的学习行为时，可以为学生参与讨论、提问、做笔记等活动分别设定不同的代码，以便在记录时快速输入。

需要注意的是，在观察前，就要确定所研究的行为或事件、记录哪些事件的发生发展过程，以及所需记录的资料种类与记录形式，并制订出相应的记录表格。观察时，只要预定的行为或事件一出现，就要立即记录，并可随事件的发展持续记录。

5. 事件取样观察的优点

（1）保留了事件发生的背景。

事件取样观察是在自然情景中观察行为事件的全貌，了解行为的发生、变化、终结。

（2）节省收集资料的时间。

每一次目标行为或事件的出现都可以及时记录，而不是持续地记录，从而提高了研究效率，因此收集资料所用的时间比较经济。

（3）适用于广泛的行为或事件研究。

没有特别限制的条件，适用性广，可以用于研究各种类型的行为和事件。

（4）全面了解行为或事件发生的过程。

研究者通过事件取样观察不仅能获得行为或事件的直接信息，还能了解其背景、起因，有助于分析可能存在的因果关系。

以上优点使得事件取样观察法在研究各种行为和事件时具有较高的实用性和效率，适用于多种研究领域和目的。

6. 事件取样观察的不足

（1）不容易进行定量化统计分析。

事件取样观察的重点在于描述性分析而非量化分析，收集的主要是定性资料，不易量化，这在某些需要精确数据分析的研究中可能会成为限制。

（2）对事件全貌不能充分了解。

由于观察者主要集中观察特定事件本身，注重行为的当时状况，因此易忽略导致行为或事件发生的条件和情境的全部信息。

（四）观察中常见的反应偏向

1. 晕轮效应

晕轮效应是对客体的一般印象而形成的恒定的评价倾向。在教育研究中，晕轮效应可能表现为教师或研究者基于学生的某一突出特质（如学习成绩、外貌、性格等）而对学生形成整体评价的现象。例如，一个学生如果学习成绩优异，教师可能会倾向于认为他在其他方面也同样出色，反之亦然。这种效应可能导致对学生的评价出现偏差，影响教育决策的准确性和公正性。

2. 宽大效应

在观察评价中出现的过宽或过严倾向，前者称为正宽大效应，后者称为负宽大效应。宽大效应则是指在实验或调查中，被试者或受访者接受一组信息或建议后，对于其后续的行为或结果产生的影响比较宽松或广泛，导致被试者或受访者的行为或结果产生较大的变异性和不确定性。

3. 趋中效应

趋中效应是在观察评价中为了避免做出极端性判断，而倾向于做出折中评价的倾向，尤其在观察者对观察对象不熟悉的情况下容易出现。在教育研究中，趋中效应可能表现为评价者在对学生进行评价时，由于缺乏足够的判断依据或为了避免极端评价而倾向于给出中间分数的现象。这种效应可能导致评价结果缺乏区分度和准确性，难以真实反映学生的实际情况。

（五）如何克服观察中的反应偏向

（1）让观察者尽可能地熟悉观察内容和观察对象。

在观察开始之前，研究者应该为观察者提供详细的观察指南，明确观察的目的、内容、方法和注意事项。此外，观察者还需要对观察对象进行充分的了解，包括其背景信息、行为特点、心理状态等，通过熟悉观察内容和观察对象，观察者可以更准确地捕捉和记录相关信息，减少因误解或偏见而产生的误差。

（2）让观察者意识到观察中存在的反应偏向。

反应偏向是观察者在观察过程中可能产生的无意识偏见，它会影响观察结果的准确性和客观性，为了克服这种偏向，研究者需要让观察者意识到其存在，并采取措施加以纠正。例如，可以通过培训和教育来提高观察者的专业素养和观察能力，使其更加客观、公正地看待观察对象。同时，观察者还需要保持开放的心态，愿意接受和考虑不同的观点和解释，以避免因个人偏见而影响观察结果。

（3）让两个观察者同时对同一观察对象进行记录和评价，计算评分者信度。

评分者信度是衡量不同评分者对同一观察对象评价一致性的指标。为了提高观察研究的可靠性，研究者可以让两个或多个观察者同时对同一观察对象进行记录和评价，然后通过计算评分者信度来评估观察者之间的一致性程度：如果评分者信度较高，说明观察者之间的评价较为一致，观察结果具有较高的可靠性；如果评分者信度较低，则需要进一步分析原因，并采取措施加以改进。

（4）采用摄像等设备，对观察对象的活动进行记录。

通过摄像记录，观察者可以在事后对观察对象的行为进行细致的分析和评定，从而更准确地评估其行为特点和心理状态。此外，摄像记录还可以作为观察研究的辅助材料，用于后续的数据分析和研究。需要注意的是，在使用摄像等设备时，应确保设备的准确性和可靠性，并遵守相关的隐私保护规定。

三、观察法的注意事项

在教育研究方法中，观察法是一种基本且广泛使用的方法，它要求研究者通过感官或借助科学仪器，有目的、有计划地对自然状态下的教育现象进行感知、记录和分析，从而获得事实资料。然而，观察法的实施并非简单直观，而是需要注意多个方面以确保研究的准确性和有效性。任何教育科学研究方法都有其适用条件，因此，研究者在运用观察法过程中，需要注意相应事项，以免影响观察结果。同时，研究者在运用观察法的过程中，要做好观察记录，选择合适的记录方式，提高观察的效率和质量。

（一）在实施观察时需注意

1. 不干预活动[①]

非干预性研究是一种重要的教育研究方法，其中的不干预活动指的是研究者不主动改变研究对象的现状或行为，而是通过观察、记录和分析来揭示研究对象的特点、规律和影响因素，保证不影响被观察者的常态。美国波士顿大学教育学院2007年为博士生开设了一门"定性研究方法"课程。第一堂课就给同学们布置了一项课外练习：电梯观察和超市观察。其中，电梯观察要求学生们要长时间站在电梯里，不动声色地观察进来乘客的行为和表情。有一位博士生谈她和同伴在一个宾馆里做电梯观察作业时，一位电梯乘客问他们："你们是在做作业吧?"这说明他们的观察已经被观察者察觉，破坏了被观察者的常态，自然这样的观察就很不成功。

2. 选择最适宜的观察位置[②]

选择最适宜的观察位置对于观察效果具有重要意义，在选择位置时需注意方位和距离两个因素。合适的方位是指观察者要面对被观察者，以便全面地观察到研究对象。在观察过程中，观察者还要适当调节自己的观察位置，保持合适的观察距离。观察位置的选择对于获取准确、全面的数据至关重要，研究者应选择一个既能全面观察研究对象，又能避免干扰其自然行为的位置。例如，在观察儿童课堂行为时，研究者可以选择教室角落的一个不显眼位置，以便既能观察到学生的互动，又

① 张艳. 小学教师怎样进行课题研究（六）：教育科研方法之教育观察法［J］. 教育理论与实践，2008（17）：39-41.

② 张艳. 中小学教师怎样进行课题研究（六）：教育科研方法之教育观察法［J］. 教育理论与实践，2008（17）：39-41.

不影响他们的正常学习。

3. 密切注意在观察范围内的各种活动引起的反应①

观察者要善于抓住观察对象的偶然的或特殊的反应，时刻保持高度警觉，密切注意观察范围内所有活动的细微变化以及这些变化如何影响研究对象的行为，这要求观察者具备敏锐的观察力和快速的反应能力，以便及时捕捉并记录关键信息。

4. 进行多次、反复的观察

单次观察可能无法全面反映研究对象的真实行为模式，因此，观察者需要进行多次、反复的观察，以获取更可靠、更全面的数据，这有助于减少偶然因素的影响，提高观察的准确性和有效性。如某学生的旷课行为，是偶发还是经常性的；某学生的频繁洗手行为是适应卫生要求的正常行为还是强迫症表现，只有通过反复多次观察才能准确反映客观情况。

5. 观察要细致、主动

细致的观察意味着观察者需要关注研究对象的每一个细微动作和表情变化；主动的观察则要求观察者积极参与观察过程，主动寻找和记录有价值的信息。

6. 可借助仪器观察②

若需要借助仪器观察，则要求观察者必须事先对仪器进行安装、检查，并了解仪器的使用方法。在某些情况下，肉眼观察可能无法满足研究需求，此时，观察者可以借助各种观察仪器（如摄像机、录音笔、计数器等）来辅助观察，这些仪器可以记录更详细、更客观的数据。

7. 对复杂的任务分小组进行

当观察任务过于复杂或涉及多个变量时，研究者可以考虑将任务分解为若干个小组进行，每个小组负责观察一个特定的变量或行为模式，这样可以提高观察的效率和准确性，同时，小组间的协作和交流也有助于形成更全面的观察结果。

8. 所观察的行为特征应事先有明确的说明

在进行观察之前，研究者应明确界定所观察的行为特征，包括行为的定义、表现方式、发生条件等，这有助于确保观察者之间的观察结果具有一致性和可比性，同时，明确的观察目标也有助于提高观察的针对性和有效性。

9. 观察要避免主观偏见

客观性是观察法的核心要求之一，观察者应以客观、中立的态度进行观察，避免将自己的主观偏见带入观察过程。这就要求观察者保持冷静、理性的头脑，以事实为依据进行记录和判断，同时，观察者还需要注意避免观察过程中的"霍桑效应"（即被观察者因意识到自己正在被观察而改变行为的现象），以确保观察结果

---

① 张艳. 中小学教师怎样进行课题研究（六）：教育科研方法之教育观察法［J］. 教育理论与实践，2008（17）：39-41

② 张艳. 中小学教师怎样进行课题研究（六）：教育科研方法之教育观察法［J］. 教育理论与实践，2008（17）：39-41.

的准确性和可靠性。例如，两个同学去听同一位老师的一堂课，回来后交流自己的观察记录，却发现差异很大。对于课堂气氛的描述，一位同学描述为"混乱、无序"，而另一位同学则认为"活跃、学生参与度高"。造成差异的原因，主要是观察不够客观，很大程度上受到主观偏见的影响。

（二）做好观察记录

1. 记录方法

（1）等级式。

等级式是指对所观察的对象评定等级。观察者可以在预先印好的表格上按级别画圈。它通常涉及对研究对象进行分级或分类，以便更清晰地理解其特性或关系，在教育研究中，这种方法常用于评估学生的学习成绩、教师的教学质量，或是对教育资源进行优先级排序。例如，在评估学生的学习成绩时，研究者可以根据学生的分数或等级进行排序，从而识别出优秀、中等和需要提高的学生群体。表 6-1 是记录学生在课堂中的表现的示例。

表 6-1　学生在课堂中的表现记录（示例）

学生	十分活跃	活跃	一般	不活跃	很不活跃
A	○				
B					○

（2）频率式。

频率式研究方法侧重于统计特定事件或行为发生的次数，以揭示其规律或趋势，它将要观察的项目预先印制好，凡出现某种现象，就在这个现象的框内画一个"√"号，或在表格相应的项目中记录观察到的某种行为出现的次数。在教育研究中，这种方法常用于分析学生的学习行为、教师的教学活动，或是评估教育政策的实施效果。如课堂发言情况记录（见表 6-2）。

表 6-2　课堂发言情况记录

学生	Q1	Q2	Q3	Q4	Q5	Q6
A	√	√	√	√	√	
B						√
C	√	√				
D			√			√

（3）实录式。

实录式强调对研究对象进行详细的记录和描述，以便保留其原始信息和细节。实录式可采用笔记的方法，在现场做连续记录；也可以运用录音机、录像机、摄影机将观察到的情况录摄下来。在教育研究中，这种方法常用于观察学生的学习过程、教师的教学行为，或是记录课堂互动情况。

（4）是非式。

是非式研究方法通常涉及对研究对象进行简单的判断或分类，如"是"或"否"、"对"或"错"等。在教育研究中，这种方法常用于问卷调查、测试或评估中，以获取学生的观点、态度或知识掌握情况。例如，在一份关于学生对学校食堂满意度的问卷调查中，可以设计一系列是非题，让学生根据自己的感受进行选择。在表格相应的项目中，写上"√"表示"是"，写上"×"表示"非"。如学生课堂听课情况（见表6-3）。

表6-3　学生课堂听课情况

学生	A	B	C	D	E
认真听讲	√	√		√	
不认真听讲			×		×

（5）符号式。

符号式即用某些符号代表某些行为表现。符号式侧重于利用符号、图像、语言等抽象元素来分析和解释研究对象。在教育研究中，这种方法常用于文本分析、图像解读或语言研究等领域。例如，在分析学生的作文时，可以关注其中使用的符号、比喻和修辞手法，以深入理解学生的思想和情感。如学生出勤记录（见表6-4）。

表6-4　学生出勤记录

学生	星期一	星期二	星期三	星期四	星期五
A	正	正	★	正	正
B	★	正	正	△	正
C	△	正	△	□	□
D	▲	正	⊙	△	正
E	▲	正	⊙	★	⊙

注：正 正常；△ 迟到；▲ 旷课；□ 病假；★ 事假；⊙ 早退。

（6）清单式。

清单式用于简要描述某些行为表现，通常涉及制定一份详细的清单或指南，以便系统地收集和分析数据。在教育研究中，这种方法常用于评估学生的学习成果、教师的教学准备情况，或是制定教育政策。例如，在评估学生的学习成果时，可以制定一份详细的技能清单，包括阅读、写作、数学等各个方面的技能，然后逐一评估学生的掌握情况。如在记录课堂情况时可进行如下记录：

学生A：玩手机15分钟；学生B：偶尔和同桌聊天；学生C：偶尔发呆。

不同的记录方法有其适用范围及优缺点，在进行记录方法的选择之时，要根据当时研究的实际情况，如观察对象、记录人员、观察场景等，综合考虑后选出能同时兼顾质量与效率的记录方式。

2. 记录要求

（1）及时记录。

及时记录是教育研究中的一项基本原则。教育现象和事件往往具有时效性，随着时间的推移，许多细节可能会逐渐模糊甚至遗忘，因此，研究人员在观察、访谈或实验过程中，应养成即时记录的习惯，确保数据的真实性和完整性，这也有助于研究人员更好地回顾和分析研究过程。

（2）忠实、客观、全面记录。

忠实记录意味着研究人员在记录过程中应如实反映研究对象的实际情况，避免主观臆断和偏见。客观记录则要求研究人员在记录时保持中立态度，不受个人情感或观点的影响。全面记录则强调研究人员应尽可能详尽地记录研究过程中的所有信息，包括研究对象的行为、言语、情感反应等，以及研究环境、时间、地点等背景信息。总之，研究者须克服先入为主的偏见、无意过失、假象与错觉。

（3）尽量节约时间。

在教育研究中，时间是非常宝贵的资源，因此，研究人员在记录时应尽量提高效率、节约时间，这可以通过使用简洁明了的记录方式、优化记录流程、利用现代技术手段来实现。

（4）通俗易懂。

记录内容的通俗易懂是确保研究结果能够被更多人理解和接受的关键。研究人员在记录时应尽量使用简单明了的语言，避免使用过于专业或晦涩的术语。此外，还可以通过图表、表格等可视化手段来辅助说明记录内容，使其更加直观易懂，这样不仅可以提高研究结果的传播效率，还有助于增强研究结果的可信度和说服力。

【教育前沿】6-5

课堂教学录像研究：一种新的课堂观察策略（节选）

课堂教学录像研究，具有自身的显著特征及独特优势。

（1）反复呈现，保持课堂信息完整。

录像有着真实记录和随时复现的重要功能，不仅为研究者提供了事实依据，避免遗漏重要信息和不客观的分析；而且使得课堂教学成为可反复观察、多次研究的资料，这就为更全面、更深入地研究课堂教学过程提供了基本条件。

（2）真实重现，审视自己的课堂行为。

改进课堂教学和提高教师专业发展的关键在于授课教师能够自觉地进行教学反思。录像的真实重现，将有助于授课教师真实地了解自己的课堂行为，使其问题的解决更具针对性和有效性。

（3）突破时空限制，利于多方交流。

与随堂听评课不同，以录像为技术手段的研究不拘泥于课堂教学的现场情境，所以在很大程度上突破了时间和空间的限制，为不在场的专家，不同地区、不同学校之间的教师进行异时、异地的交流与借鉴提供了可能。

（4）既可研究个案，亦可群体分析。

录像研究可对一系列课例进行综合和比较，从根本上突破了传统的一节课的孤立研究方法，可以使得研究视野更宽阔、研究结果更全面，而且对教师而言，因为有了直观的借鉴，更能得到实质性的帮助和提高。

资料来源：赵伟丽. 课堂教学录像研究：一种新的课堂观察策略［J］. 教育教学论坛，2014（29）：112-113.

示范案例

大班幼儿游戏活动中合作行为的观察研究

理解·反思·探究

1. 简述不同类型观察法的优点与局限。
2. 论述观察法设计的一般程序。
3. 有哪些常用的观察策略？其各自适用于哪些情景？
4. 在运用观察法时应注意哪些问题？

拓展阅读

［1］李麦浪. "参与式观察"在幼儿教育中的实际应用（二）："参与式观察"的要求与方法的介绍［J］. 教育导刊，2002（14）：27-29.

［2］郭凯，胡碧颖，陈月文. 幼儿体力活动水平：基于幼儿身体活动观察记录系统的评估［J］. 学前教育研究，2022（1）：34-45.

［3］张艳. 中小学教师怎样进行课题研究（六）：教育科研方法之教育观察法［J］. 教育理论与实践，2008（17）：39-41.

［4］罗春燕，张喆，杨东玲，等. 非参与式观察法评估上海市中小学生洗手行

为干预效果［J］. 中国学校卫生, 2019, 40（6）: 824-826.

　　［5］顾永安. 教育研究方法［M］. 南京: 南京大学出版社, 2022.

　　［6］周嘉琳, 罗冬梅. 直接观察法评估儿童身体活动的研究［J］. 中国学校卫生, 2018, 39（3）: 476-480.

　　［7］马骏. 双重演绎: 论证观察法的可操作性［J］. 上海教育科研, 2014（2）: 80-81.

　　［8］CAROLE S, WENDY C, DIANA V. 观察儿童: 实践操作指南［M］. 3 版. 单敏月, 王晓平, 译. 上海: 华东师范大学出版社, 2008.

　　［9］侯雯雯, 林建华. 幼儿行为观察与指导这样做［M］. 上海: 华东师范大学出版社, 2014.

　　［10］黄意舒. 儿童行为观察及省思［M］. 台北: 心理出版社, 2008.

　　［11］格朗兰德, 詹姆斯. 聚焦式观察: 儿童观察、评价与课程设计［M］. 梁慧娟, 译. 北京: 教育科学出版社, 2018.

　　［12］贝蒂. 幼儿发展的观察与评价［M］. 7 版. 郑福明, 费广洪, 译. 北京: 高等教育出版社, 2011.

第六章 观察法

第七章　行动研究法

要点提示

　　行动研究法作为一种质性研究方法，是教育实践工作者基于教育实践问题，与研究者相互研讨后，自主地在教育实践中解决实践问题的研究方法，是教师在教育与研究领域之间架起的一座桥梁。本章主要探讨行动研究法的概念、行动研究法的运作模式及行动研究法的设计等相关内容，重点探究行动研究法的设计，引导学习者掌握行动研究法的一般程序、实施原则、适用范围与注意事项，使其从理论层面掌握行动研究法，并用于指导自身研究实践。

思维导图

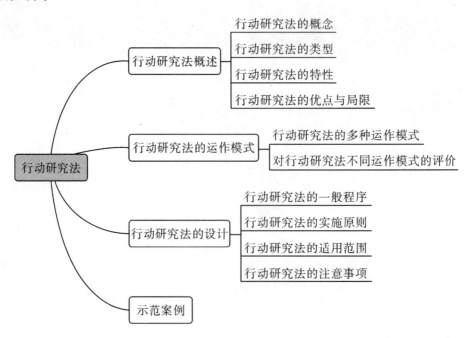

- 行动研究法
  - 行动研究法概述
    - 行动研究法的概念
    - 行动研究法的类型
    - 行动研究法的特性
    - 行动研究法的优点与局限
  - 行动研究法的运作模式
    - 行动研究法的多种运作模式
    - 对行动研究法不同运作模式的评价
  - 行动研究法的设计
    - 行动研究法的一般程序
    - 行动研究法的实施原则
    - 行动研究法的适用范围
    - 行动研究法的注意事项
  - 示范案例

第一节　行动研究法概述

行动研究法作为一种研究方法，广泛地运用于社会研究中，虽然它并不产生于教育领域，却对教育情境中的问题解决有很大的实用价值，因此在教育领域中也备受关注。

行动研究法起源于 20 世纪 30 年代，是一种由实践者积极参与、旨在解决实际问题和促进实践改进的研究形式。1933—1945 年，柯立尔（Coller）曾与他的同事合作，致力于探索改善印第安人与非印第安人之间关系的方法。他认为，研究的成果应当能够被实践者直接应用，并且实践者应当能够利用自身经验对研究结果进行验证。因此，他倡导实践者积极参与研究过程。柯立尔将这种由实践者在行动中为解决自身实际问题而开展的研究，命名为"行动研究法"。

20 世纪 40 年代，美国社会心理学家勒温（Lewin）曾与他的学生一起试图深入研究人际关系以提高人际关系的质量。这些实践者以研究者的姿态，在研究中积极地反思和改变自己的境遇。1946 年，勒温在其《行动研究法与少数民族问题》一文中，提出"没有无行动的研究，也没有无研究的行动"，强调行动与研究间的密切关系，正式提出了"行动研究法"的概念、功能和操作模式，并指出了行动研究法的几个特征，即参与、民主，以及对于社会知识及社会变化的贡献。经前哥伦比亚大学师范学院院长考瑞（Corry）等人的倡导，行动研究法于 20 世纪 50 年代进入美国教育科研领域，其运用范围日益扩大。考瑞在 1953 年出版的《改进学校实践的行动研究法》一书中，首次系统地将行动研究法定义引入教育中。自此，行动研究法很快影响到教育实践。20 世纪 50 年代后期，行动研究法遭到质疑。20 世纪 70 年代，由于艾略特（Elliott）等人的积极推动，行动研究法再次迎来了发展的高潮。在英国，地方性的行动研究网络得以建立，其中以剑桥教育研究所为依托的课堂行动研究网络尤为著名。同时，美国教育协会分会"辅导与课程编制协会"宣布，每一位合格的会员都应该对行动研究法有足够的了解和应用能力。法国"现代学校合作组织"则提倡教师、家长参与教育中的行为研究。

尽管不同学者对行动研究法的具体定义有所差异，但普遍认同其核心价值在于反思性实践、合作精神以及持续的质量改进。了解行动研究法的起源及其发展历程对于理解其在现代教育实践中的应用至关重要。这不仅有助于研究者全面把握行动研究法的基本理念和方法论框架，还能在应对复杂多变的教育环境时，有效地运用这一工具进行创新与改进，从而不断提升教育实践的质量和效果。

一、行动研究法的概念

（一）与一般教育研究法的比较

行动研究法不是一种独立的研究方法，而是一种研究活动。其与一般的教育研究相比，在研究目的、研究主体、研究过程以及研究结果的应用等方面存在不同。

从研究目的出发，行动研究法的主要目的是解决教育实践中的具体问题，提高教育教学质量，促进教育者和学习者的共同发展。行动研究法强调行动与研究的紧密结合，通过研究来改进实际行动。例如，一位教师发现学生在课堂上参与度不高，于是采用行动研究法，通过观察、反思、调整教学方法等一系列行动，来提高学生的课堂参与度。而一般教育研究旨在构建教育理论、探索教育规律、发现普遍适用的教育原则和方法等。例如，研究不同教学方法对学生学习成绩的影响，以得出具有普遍性的结论，为教育决策和教学实践提供理论依据。

从研究主体出发，行动研究法的研究主体一般是教育实践工作者（如教师、学校管理人员等）。他们在自己的工作场景中开展研究，对自己的教育教学实践进行反思和改进，这使得研究更具针对性和实用性，因为实践者最了解实际情况，能够直接将研究结果应用于实践。而一般教育研究通常由专业的教育研究人员（如大学教授、科研机构的学者等）进行。他们以客观的研究者身份，运用科学的研究方法，对教育现象进行深入分析和探讨。

对于研究过程而言，行动研究法强调在实际行动中进行研究，具有循环性和动态性。行动研究法一般包括计划、行动、观察、反思四个环节，不断循环往复，直到问题得到解决。例如，教师在实施新的教学方法后，观察学生的反应和学习效果，反思存在的问题，然后调整计划再次行动。而一般教育研究通常遵循较为严格的研究设计和程序，包括确定研究问题、提出假设、选择研究方法、收集和分析数据、得出结论等步骤。这种研究过程相对较为规范和系统，注重研究的科学性和严谨性。

对于研究结果的应用而言，行动研究法的研究结果可直接应用于教育实践，且能够迅速产生实际效果。由于行动研究是针对特定的教育问题进行的，其结果具有很强的针对性和实用性，能够在实践中得到检验和改进。而一般教育研究的研究结果主要为教育理论的发展和教育决策提供依据，其应用可能需要经过一定的转化和推广。例如，一项关于教育政策的研究结果可能需要通过教育行政部门的决策和实施，才能对教育实践产生影响。

（二）不同的学者对行动研究法的界定

列文认为，行动研究法指的是"研究课题来自实际工作者的需要，研究在实际工作中进行，研究由实际工作者和研究者共同参与完成，研究成果为实际工作者理解、掌握和实施，研究以解决实际问题、改善社会行动为目的。"①

英国在教育领域倡导行动研究法的领军人物埃里奥特认为，"行动研究法旨在提供社会具体情景中的行动质量，是对该社会情景的研究。"②

① LEWIN K. Resolving Social Conflicts [J]. New York：Happer & Brother, 1984：201.

② ELLIOTT J. Action Research, A Framework of Self-evaluation, Cambridge [J]. Cambridge Institute of Education, 1981：1.

澳大利亚学者卡尔和凯米斯认为，"行动研究法是由实践工作者在社会情景下开展的自我反思的探究，目的是提高他们自己的实践、他们对这些实践的理解、这些实践得以展开的背景合理和公正"①。

我国学者认为教育行动研究法是在实际教育情境中，由教育实践工作者和专家共同合作，针对实际问题提出改进计划，通过在实际中实施、验证、修正而得到研究结果的一种研究方法②。

综合国内外学者对于行动研究法的概念界定，可以看出：

第一，行动研究法是行动者采用科学手段对自己的行动进行的研究。持这类观点的学者强调用测量、统计等科学的方法验证假设的有效性。

第二，行动研究法即行动者针对自身实践中遇到的问题所展开的研究活动。这类观点的学者不仅注重统计数据分析，同时也重视教师和学生的日记、磁带、照片等所有能够为后续谈论与评估提供有价值信息的材料。这一观点的代表人物有斯腾豪斯。

第三，行动研究法是行动者批判性地审视自己的实践，借助理论批判与意识启蒙等手段，来引发并优化自身行动的方法。这一观点的代表人物有凯米斯。

由此可见，教育行动研究法是在教育教学实践活动的进程中实施的，由从事教育实践的工作者和教育理论研究者携手合作，旨在攻克教育教学实践中遇到的难题，是一种持续不断、体系化且公开的探究过程。

二、行动研究法的类型

行动研究法是一种实践导向的研究方法，强调在实际工作环境中进行问题的识别、解决方案的设计、实施与评估。通过行动研究法，研究人员和实践者可以共同合作，以解决现实世界中的问题，并在这个过程中促进知识的生成和理论的发展。行动研究法具有多样性，可以根据行动研究法的水平分类分为技术性行动研究法、实践性行动研究法和独立性行动研究法三种类型。

(一) 技术性行动研究法

技术性行动研究法也被称为科学性行动研究法或技术-科学性行动研究法。这类研究特别强调用"科学工具"来观察行动过程，它与19世纪末20世纪初兴起的"教育科学化运动"及一些心理学家强调心理测量有很大关系。但这一研究方法受到很多人批判，他们认为它只是形式上的而非实际的行动研究法，它只关心"科学工具""统计方法"，不尊重行动者的主动性和创造性，认为专家与行动者之间是"I-He"的关系。

(二) 实践性行动研究法

实践性行动研究法是英国和美国最为常见的研究模式。在这种研究中，专家和

① 郑金州. 行动研究指导 [M]. 北京：教育科学出版社，2004：11-12.
② 饶满萍. 教育科学研究方法与实践 [M]. 成都：西南交通大学出版社，2020：114.

实践工作者紧密合作，专家作为"咨询者"的角色，协助实践工作者构建假设、规划行动、评估行动过程及其结果。研究的动力源自实践工作者本身，他们依靠自己的智慧和判断来选择研究课题并指导行动。然而，这种模式也存在一定的局限性，它倾向于在现有实践框架内采取保守谨慎的行动，不太鼓励接纳和探讨不同的观点，批评和怀疑往往被视为研究团队中的不和谐因素。

（三）独立性行动研究法

实践工作者通过进行批判性的思考并采取相应行动，努力使教育摆脱传统教育理论和政策的束缚，这被视为一种独特的研究方式。由于它蕴含"批判"的特质，也有人将其命名为"批判性行动研究法"。在某些自主性的行动研究项目中，专家的参与并非必需，研究可以完全由实践工作者自己或在教师团队的协助下独立完成。

三、行动研究法的特性

行动研究法是实践者在行动中为解决自身问题而参与进行的有计划、有步骤、有反思的研究。工作人员在行动研究过程中要不断地与相关人员相互交流，这会提高他们的表达能力。而在研究告一段落，问题得到了解决之后，工作人员也获得了研究与解决问题的经验。

（一）改进行动质量

改进（improvement）不仅能够应对教育实践中涌现的问题，还能够提升教师的教育教学成效及其研究能力。也就是说，行动研究法致力于通过持续不断的努力，直接针对教育实践中的具体问题提出解决方案，并在此过程中促进教育质量的显著提升。行动研究法不仅能够有效解决教育实践中的难题，还能推动教师教育教学技能与研究能力的双重提升，为教育质量的全面提升奠定坚实基础。通过行动研究法，教师可以获得关于如何改进当前教育情境下行动品质的具体知识与策略，使教学实践更加高效。

（二）行动与研究结合

行动研究法强调研究过程与行动过程的结合，注重研究者与行动者之间的合作。这无疑打破了传统研究中行动与研究分离的界限，强调两者之间的紧密结合与相互促进。中小学教师通过与研究专家的紧密合作，不仅能够获得必要的研究技能，还能将理论研究成果直接应用于教育实践，推动教学改革的深入发展。同时，研究专家也能从真实的教育情境中获取宝贵的第一手资料，进一步完善和丰富其理论研究。

（三）行动者参与研究

行动研究法高度重视行动者的主体地位，鼓励并要求行动者积极参与研究过程，对自己的实际工作进行深入反思。这种反思不仅有助于行动者发现问题、分析问题，还能促使行动者主动寻求解决方案，提升自我认知与问题解决能力。通过不断地反思与实践，行动者能够逐渐成长为更加成熟、专业的教育工作者。

（四）体现多方合作研究

行动研究法强调研究团队内部及与外部相关方的协同合作，共同构建平等、互助的研究氛围。这种合作不仅限于行动者与研究者之间，还涵盖了行动者之间、行动者与管理者以及更广泛的社会各界之间的交流与协作。通过多方合作，行动研究法能够汇聚各方智慧与资源，形成合力，共同推动教育改革的深入发展。这种多方合作包括行动者与研究者、行动者之间、行动者与管理者之间的合作。

可见，行动研究法具有较为显著的行动特征，主要表现为：

1. 研究的目的——"为行动而研究"

行动研究法聚焦于为实际行动而展开研究，其核心任务是解决实践中的具体问题，旨在通过研究与行动的紧密结合，直接解决工作情境中遇到的问题。它的主要目的不是建构理论体系，而是实际应用的价值，这种价值体现在优化实践工作者的工作环境、解决他们在实际工作中所面临的问题，从而推动实践工作的持续改进。

2. 研究的情境——当事人实践工作情境

在使用行动研究法时，应紧密围绕行动者的具体实践情境来设定研究范围，通常仅涵盖与研究者工作直接相关的情境，而不涉及无关情境。由于每个情境都有其独特性，因此行动研究法的结果不具备广泛的情境普适性，不能简单地将一个情境下的研究结果推广到其他不同情境当中。

3. 研究的主体——实践工作者

在行动研究法中，研究者与实践工作者融为一体，实践工作者不仅是研究的主体，主导着研究的方向与进程，同时也作为被研究的对象存在，但更侧重于其作为研究主体的角色。此方法高度重视实践工作者的亲身参与，要求他们积极投身于研究的全过程，并怀揣着专业承诺与工作热忱。区别于传统社会科学研究，其中实践者往往仅作为研究的客体或对象，被动接受外界的研究成果，行动研究则让实践工作者转变为研究的主动参与者，他们针对自身所从事的实践开展研究，通过研究与行动的紧密结合，不断提升自己社会实践的能力。

4. 研究的应用者——行动研究者

在学术研究领域，常见现象是许多研究参与者并不直接参与研究成果的应用，他们更倾向于理论研究而非实际应用，这导致了理论与实践之间的脱节。然而，在行动研究法中，实践工作者不仅是研究的积极参与者，更是研究成果的直接应用者。他们的研究目的是改善实践工作环境，解决实践中的具体问题。因此，行动研究法能够有力地缩短理论研究与实践应用之间的距离，将实践工作者、研究者以及研究成果的应用者三者紧密地结合在一起。

5. 研究的过程——重视协同合作

行动研究法并非在封闭的实验室环境中进行实验，而是在真实的实践活动中进行研究。这意味着行动研究法是一个研究者与实际行动者携手合作、共同参与的探究过程。这种协同合作的研究模式强调的是成员间的平等伙伴关系，而非层级分明的上下级关系。在行动研究中，分工明确、经验交流、思维碰撞、共同决策以及成果共享都是至关重要的。同时，专家学者在这里扮演着实践工作者的合作伙伴角色，他们提供协助和指导、担任咨询顾问，而实践工作者才是研究的主角和主导者。

6. 问题的解决——立即应用性

与一般的研究方法相比，行动研究法更加注重研究成果的实用性和应用性。通过采用行动研究法，实践工作者能够高效地解决实践中的难题，优化工作环境，从而提升工作效率和效能。行动研究法能够为特定的工作情境提供改进实践的有效方法和策略，它强调的是研究的实际应用价值，注重研究成果的即时应用，而不是单纯地验证或构建学术理论。

7. 结果的推论——情境针对性

行动研究法具有鲜明的情境针对性，它并不追求大规模的研究范围，而是聚焦于特定的研究对象，且这些对象不一定需要具有广泛的代表性。每个行动研究方案，无论规模大小，都独具特色。行动研究法的情境针对性与一般研究的普遍适用性和情境可推广性有所不同，它主要围绕特定的实践问题展开，这些问题的解决依赖于特定的应用场景。因此，其研究结果通常不能简单地推广到其他不同的实践情境中。

8. 研究的效益——解决问题与促进个人专业成长

行动研究法倡导实践工作者主动承担研究者的角色，通过自我反省和批判性探究，来应对和解决工作环境中遇到的实际问题。从动机层面来看，实践工作者参与行动研究，是源于他们内心对于提升实践情境质量的渴望。行动研究是一种促进个人专业成长的研究方式，其要求实践工作者在实际工作中，以改善工作环境为目标，拓宽自己的视野和角色定位，并时刻保持对实践工作的批判性反思。

9. 研究的理论基础——人的发展，自我反思、自我教育

行动研究法的核心在于不断探索和优化教育教学的实践过程，其目的在于赋予教师一种内在的力量，这种力量既能启发他们的思维，又能帮助他们摆脱束缚，开启新的思考路径和探索方向。如此，行动研究法就超越了传统意义上对"研究"功能的界定——真理知识的获得，而成为"人的发展"的过程，即一个自我反思、自我教育的过程。

10. 研究的方法——兼用量与质的方法，偏向质性研究

行动研究法在研究方法上具有一定的灵活性，虽然不排斥量化研究方法的应用，但更多时候倾向于采用质性研究方法。在收集和分析资料的过程中，行动研究法通常会综合运用多种方法来确保资料的准确性和可靠性。

【资料卡片】7-1

行动研究法的特征

在社会领域中，行动研究法是"质的研究"的一种，有两大典型特征：

其一，实践者成为研究者，亲自参与研究，成为研究的主体；

其二，研究者直接从研究中获得力量和策略，将研究发现直接运用于实践，进而改变社会现实。

资料来源：康紫崴，袁德润. 行动研究法促进教师专业发展：问题审视与路径建构［J］. 教师教育研究，2023，35（3）：38-43.

四、行动研究法的优点与局限

行动研究法作为一种实践性极强的研究方法，在教育领域展现出了其独特的魅力与价值，但同时也存在一些不容忽视的局限性。

（一）行动研究法的优点

第一，行动研究法能够迅速响应教育实践中的即时需求，针对具体问题提出并实施解决方案，有效缓解或解决教育中的紧迫问题，进而提升教学效果和学习体验。第二，行动研究法为教育者与学习者提供了共同成长的平台，其开展与实施相对灵活，易于融入日常教学之中，教师和学生能够共同参与问题的发现与解决过程，这种互动与合作不仅提升了教学效率，而且极大地促进了教与学方式的不断创新与优化。第三，行动研究法强调理论与实践的紧密结合，通过实践中的研究与反思，不断修正和完善教育理论，使之更加贴近实际，有效缩小了理论与实践之间的距离。第四，参与行动研究的过程本身就是一种学习和成长的过程，教育工作者在解决实际问题的同时，能够不断提升自己的专业素养和研究能力。

（二）行动研究法的局限

由于行动研究法强调即时性和实用性，其研究设计可能不够严谨，样本选择、数据收集和分析方法等方面可能存在不足，从而影响研究的信度和效度。行动研究法的结果往往具有较强的情境依赖性，即研究结论可能只适用于特定的教育环境和条件。因此，在将研究成果推广到其他环境时，需要谨慎考虑其适用性和可移植性。

第二节　行动研究法的运作模式

行动研究法在很大程度上消弭了教育理论与实践之间的紧张关系，如同一座桥梁，连接了教育研究者与实践者。这一研究方法不仅改变了以往教育研究者对教育实践者可能存在的轻视态度，而且为教育实践者搭建了一个积极参与教育研究、进行自我发声的平台。

20世纪80年代以来，西方教育学者针对如何有效实施行动研究法的问题，进行了深入的探索，并提出了多种行动研究法运作模式。这些模式旨在为广大教育实践者，特别是教师群体提供一套直观、易操作的研究程序，使他们能够更好地将行动研究法的理念和方法融入日常的教育实践中，从而推动教育的持续发展和改进。通过这些模式的引导，教育实践者可以更加系统地开展反思性实践，加强合作精神，实现持续的质量改进，进而提升教育的整体质量和效果。

一、行动研究法的多种运作模式

行动研究法的运作模式不仅是实现其目标的基础架构，也是连接理论与实践、个体与社群、当下与未来的桥梁，对于推动教育研究与实践的协同发展具有不可替代的作用。通过深入了解行动研究法的多种运作模式，教育实践者可以更加有效地将理论知识转化为实际操作，解决教育实践中遇到的各种问题。

（一）勒温的模式

作为行动研究法的开拓者，勒温早在20世纪40年代就提出过实施行动研究法的程序问题。如图7-1所示，勒温模式主要包括"计划""执行（行动）""勘察（收集实据）"和"评价、修正"四个不断循环往复的步骤。

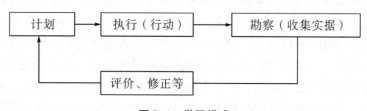

图7-1　勒温模式

1. 计划是第一环节，主要包括发现问题、分析问题和制订计划

（1）发现问题。

行动研究者在实际情境中观察和分析，确定需要解决的问题。例如，在教育领域中可能发现学生的学习积极性不高、教学方法效果不佳等问题。

（2）分析问题。

对问题进行深入分析，了解其产生的原因和影响因素。可通过访谈、观察、问卷调查等方法，收集相关信息，确定问题的关键所在。

（3）制订计划。

根据问题分析的结果，制订具体的行动计划。计划应明确行动的目标、步骤、方法和时间安排等。

2. 行动是第二环节，主要包括实施计划和观察行动效果

（1）实施计划。

按照制订的行动计划，在实际情境中进行行动干预。比如在教学活动当中，这一环节可能包括教学方法的改变、课程设置的调整，以及新的教学资源的引入等。

（2）观察行动效果。

在实施行动的过程中，要持续观察行动的效果。通过观察、记录和测量等方法收集数据，了解行动对问题的解决是否起到了积极的作用。

3. 勘察是第三环节，主要包括系统观察、收集数据和分析数据

（1）系统观察。

对行动的过程和结果进行系统的观察和记录。观察可以采用多种方法，如参与式观察、非参与式观察、访谈、问卷调查等。

（2）收集数据。

收集与问题相关的各种数据，包括定量数据和定性数据。定量数据可以通过测量统计的方法获得；定性数据可以通过访谈、观察记录等方法获得。

（3）分析数据。

对收集到的数据进行分析，了解行动的效果和问题的变化情况。通过数据分析，可以确定行动是否达到了预期的目标，是否需要对行动计划进行调整。

4. 评价、修正是第四环节，主要包括评价结果、反思过程和调整计划

（1）评价结果。

对行动的结果进行评价，判断行动是否成功解决了问题。评价可以从多个角度进行，如问题的解决程度、行动的有效性、参与者的满意度等。

（2）反思过程。

对行动研究的整个过程进行反思，总结经验教训。通过反思可以帮助研究者发现在本次行动研究中的经验与教训，发现存在的问题和不足，为今后的研究提供参考。

（3）调整计划。

根据评价和反思的结果，对行动计划进行调整和完善。如果行动没有达到预期的目标，可以重新分析问题，制订新的行动计划，从而进行下一轮的行动计划。

勒温的行动研究模式，强调行动与研究的结合，通过不断地循环往复，逐步解决实际问题，提高实践的质量和效果。

（二）考瑞的模式

考瑞在 20 世纪 50 年代将行动研究引入并推广到教育领域当中[①]，其行动研究的具体步骤如下：

1. 明确问题

教师或教育工作者在实际教育情境中察觉到问题的存在，如学生学习积极性不高、课堂教学效果不佳等。在觉察到问题的存在之后，需要对这些问题进行详细的描述和界定，确定问题的范围和性质。

2. 根据问题确定行动目标与步骤

在问题得到明确之后，教师可以基于自己或同行的经验，结合相关的教育理

---

① 陈平辉. 教育科学研究方法［M］. 南昌：江西高校出版社，2018：180.

论，并依据自己对问题的独到见解，规划出解决问题的具体步骤，同时清晰界定这些步骤所要达成的目标。

3. 按设计好的步骤行动

教师根据预先设计的行动计划执行行动研究，并对研究过程中的每一个阶段都进行详细记录，这样做的目的是收集足够的证据，以便评估目标实现的具体情况和程度。

4. 对有关材料进行整理

在对材料进行整理与分析时，教师要秉持客观的态度，对于材料的分析要深入原理，从而概括出关于行动与目标之间关系的一些一般性原则。

5. 在实践情景中进一步检验这些原则

在得到一般性原则后，教师需要再次回到教育实际情境当中去进行检查，旨在检验这些一般性原则是否有效以及是否适用。

（三）凯米斯的模式

凯米斯进一步扩展了勒温的行动研究法程序，认为行动研究法思维核心在于：由计划、行动、观察和反思等环节构成的、螺旋式推进的循环过程。他提出一个比较直观的模型，如图7-2所示。

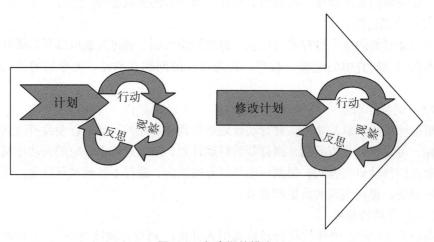

图7-2 凯米斯的模式

1. "计划"是第一个环节

计划是主要任务包括明确问题、分析问题、制订计划。

（1）计划始于解决问题的需要和设想。

在制订计划之前，要先明确本次行动研究所要解决的主要问题，再根据需要解决的问题制订计划方案。

（2）计划包括"总体计划"和每一个具体行动步骤的计划方案。

计划一般应该包含以下内容：计划实施后预期达到的目标、对课堂教学试图改变的因素、行动的步骤与时间安排、本次研究所涉及的对象。

（3）计划要不断调整。

在计划制订之后，要根据研究的开展情况及时调整，以确保所制订的计划能够推动本次研究的开展。

2."行动"是第二个环节

在明确计划后就开始实施计划。

（1）按照计划实施行动。

在实施过程中，要按照既定的步骤进行，同时保持灵活性，根据实际情况进行调整。

（2）记录行动过程。

详细记录行动中的各种情况，包括遇到的问题、采取的措施、学生的反应等。

3."考察"是第三个环节

这是对行动的过程结果、背景、影响因素以及行动者的特点进行全面考察[1]。比如，教师可以邀请同事或领域内的专家亲临课堂，共同观察并记录教学情况。同时，教师也可在保持客观性的基础之上自行观察，在进行观察时将多种观察方法结合使用、相互对照，通常能取得更佳的效果。在条件允许时，可采取录音、录像的方式辅助记录。

4."反思"是第四个环节

反思既是一个螺旋圈的结束，又是过渡到另一个螺旋圈的中介。它主要包括以下内容：

（1）分析观察和收集到的数据。

思考行动是否达到了预期的目标，问题是否得到解决或有所改善。

（2）评价解释。

对行动的过程及其成果进行评估判断，分析解释相关现象及背后的原因，并提炼成功的经验以及反思失败的教训。

（3）下一步行动计划的修正设想。

根据反思的结果，对计划进行调整和完善，为下一轮的行动研究提供指导。

（四）艾略特的模式

艾略特的模式是直线式，即基本问题不可变。该模式主要包括"诊断或发现问题""初步研究分析""拟定整体计划""制订具体计划""行动"和"评价行动研究法"等六个步骤（如图7-3所示）。

1.诊断或发现问题

行动研究者以批判性的视角审视每一个日常问题，并对这些问题进行深入探究和分析，同时，还要考察社会情境背景，以期发掘出潜在的问题。

① 朱洪翠.行动研究与教师专业发展［M］.北京：中国轻工业出版社，2021：15.

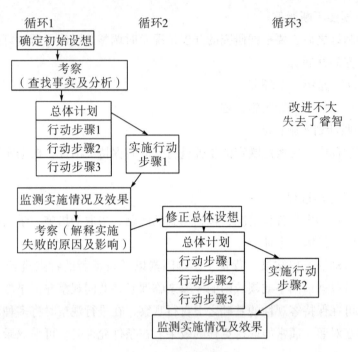

图 7-3　艾略特模式

2. 初步研究分析

第一，对发现的问题进行初步探讨，让本次研究所涉及的主体各抒己见、集思广益。例如，可以让研究者、教师、家长或各位有关人员组成研究小组，研究小组的各位成员可就本次研究问题进行讨论。讨论的结果可成为拟定总体行动计划的重要意见。

第二，由于重视批判和反思，因此对于有关文献的收集和阅读是必不可少的。通过大量阅读文献有助于辨别和批判问题，对厘清目的和研究范围有所助益。

3. 拟订整体计划

拟订整体计划是行动研究的蓝图，它较为重视对全盘的设计。设计过程中需融入能动性、开放性和灵活性，以确保能够随时应对那些未预见的限制因素。此外，它还着重强调行动研究过程中信息的及时反馈，以便对整体计划进行必要的调整和优化。

4. 制订具体计划

制订具体计划是实践拟订整体计划的安排，注意力集中在为解决实际问题而安排的各种干预的行动策略。在制订具体行动计划之时，应考虑实际情境可能出现的各种影响因素，提前制定应对方案，以保障行动研究的正常开展。

5. 行动

行动是指落实行动研究策略。与具体计划不同的是，行动仍按计划进行实践。行动不单是对实际情境的干预，还包括对整个计划的监察和控制；重视每一步行动的评价和对整体计划的影响。如有需要，可以对整体计划做出修订。一切干预的行动均以解决实际问题为依据，行动会对三个方面进行完善，即对实践的完善、对问题认识的增进和对社会情境的深入了解。

6. 评价行动研究法

每一场行动研究实施之后，都应该对其进行反思考察和评价。对所研究的问题做结论，分析行动研究法是否完成目标；对整个行动研究法的计划、策略、步骤等进行分析、反思和批判，从而为下一轮循环研究，做好准备和修订。

（五）埃巴特的模式

埃巴特提出了一个更为精致的行动研究法操作模型。在这个模型中，（行动）研究者不仅可以依据实际情况修改总计划，而且可以更改研究的课题本身，如图7-4 所示。

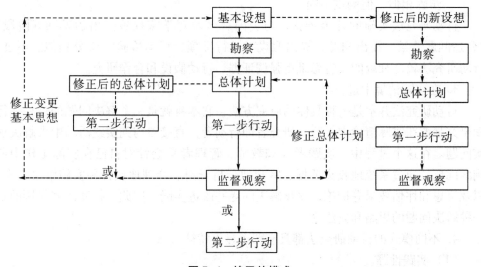

图 7-4　埃巴特模式

埃巴特的操作程序相较于其他的行动研究模式有三个方面的发展[1]：

一是自由变更基本设想。研究者不仅可以根据实际情况的变化修改总体计划，而且可以更改所研究的课题。

二是全面监督行动过程。研究者在进行行动研究时需要掌握和关注研究的整体情况，以便为后续的反思和评价提供更为丰富的资料。行动研究从强调观察行为的后果，推演到重视监督行动的全过程。

三是反馈和开放性。行动研究，应该集中地表现出计划与行动、计划与结果、不同轮次行动之间的相关性。行动研究强调行动研究的一般操作程序，有利于各个环节之间的及时反馈和依据反馈对行动进行及时的调整。

该模式除了再次强调基本主题可变，没有进行其他革新。

① 俞爱宗. 教育科学研究方法 [M]. 延吉：延边大学出版社，2009：234-235.

二、对行动研究法不同运作模式的评价

行动研究法的不同运作模式各具特色，每种模式都有其独特的侧重点和操作方式，适用于不同的研究情境和需求。在选择使用哪种模式时，需要综合考虑研究目标、实际工作者的需求和资源以及研究环境的特点等因素。关于不同模式的评价主要有如下四种：

1. 大同小异

无论是哪种模式，行动研究法都是以实际问题为出发点，都强调通过数据收集来了解问题现状和原因。但不同的行动研究模式可能在具体的步骤和操作流程上有所不同。有些模式更加详细和复杂，而有些则相对简洁。比如：考瑞模式和凯米斯模式在步骤的划分和具体内容上就存在一些差异。

2. 步骤相似，但侧重不同

行动研究法实施的几个步骤，与美国著名教育学家杜威提出的思维五阶段："营造问题情景、提出问题、提出假设、进行推理、行动检验"十分相似。不过，行动研究法较之杜威的反省思维更强调证据、行动假设和合作研究。

3. 在实际情境中进行

行动研究法并不是一种具体的研究方法，它本身就是一个解决问题的过程。行动研究强调在实际情境中进行，研究者即行动者，直接参与到实践活动中去解决现实问题。在这个过程中，实践者（如教师、管理者）会针对自己在实际工作中遇到的问题，通过系统地收集证据、客观地分析资料、合理地设计并实施解决方案，以及反思和评估效果等措施，逐步解决问题并改进实践。因此，行动研究强调的是一种解决问题的思路和方法论。

4. 不同模式的行动研究法都具有两个显著特征

（1）实践性强。

行动研究的问题来自实际的工作情景，可以在自己的工作、学习和生活情境中直接进行研究，且研究计划根据实际情景的变化随时调整。

（2）教师的研究者角色。

行动研究强调教师作为研究者的身份，它是教师对自己教学实践进行的有意识、系统且持续的探索与反思过程，这一过程不仅凸显了教学实践中的"研究"特性，也着重体现了教师作为研究者的角色。

第三节　行动研究法的设计

行动研究法的设计对于教育研究和研究者而言具有至关重要的意义。它不仅是连接理论与实践的桥梁，更是推动教育创新和改进的重要工具。行动研究法的设计内容不仅为教育工作者提供了一种系统化的方法来识别和解决实际教育问题，还促

进了教育实践与理论之间的紧密融合。这一设计强调计划、行动、观察与反思的循环迭代过程，使教育研究者能够在实践中不断测试和改进教学策略，确保研究结果具有实际应用价值。通过精心设计的行动研究法，研究者能够系统地探索教育现象、解决实际问题，并将研究成果直接应用于教育实践中，从而不断提升教育的质量和效果。同时，在行动研究法的设计中，研究者的积极参与和深刻反思同样至关重要。这一过程不仅有助于培养研究者的实践能力和理论素养，更能促进其专业成长和持续发展。此外，行动研究法的设计鼓励多方参与，增强了研究的透明度与合作性，提升了教育研究的专业性和科学性。掌握行动研究法的设计内容，不仅有助于研究者提升自身的反思能力和实践智慧，还能推动教育领域的持续创新与发展，从而更好地服务于学生的学习需求。因此，高度重视行动研究法的设计工作，对于增强教育研究的科学性和实用性，以及培育高素质的教育研究者队伍，都具有深远的推动作用。

一、行动研究法的一般程序

行动研究法的研究程序包含确定问题、制订计划、实施行动、评价反思和行动研究成果五个程序。

（一）确定问题

对于从事教育实践的教育者来说，在日常工作中会遇见各种各样的事件，他们要学会在这些事件当中发现值得研究的问题。那么，到底什么样的问题是可以进行研究的？这个问题是否适用于行动研究法？这些问题都需要教师先确定下来，在这个过程中，教师就已经迈出了行动研究法的第一步。确定研究问题需要教师澄清在实践过程遇到的问题是什么，并用尽量清晰的语言对这些问题进行界定。

教师在实践中遇到的问题多是与教师的教育期待有反差的一些现象。如某小学L老师在一开始对开展教育研究有种茫然的感觉。发现在实践教学和班级管理上好像什么都值得研究，但又找不到研究的切入点，无法进行选题。为此，她专门咨询了高校的研究者，研究者建议她从日常的教学实际中进行观察，找到令自己真的关注并渴望尝试研究的问题。此后，L老师立足日常教育教学展开细致观察，她发现学生参与课堂的积极性与任课教师的提问有很大关联，便以此为突破口，查阅相关文献、展开深入思考，最终将研究选题聚焦小学语文教师课堂教学提问策略的实证研究。

（二）制订计划

在确定了具体的问题领域后，教师需要基于收集到的相关资料，慎重地规划行动研究的实施计划。这份计划就像是研究的"蓝图"，它不仅要详细列出研究的具体步骤，确保行动研究能够有条不紊地进行，还要为评估研究过程和结果提供重要的参考依据。此外，制订计划的过程也是进一步探讨和验证问题解决策略可行性的关键环节。

1. 研究计划的基本内容

（1）课题名称。

要用简洁明了的方式表述课题名称。

（2）研究目的与意义。

明确研究的主要目的，并列出具体的研究目标，且这些目标应当是可衡量的，以便在研究结束之后进行评估。同时，要强调本研究的重要性和实际意义，以及可能带来的理论和实践贡献。

（3）研究问题与假设。

提出研究将解决的问题或验证的假设。这些问题应是清晰的、具体的，以便指导研究的进行。

（4）研究对象与变量。

研究对象是研究的焦点，它决定了研究的范围和适用性。研究对象可以是具体的个人、群体、组织等，但要注意应选取具有代表性和典型性的研究对象。除此之外，明确研究变量，以及不同变量之间的关系。

（5）研究方法。

详细说明将采用的研究方法，包括研究设计、数据收集、数据分析等步骤。研究方法的选择应与研究问题和目标匹配，确保研究的科学性和有效性。

（6）研究进度。

列出研究的具体时间表，包括各个阶段的时间节点和预期成果。这有助于确保研究的顺利进行，并及时调整研究计划。

（7）研究人员及其分工。

列出本次研究的参与人员及其负责的内容。在进行分工时，要充分考虑每位研究人员的能力，分配与之能力相匹配的工作职责。

（8）成果形式。

描述研究完成后预期的成果，如理论贡献、实践应用、政策建议等。这些成果应与研究目的和背景一致，体现研究的价值和意义。

（9）经费预算。

列出研究所需的各项费用，包括人员经费、设备购置费用、差旅费、会议费、资料费等，明确各项费用的具体用途和预算金额。

2. 计划的基本要求

（1）任何行动必须是自己能够实现的。

计划是从解决问题的需求出发，并以最终解决该问题为目标。从这个角度来看，评价一个研究计划的优劣，可以根据它在多大程度上促进了问题的解决来衡量。因此，制订一个既合适又符合研究者自身条件，能够被研究者有效掌控的行动研究计划是至关重要的。

（2）计划必须与学校政策相协调。

研究是在实际的教学情境中开展的，不能与学校的实际发展情况相违背，也不能干预学校正常教学活动的开展。因此，计划要与学校的相关政策相协调，在学校政策许可的范围之内开展研究。除此之外，所采取研究必须在一段合理的时间内测量结果，并及时对结果进行分析，确保研究成果能应用于学校的建设与发展。

（3）计划应具有清晰的层次或梯度。

计划涵盖了总计划和各个具体行动步骤的详细方案。总计划是对整个行动研究流程的全面规划与构思，其表述往往带有原则性和规范性的指导意义；而针对每个行动步骤的具体计划，则需要清晰明确、具备可操作性。不同层级的计划之间并非截然分开，它们应保持内部的一致性，并体现出相应的层次性，具体计划应当体现总计划的核心思想。值得注意的是，无论是总计划还是具体计划，都不是一成不变的，甚至在制订具体计划的过程中，也可能需要对总计划进行相应的调整。

（4）计划应具有可行性与操作性。

计划具有可行性和操作性是研究能够顺利开展的前提。要评估一个计划的可行性，可以从以下几个方面来考虑：首先，是否掌握了执行计划所必需的知识和技能；其次，是否拥有实施计划所需的设备及其他资源。简言之，研究计划中的每一个步骤都应当有转化为实际行动的可能性。为了确保这一点，研究计划应当具有可操作性。

（5）计划应具有灵活性与开放性。

在研究行动进行时，实际环境是处于动态变化中的。确切而言，计划的价值不在于详尽规定研究实践的每一个具体步骤，而在于为研究实践设立基本准则和指导方向。制订计划时，需要全面考虑各种相关因素，并且保持计划的灵活性，以便根据实际情况不断进行调整，将那些未曾预见、新认识到的以及在行动过程中浮现的各种情况和因素纳入计划之中。从这个角度来说，计划是暂时的、开放的，具有一定的风险性和实验性质，是允许根据需要进行修改的。

（6）计划应体现参与者的需要[①]。

计划的实施最终有赖于每个参与者，因此要促使教师及其合作者都能积极地投入研究过程。让研究相关的研究者从一开始就参与研究计划的制订，从而使研究计划更好地体现他们的实际需要。如此一来，每个人既是计划的制订者，又是计划的实施者。这不仅使每个参与者对研究问题都有比较明确的认识，而且充分调动了他们实施计划的积极性。

① 郑金洲. 行动研究指导［M］. 北京：教育科学出版社，2004：63.

【资料卡片】7-2

教师行动研究法计划的价值表征

一个好的行动研究法计划是行动研究法顺利实施的保证，教师行动研究法计划的价值主要表现在以下两个方面：

（1）对于研究本身。

行动研究法计划对于研究本身的价值：细化研究内容，清晰研究过程；为评估提供依据；进一步论证行动研究法的可行性。

（2）对于教师。

行动研究法计划对于教师的价值：指导、规范教师的行动研究法过程；促进教师专业研究能力的发展；决定研究者的研究课题能否立项。

资料来源：罗生全，敬仕勇. 教师行动研究法艺术［M］. 成都：西南交通大学出版社，2011：128-129.

（三）实施行动

实施行动阶段既包括对已有计划的执行，也包括对行动的观察与调节。

行动研究是为了通过行动解决教育实践中的问题，因此，将研究行动付诸实践，在具体的情境中，研究者常常是一边行动、一边观察、一边调整，将教育行动指向问题的解决。

（四）评价反思

没有行动，就没有行动研究法。有了行动，就要对行动进行不断的追问和评价。可以通过对行动发生过程的记录、发现、调整等过程的回顾、总结来实施对研究的监控和梳理。

1. 反思内容

反思的整个过程主要围绕两个方面来进行：一是对所研究的问题做结论，即分析行动研究法是否完成目标；二是对整个行动研究法的计划、策略、步骤等进行分析、反思和批判，为下一个（循环）计划做准备。两方面各有不同的目标和标准，两者之间互相影响、互为因果、不可分割。前者是有关行动研究目标成效的检讨；后者是有关行动研究法本身作评价，如弄清楚研究过程中所遇到的问题和限制。

2. 反思的基本要求

（1）以研究问题为基点。

行动研究法是始于解决问题的，因此，在反思的环节上，教师需要针对最初的问题具体地展开反思。通常的提问方式是：我是否解决了最初的问题？或在多大程度上解决了最初的问题？还有哪些问题需要在下一步的计划中得到解决？

（2）以研究计划为参照。

结合研究计划来反思行动或实践，具有两个方面的作用：一是有助于考察原有研究计划的合理性，二是有助于完善下一步的研究计划。

（3）以教师行动为对象。

在行动研究法的框架下，反思是行动者，也就是教师，他们对自己所采取的行动或实践进行的深入思考。这种思考既可以是描述性的，即记录和叙述行动或实践所处的教育情境；也可以是批判性的，即从多个角度对自身行动或实践的合理性进行全面而深刻的分析。

（4）以改进实践为归宿。

行动研究法从教育实践中的问题开始，最终走向教师实践的改进。即在研究的过程中，教师个人的教育教学素养是否得到了提升？是否增进了教育教学实践的合理性？

（五）行动研究成果

行动研究成果是在研究进行之中或行动研究法告一段落后，对研究过程进行的记录、叙述、解释及反思。撰写行动研究的成果，既是教师参与研究过程中及完成后的自我回顾与总结，也是向他人展示自己研究成果的途径；既是对当前研究阶段的一个小结，也为新一轮行动研究的启动奠定了基础。

【资料卡片】7-3

行动研究法的研究成果呈现方式

关于行动研究法成果的呈现方式，斯滕豪斯指出："私下的研究在我们看来简直称不上研究。部分原因在于未公开发表的研究得不到公众批评的滋养，部分原因在于我们将研究视为一种共同体活动，而未发表的研究对他人几乎没有用处。"因此，行动研究法要获得作为一种研究的资格，就必须公开呈现研究成果，注重社会效益。舒尔曼对公开呈现教学学术成果给予特别关注，他在其著作《让教学成为共同的财富》一书中指出："不是研究的固有价值比教学的高，而是我们更喜欢那些能够在我们生活和工作中成为'共有财富'的事物。如果我们希望教学能够获得更大的承认和奖励，那么我们就必须将教学从私人性转变为共同的财富。"里奇林所构建的完整的教学学术过程不仅包括实践活动层面，而且包括理论生成层面，后者的环节是：识别核心问题，综合研究成果，放置在知识基础的情境中，准备脚本，递交并进行同行评鉴，传播、发表、呈现，增添到高等教育中教与学的知识基础之中。通过以上比较可以看出，行动研究法与教学学术在研究成果呈现方式方面理念相同，都强调公开呈现研究成果，发挥其社会效益。

资料来源：吴义昌. 行动研究法：教学学术的研究范式［J］. 教育探索，2016（4）：6-10.

二、行动研究法的实施原则

明确行动研究法的实施原则对于确保其有效性和可靠性至关重要。这些原则不仅为研究者提供了清晰的指导框架，还确保了研究过程的系统性和科学性。遵循明确的实施原则，研究者能够准确地界定研究问题、设计合理的干预措施、系统地收集和分析数据，并基于反思进行持续改进。

（一）行动：唯有行动才能成功

行动研究法围绕实际教育教学中的问题展开，使研究的问题具有针对性和实际意义。实际工作者是其中关键的、起决定性作用的因素。研究者在清楚自己的研究课题后，不能只停留于理论层面，行动研究过程中，应以实践为基础，通过实践来检验和改进教育教学方法，确保研究的可行性和有效性。

（二）合作：从事相同工作的人共同研究

行动研究法的核心要素之一就是"参与和合作"。行动研究法想要有所成效，探究的过程就必须具有参与性，并且要争取在参与者中建立一种共同体意识。在以建立目标与观点"共同一致"这个意义上，共同体意识在研究的所有方向中都是固有的。通过一起工作，研究者对彼此的经验和观点加深理解，并能与同事、学生等利益相关者充分沟通、集思广益，确保研究的顺利进行和有效实施。

（三）弹性：只要有利于问题的解决，一切预定的计划均可改变

行动研究法一再强调，研究应该视每一个具体课题的情境而定，在行动研究过程中，要以灵活的方式确保研究的顺利实施。随着研究者对问题认识的逐渐明确，以及行动过程中各种信息的及时反馈，研究者需要不断吸取参与者的反馈和建议，因此可以在实施过程中灵活地对既定的计划进行修改和调整。这说明，行动计划的执行和实施过程是动态的、弹性的，需要不断根据实际情况进行调整。

（四）不断考核或检讨：搜集情况资料，随时修正，促成问题解决

行动研究的过程是一个持续改进的过程，研究者应不断反思和调整，对出现的问题及时进行分析和解决，确保研究的不断深入和有效实施。

三、行动研究法的适用范围

行动研究法主要适用于解决教育领域中的实际问题，而非理论探讨，它更适合于中小规模的实践研究，而非宏观层面的分析。该方法紧密围绕教育的真实情境展开，旨在从实践中发现问题，并通过研究回到实践中去寻求解决方案。

（一）个性探索

行动研究法可用于探索促进学生个性发展的教育措施。在个性探索中，每个个体的个性都是独特的，存在于复杂的实际生活场景和个人经历之中。行动研究法可以深入个体所处的真实情境之中，如在学校里观察一个性格内向学生的日常行为表现，在真实情景中挖掘学生行为出现的原因以及表现形式。

（二）教育改革

行动研究法可以为教育改革提供实践支持和理论依据，推动教育教学的不断发展和进步。行动研究法能够促进教育实践的改进，教师可以发现教育实践中存在的问题，从而提高教育质量。在教育改革中，决策者需要了解教育实践中的问题和需求，以便制定有效的政策，行动研究法可以为决策者提供第一手的数据和经验，帮

助他们更好地了解教育实践中的问题和需求。而且，行动研究法还可以促进教育公平。在教育改革中，促进教育公平是一个重要的目标。通过行动研究法，教师可以发现不同学生群体之间的差异，并采取有效的措施来缩小这些差异，从而提高教育的公平性。

（三）课程研究

行动研究法适用于课堂教学的研究与改进，对课程改进措施、课程开发都有一定的影响。课程研究往往需要紧密结合实际教学情境。行动研究法以解决实际问题为导向，注重在真实的课程实施环境中进行研究。例如，研究一门新开设的实践课程时，通过行动研究，教师可以及时发现课程中存在的问题，如实践环节不合理、教学资源不足等问题，并迅速采取行动进行调整，使课程建设更加符合学生的发展水平和教学的实际情况。

（四）学校管理

行动研究法对学校管理的促进作用是显著的。学校管理涉及多个利益相关者，包括教职员工、学生等。行动研究法注重多方合作，能够充分调动各方的积极性和参与度。例如，在改善学校食堂服务质量的事件中，学校管理者可以组织教师、学生代表和家长代表共同参与行动研究，通过问卷调查、座谈会等方式收集各方意见，共同制订改进方案，如调整菜品搭配、提高服务效率等。在实施过程中，各方共同监督和评估效果，形成合力，提升学校管理水平。

（五）职业训练

行动研究法可作为职业训练的手段，给教师提供新的技术和方法，提高教师的教学实践能力。行动研究法要求教师在实际教学情境中发现问题、分析问题并解决问题。例如，教师发现学生课堂上参与度不高，便以此为问题展开行动研究。教师首先观察学生的行为表现，分析可能导致参与度低的原因，如教学方法单一、课程内容枯燥等。然后，教师尝试用新方法，如小组讨论、案例分析等，或者调整课程内容，使其更贴近学生的生活实际。在实施新的教学策略之后，教师再次观察学生反映，评估效果。通过这样的过程，教师不断在实践中探索和尝试，从而提高自身的教学实践能力。

四、行动研究法的注意事项

因行动研究法有特殊的目的和用途，本质上它是社会情境的研究，主要用来改善社会情境中的行动品质，在开展行动研究时要注意以下几个问题：

（一）避免将行动研究简单化

开展行动研究的目的在于改进具体的工作情境，并增进专业理解，它涉及实践、反思、改进和再实践的过程。所以，行动研究要遵循科学的方法和原则，整个过程需严谨细致、考量周全。首先，必须清晰界定研究问题、明确研究目的，在此基础上，科学地设计研究方案；接着，有序开展数据的收集与分析工作；最后，依据所得结果进行反思，进而推动改进。这些环节环环相扣，缺一不可。

（二）建立研究者与行动者之间的平等关系

无论是做什么研究，我们都必须认识到研究者和行动者是研究共同体，在行动研究过程中，要明确角色和责任，保持开放的心态，尊重彼此的专业知识，共同制订行动计划并分享成果和经验，促进双方的共同发展和进步。

（三）正确对待研究的过程和成果

1. 保持客观性

在实施行动研究的过程中，研究者应保持客观公正的态度，避免主观偏见对研究结果的影响。我们需要尊重他人的观点和意见，接受不同的观点和挑战；同时，也需要不断学习和探索新的方法和思路，以更好地指导实践和研究。

2. 遵守伦理规范

在实施行动研究的过程中，研究者应遵守伦理规范，保护学生的权益和隐私，确保研究的合法性和道德性。同时，研究者还要考虑研究是否与具体情境下的行动目标以及民主的价值观念相融。

3. 全面评估结果

行动研究的结果不仅仅是对数据的收集和分析，还包括实践中的效果和影响。我们需要全面评估行动研究法的结果，包括实践效果、学生发展、教师成长等方面。

示范案例

随班就读学生替代性评估实施路径的行动研究法

理解·反思·探究

1. 什么是行动研究法？行动研究法与一般教育研究有何区别？
2. 简述行动研究法的一般程序。
3. 进行行动研究法应遵循哪些原则？
4. 行动研究法适用于哪方面的研究？在开展行动研究法时应注意哪些问题？

拓展阅读

［1］黄琰，蒋玲，黄磊. 翻转课堂在"现代教育技术"实验教学中的应用研究［J］. 中国电化教育，2014（4）：110-115.

［2］康晓伟，吴瑾瑾，刘欣. 高校教师教育者与幼儿园教师开展教育合作的行动研究法：以一项 iPad 教学实践探索为例［J］. 教师教育学报，2020，7（6）：50-56.

［3］董秀清，袁媛，许琪. 基于移动平台的大学英语视听续说行动研究法［J］. 外语与外语教学，2023（1）：84-95，147.

［4］于伟. 从"书斋"到"田野"：课堂教学改革实践逻辑探寻：基于东北师范大学附属小学"率性教学"实践的思考［J］. 中小学管理，2021（7）：5-9.

［5］吴娟，王智颖，袁欢欢. 智慧学习环境下语文生成性阅读教学对文本解读的影响［J］. 电化教育研究，2021（6）：81-87，95.

［6］米尔斯. 教师行动研究法指南［M］. 王本陆，潘新民，等，译. 重庆：重庆大学出版社，2010.

［7］宋秋. 智慧课堂 教学行动研究法的探索与实践［M］. 武汉：武汉大学出版社，2013.

［8］姚伟. 幼儿园教育评价行动研究法［M］. 南京：南京师范大学出版社，2012.

第八章　个案研究法

要点提示

　　个案是法学、医学、心理学、社会工作等学科中普遍使用的一个概念。个案研究法（case study）是通过对某一具有代表性个体的深入细致观察，来把握其发展变化的脉络与特征的一种研究方法。个案研究法可以提供研究对象各方面的详细资料，帮助研究者及时了解研究对象的发展变化情况。本章在概述个案研究法的基础上，引导学习者了解个案研究法的历史、概念、目的和意义、特点、分类、应用范围及优点与局限，重点探究个案研究法的操作步骤，引导学习者掌握个案研究法的具体步骤、记录与分析、个案研究报告及注意事项。

思维导图

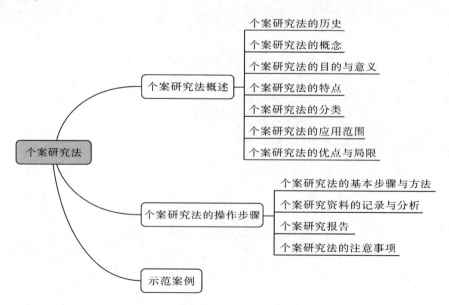

第一节 个案研究法概述

随着社会研究的日渐深入，个案研究逐渐受到研究者的关注，个案研究法的发展经历了一定的历史，形成了独具特色的研究方法。

一、个案研究法的历史

个案研究法并非一蹴而就的产物，它经历了漫长的发展历程，并在不同的历史时期和学科领域中展现出其独特的价值。

在教育研究中按研究对象的数量划分，有两种基本的研究策略：一是成组被试研究，即从总体中抽取一些被试作为样本，对一个群组或以群组与群组之间平均数差异的比较进行研究。二是单一被试研究，即对单独个体进行深入细致的跟踪研究。在某种意义上说，单一被试研究就是个案研究法。

单一被试研究的思想起源于 19 世纪 30 年代一场有关采集欧洲人尿样的论战，法国生理学家伯纳德（C. Bernard）认为没有必要从当地中央火车站采集成群被试的尿样，然后通过计算平均值来获取欧洲人尿样的数据，因为尿样的平均值只是代表一个虚构的抽象数值，并不能表示每一个欧洲人个体尿样的实际情况。最后，伯纳德赢得了这场论战的胜利，他提出的对单一被试进行深入细致的长期研究的策略，在生理学界得到了广泛的认可。

从英国统计学家费舍尔（R. H. Fisher）提出抽样理论和推断统计的框架后，成组被试研究成为 20 世纪社会科学研究最主要的研究策略。20 世纪 70 年代后，单一被试的设计思想逐渐被学术界认可，个案研究法现已成为教育研究中一种研究者常用的、重要的研究方法。

20 世纪初，美国芝加哥学派在社会学研究中广泛采用个案研究法，对城市化和工业化过程中产生的复杂社会问题进行深入研究。米德（George H. Mead）等学者主张个案研究法必须考虑到角色人物的观点，强调直接经验的重要性。怀特（William F. Whyte）的《街角社会》通过对波士顿市一个意大利贫民区的个案研究，揭示了低收入社区青少年的生涯发展情形，成为个案研究法的经典之作。

在教育研究领域，我们也常常可以看到一些单一被试研究的经典例子。

艾宾浩斯（H. Ebbinghaus）在探究记忆现象的过程中，亲自上阵作为唯一被试，通过记录自己对无意义音节记忆的效率，绘制出了著名的遗忘曲线。

巴甫洛夫（I. Pavlov）也是在对一条狗进行长期观察实验的基础上建立了经典的条件反射原理。

我国著名的儿童教育家陈鹤琴运用日记记录的方法，对长子进行了长达 808 天的连续跟踪观察，积累了丰富的第一手资料，并在此基础上著成了《儿童心理之研究》这一力作。

瑞士著名的儿童心理学家皮亚杰也通过对少数儿童的个别谈话，揭示出儿童心理发展的普遍规律①。

总之，个案研究法的历史悠久且丰富多彩，它不仅有深厚的历史底蕴和广泛的应用领域，还在不断地发展与创新，为教育学及其他学科的发展做出了重要贡献。

二、个案研究法的概念

在日常的学习和研究中，经常需要对某些特定的现象、问题或情境进行深入探讨，当这些问题涉及具体的实例，并需要我们从这些实例中提炼出普遍性的规律或结论时，个案研究法就成为一种非常有效的研究方法。

（一）个案

对于个案，有的学者给出的定义是"一个有界限的系统"，也有学者进一步解释，认为个案是"在一个有界限的范围内发生的某种现象"。根据这种定义，"个案可以是个人、角色、小型群体、组织、社区、国家，也可以是决策、政策、过程、小的事件或大的事件，还可以有其他的可能性"。在实际社会研究中，最为常见的个案往往是特定的个人、某一群体（如家庭）、某一组织（如学校、企业、医院）或者是某一社区（如城市、乡镇、街道、村庄）。当然，根据研究问题的不同，社会研究中的个案也可能是一段经历、一个过程、一项政策、一个事件或社会生活的任何其他单位②。

（二）个案研究法

个案研究法是通过对某一具有代表性个体进行深入细致观察，来把握其发展变化的脉络与特征的研究方法之一。在此基础上，制定并执行一系列积极的教育干预措施，旨在推动其正向发展。随后，将这些条件、干预措施及其成效之间的关联性，推广到更广泛的个体与情境中，作为一种教育研究的手段。研究者运用个案研究法须注意以下五个问题：

第一，单一而典型的对象，对象可以是人、事、团体。个案调查法，顾名思义，主要把单一个体或单一群体作为研究目标。即便研究涵盖了多个参与者，也常将他们视作一个集合或针对某一特定问题来考量。这种针对个体的研究方法，使研究者能够深入洞察研究对象的独特性、复杂面貌及多样性，有效规避了普遍性研究中可能出现的过度概括问题。而被选为个案调研对象的个体，应具备鲜明的典型特质，如天才儿童、智力发展迟缓儿童、辍学儿童、行为问题儿童、残疾儿童等③。

第二，多种形式的资料收集。一项个案研究法中包括了有关一个特例的大量资料的汇集，并以此代表整个现象。这些资料主要是文字陈述、影像、实物等，也有一些定量资料，且个案研究法不拘泥于某一种特定的研究方法，而是根据研究问题

---

① 张湘洛. 教育科学研究方法［M］. 北京：国家行政学院出版社，2012：175.
② 风笑天. 社会研究方法［M］. 北京：中国人民大学出版社，2021：319.
③ 陶保平，黄河清. 教育调查［M］. 上海：华东师范大学出版社，2005：187.

的需要，灵活采用多种方法收集和分析资料。这些方法可能包括观察法、访谈法、实物分析法、测量法等，甚至可能结合使用多种方法，以确保研究的全面性和深入性。这种综合性的研究方法使得个案研究法能够多角度、多层次地揭示研究对象的本质和规律①。例如，在针对一所中学开展的个案研究中，研究者可通过参与观察的方式，深入了解学生的日常学习状态及教师的教学常态；利用深度访谈技巧，获取学校领导在教育方针、办学模式及教学管理等方面的见解；同时，通过查阅并分析学校的教学档案、统计资料等，来探究学校历年高考表现及升学率的变化趋势；此外，还能借助问卷调查手段，收集学生对于校园生活、师生关系及职业理想等方面的反馈。值得注意的是，选择何种研究方法及收集哪些具体资料，需紧密围绕研究的核心问题及其焦点来确定②。

第三，深入而具体地考察。个案研究法的核心特质在于其专注于剖析特定的"单一对象"，即将研究精力完全投入一个或极少数个案之中，通过实施深入、细致入微且全面的考察与研究，力求达到对该个案最为透彻的认识和理解。正是这种对单一对象的深度聚焦，使得个案研究法在探究现象时能够展现出极为深入、详尽且全面地理解。它不仅可以获得特定个案非常丰富、生动、具体、详尽的资料，从而能够较好地反映出事物或事件发生、发展及变化的过程，同时，还可以通过对特定个案的深入洞察，从中抽象出一般性的概念或者命题，为后续对更大的总体进行系统性的定量研究提供理论假设③。

第四，归纳演绎，不能停留在对个案的研究上。个案研究法的成果富有启发性。它强调信息反馈与经验归纳，旨在通过个别案例的研究，提炼普遍适用的规律，以指导整体工作。此方法能由个别推及整体，从局部洞察全局性的规律。深入探究某一案例，或许能取得重大发现，推动整体进步。同时，多个个案研究的对比分析，也能揭示出潜在的规律。个案研究法不仅停留在对个案的研究和认识的水平上，而且需要认识教育与发展之间的因果关系，得出结论并提出一些相关的教育对策，以便有的放矢和因材施教④。

第五，强调情境关联和背景分析。个案研究法注重将研究对象置于其所处的特定情境和社会背景中进行考察和分析。这种情境关联和背景分析有助于揭示研究对象与外部环境之间的相互作用和影响关系，从而更全面地理解研究对象的本质和特征。同时，这也使得个案研究法在人文社会科学领域具有广泛的应用价值。

综上，个案研究法是一种深入、具体且灵活的研究方法，它为我们提供了一种独特的研究视角和方法。了解个案研究法的概念，有助于我们更好地理解特定现象、揭示隐藏规律、促进理论与实践相结合。

---

① 风笑天. 社会研究方法［M］. 北京：中国人民大学出版社，2021：324.
② 风笑天. 个案的力量：论个案研究法的方法论意义及其应用［J］. 社会科学，2022（5）：140-149.
③ 风笑天. 个案的力量：论个案研究法的方法论意义及其应用［J］. 社会科学，2022（5）：140-149.
④ 张湘洛. 教育科学研究方法［M］. 北京：国家行政学院出版社，2012：178.

三、个案研究法的目的与意义

个案研究法不同于大规模统计的泛泛而谈，它聚焦于某一具体案例，深入挖掘其背后的故事、动机、过程和影响。因此，个案研究法对学术研究有着独特的目的与意义。

（一）个案研究法的目的

在进行研究工作之前，研究者应该充分明确研究方法的目的，以确保研究的针对性和有效性。具体来说，个案研究法有以下四个目的：

第一，掌握具体状况，即搜集个人或事件的相关资料，以便提出恰当的指导策略，协助个人找到解决问题的路径。

第二，阐释特定举止，即阐释作为个案研究的核心特征，旨在探寻个体行为及事件发生的缘由，为解决难题奠定基础。个案研究法通过分析行为背后的原因与逻辑，为实施干预措施提供理论依据。

第三，解决实际问题。这是个案研究法的直接目的，任何途径和指导方案都必须为解决现实问题服务，确保研究成果能直接应用于实际情境，有效改善现状。

第四，提供理论假设。研究者在个案研究法的使用过程中可以获得很多与个案相关的资料和具体的实例，由此而产生许多需要验证的解决方案和研究假设，这些方案和假设又有助于理论发展和实践的运用。

（二）个案研究法的意义

在中国，个案研究法是随着近年来"质的研究"方法日渐兴起而出现的，它已经成为许多研究者比较喜欢的一种研究方式，尤其是教育叙事研究，几乎都采用个案研究法的方式。换句话说，便是"质的研究"和教育叙事研究的性质和特点决定了研究应该采取个案的方式来展开。在此需要特别说明的是，并不是所有的个案研究法都是质的研究或叙事研究。有些个案研究法是采用实证的、定量的或者实验的研究方法[①]。"质的研究"和叙事研究特别适合研究教育问题。这种方式强调研究者的个人体验，整体地把握教育现象对资料进行解释性的理解。在研究过程中，研究者能够敏锐地觉察到被研究者的所思所想，理解生活及其行为的意义，把个人丰富多彩的内心世界展现出来。

第一，以个案的具体实例来解释和说明某种抽象的理论和观点，为进一步证实理论或假设提供依据。个案研究法适用于对具有典型意义的人和事的研究，如对班级中优差两头学生的研究，对个别品德不良学生的研究，对某个学生采取特殊教育的追踪研究，对某个学生的心理问题和人格偏差的诊断研究等。

第二，验证某一种治疗方案或辅导策略的可行性和有效性，为解决某类问题提供操作性的策略与步骤。个案研究法还适用于对那些不能预测、控制，或由于道德

---

① 陆宏钢，林展. 个案研究：教育研究范式的新转向 [J]. 中国石油大学学报（社会科学版），2007
（4）：93-97.

原因不能人为重复进行的事例的研究，如对某个学生犯罪过程与原因的研究。在教育活动中，个别事物或现象既展现出独特性，也映射出同类事物的普遍性。因此，研究者通过搜集并深入分析丰富且具有代表性的教育个案资料，明确其特性，有助于揭示这类事物的本质和规律，进而推动教育科学的发展。例如，普莱尔用日记法对自己孩子的发展进行详细的观察记录，席格门对自己孩子出生后的动作、语言等的研究，以及皮亚杰采用个案研究法的研究都对儿童心理学理论的建构与发展做出了巨大的贡献。

第三，在条件允许的情况下，尝试将个案研究的结论合理延伸至更广泛的同类群体中，以揭示或描绘个体或事件的整体趋势。个案研究法尤为适合教师采用。从某种程度上讲，每位教师都应具备教育研究者的身份。然而，鉴于教师的主要精力和时间集中于教学及教育工作，实施大规模教育调查或严格控制实验存在挑战。相比之下，个案研究法因研究对象少、规模小，且通常在无控制的自然状态下进行，无须短期内急促完成，故尤为契合教师的研究需求。教师可以选取一两个典型学生，结合教学与教育工作实践展开研究。对每位教育实践者而言，总能在班级中找到研究对象，且无须特殊处理，不影响正常的教育活动。

第四，个案研究法有助于归纳事物总体特征，为后续研究分析及理论总结奠定基础。它构成了因材施教的基础，具有实践价值。由于个案涉及的人与事有限，教师能够全面细致地研究个案的各个方面，从而充分了解其整体情况。此外，个案研究法允许对少数个案进行长期追踪，有助于把握其动态变化。只有在全面研究并了解个案的基础上，提出针对性的教育措施，才能实现真正的因材施教。例如，针对基础扎实、学习能力强的学生，教师可进行个别辅导，提出更高要求；而对于基础薄弱的学生，教师则需采取措施帮助其进行补习和提升。

此外，个案研究法有助于个案提高自我认识，发现自身潜力，挖掘隐性知识，为个案提供自我发展的平台[①]；可以帮助教师及时了解整个班级或年级的情况，及时收集到对自己教育措施的反馈信息，通过研究解决个案问题，某种程度上体现教育均衡性促进教育全面发展[②]。同时，研究者通过对个案的辅导，还可以不断总结和评价一些积极的教育措施的实施经验与效果，从而得出对以后教育工作的有益启示。

四、个案研究法的特点

个案研究法强调对特定对象的细致观察和深入分析，从而揭示其内在规律与特

---

① 陆宏钢，林展. 个案研究法：教育研究范式的新转向［J］. 中国石油大学学报（社会科学版），2007（4）：93-97.

② 陆宏钢，林展. 个案研究法：教育研究范式的新转向［J］. 中国石油大学学报（社会科学版），2007（4）：93-97.

点，因此，个案研究法具有个别性、典型性、深入性、综合性、针对性和自然性等特点。

（一）个别性

个案研究法的对象虽是特定的个体，但这些个体并非完全孤立，而是与其他个体相关联，属于某个整体的一部分。该方法旨在深入了解特定个体的具体情况，同时通过对这一具体案例的研究，揭示出普遍规律。尽管个别案例能反映出某些一般特征，但个别并不等同于一般。由于个案研究法的样本量较小，其结论的代表性有限，因此不宜直接将结论推广到一般情况中，而需经过谨慎的思考和分析，避免以偏概全的错误。

（二）典型性

要使个案样本能够代表类型，就必须使它具有典型性，即是说，个案样本集中了某一类型现象的共同本质、特征、属性或变量。

只有典型性的个别案例作为对象进行研究才具有研究的价值。一般来说，作为个案研究法对象的个别案例应该具有以下三个显著特征：

第一，在某方面是否有显著的行为表现。这种显著的行为表现可能是积极的，如卓越的学术成就、杰出的艺术才能或出色的运动技能；也可能是消极的，如持续的学业困难、社交障碍或行为问题。这种显著性的存在使得该个体成为一个值得深入研究的案例。

第二，相关方面的某些测量评价指标与众不同，如标准化的测试成绩、心理评估结果、行为观察记录等。这些测量评价指标提供了客观的数据支持，有助于验证和量化个体在特定方面的独特表现。通过对比分析，研究者可以更准确地描述和解释个体的行为特征和发展轨迹。

第三，教师、家长等主要关系人是否都有类似的印象和评价。这些主要关系人的观察和反馈提供了关于个体行为表现的额外信息，有助于研究者构建更全面、多维度的个案研究法。他们的一致印象和评价不仅增强了研究的可信度，还为研究者提供了更多关于个体行为背后可能的社会、家庭和教育因素的线索。通过综合这些不同来源的信息，研究者可以更深入地理解个体的行为和发展，并为其提供更有效的支持和干预措施。

在教育教学与学校工作中，我们常会遇到典型的研究对象。对这些典型事例的研究，通常是在正在进行的教育活动中直接进行，无须特别处理。因此，这种研究方式既不会干扰正常的教育教学活动，易于实施且工作量适中；又由于研究前难以预见结果，从而避免了预设偏见的产生。个案研究法在研究对象的选择上通常采用的是有意抽样法，即按研究者对特殊问题的目的要求，在特定的范围内选取特定对象，所选的研究对象应当具有典型性。

（三）深入性

在对个案进行多方位、多维度、多层面的研究时，研究越透彻、越全面，针对性越强，结论就越具有说服力。这要求个案研究法不仅要描述研究对象的行为表现，还需深入解释其背后的原因和机制。研究者通过对收集到的资料进行深入分析和整合，揭示研究对象行为背后的深层次原因和动机，使得个案研究法能够提供更具洞察力的见解和结论。并且，由于个案研究法的对象不多，所以研究时也有较为充裕的时间进行透彻深入、全面系统的分析与研究。

例如，对一个学习困难学生的研究，往往需要从多方面加以考察，诸如学生学习的智力因素和非智力因素，原有的知识基础和学习方法以及教师的教学和家长的辅导情况，还要进行前后左右的对照和比较。这样就可以对该生进行全面而深入的了解和认识①。

（四）综合性

个案研究法常需综合运用多种方法，如用测量法测试学生智力，用观察法了解其行为表现，用调查法探究其成长环境等。它虽拥有自身的研究方法，但并不完全独立。为全面搜集个案资料，从多角度掌握研究对象的发展变化，必须结合教育观察、教育调查、教育实验、教育测量等多种研究方法及手段。无论是来源于参与观察、深度访谈所获得的以文字记录为主要形式的实地资料，还是来源于政府部门的档案资料、行政统计数据，或是来源于抽样调查获得的问卷资料或测验结果，甚至地图、照片、旧报纸等，只要能对全面、深入了解、描述和分析特定个案有作用，都可以为个案研究者所利用②。特别地，作为一种研究方法，个案研究法既"可以基于定性材料，也可以基于定量材料，或者同时采用定性材料和定量材料"③。例如，我们研究一些超常儿童，首先需要对被试进行智力测验，看看其智商是否超常；然后对被试做系统观察，看看其各种智力操作是否杰出；同时还要调查其成长环境，必要时还要做一些对照实验④。

（五）针对性

任何个案研究法都是针对个案存在的问题并探索形成问题的根源，这一过程中，研究者会细致入微地分析个案的各个方面，包括其行为表现、心理状态、社会环境等，以期找到问题的症结所在。这样不仅有助于研究者更全面地了解个案，而且为后续的矫正措施提供了有力的依据，可以更有针对性地进行矫正，以促进个案的成长和进步。例如，采用标准化的语言测评工具对一名被诊断为孤独症并存在显著语言发展障碍的儿童的语言能力进行测量，结果显示其在言语理解和表达方面均显著低于同龄儿童。同时，结合教师和家长的反馈，确认了问题的普遍性和一致

① 陶保平，黄河清. 教育调查 ［M］. 上海：华东师范大学出版社，2005：188.
② 曾东霞，董海军. 个案研究法的代表性类型评析 ［J］. 公共行政评论，2018，11（5）：158-170，190.
③ 罗伯特，K. 殷. 案例研究：设计与方法 ［M］. 周海涛，李永贤，李虞，译. 重庆：重庆大学出版社，2007：17.
④ 张湘洛. 教育科学研究方法 ［M］. 北京：国家行政学院出版社，2012：177.

第八章 个案研究法

性。基于上述评估结果，研究者制订了个性化的语言训练方案，如语言刺激、情景模拟对话练习、情感表达训练等，并在整个过程中根据实际情况随时调整训练内容和方法。经过一段时间的训练后，再次对该儿童进行语言评估，结果显示其语言理解和表达能力均有了显著提升。这个例子就展示了个案研究法如何针对特定个体的具体问题制定和实施个性化的研究方案，并通过科学的方法进行评估和调整，以达到促进个体成长和进步的目的。

（六）自然性①

教育个案研究法适合在自然背景下进行，尤其适用于随时间变化的事件研究。它关注实践中存在的问题，并在真实、自然的情境中进行研究，研究者不对研究现象和问题进行主观干预或人为控制，而是作为客观观察者或活动参与者，在自然情景中观察现象、分析问题。因此，所得结论更具针对性和现实性，对实践具有更强的指导意义。

五、个案研究法的分类

个案研究法并非一种单一的研究模式，而是涵盖了多种不同的类型，每种类型都有其特定的研究目的和适用场景，根据不同的分类标准，可以对个案研究法做出以下分类。

（一）诊断性个案研究法、指导性个案研究法与探索性个案研究法

依据个案研究法的目的，个案研究法可分为诊断性个案研究法、指导性个案研究法与探索性个案研究法。

诊断性个案研究法是考察特殊对象以及特定问题行为等，目的在于对个案中问题行为或心理状态做出诊断。这种研究方法常用于教育领域、组织管理、心理咨询领域等。在教育领域，该方法一般用于课堂教学评估，如通过录像重现课堂教学过程，执教者可以清晰地看到整个课堂教学的全貌，发现自己在教态、语言、教学机智、对教学重点和难点的处理等方面存在的不足，从而对症下药，改进教学。

指导性个案研究法广泛运用于教育实践，如对新的教育方式、教学方法进行尝试，然后推广运用到普遍的教育实践中。这种研究通常是对个案进行深入剖析，提炼出成功的经验或失败的原因，总结出具有普遍指导意义的规律或模式，然后将其应用于其他类似情况，提供指导或建议。该方法在企业管理领域也可以用于提炼成功的管理模式，为其他企业提供参考。

探索性个案研究法常用于为进行大型研究或构建理论做前期准备，主要目的是通过初步的调查和观察，了解一个现象或问题的基本情况，为后续研究提供基础资料或方向指引。这种研究方法常用于研究初期，当研究者对研究对象还不太了解时，可通过探索性个案研究法来收集初步信息，为后续研究打下基础。例如，在心

---

① 张湘洛. 教育科学研究方法［M］. 北京：国家行政学院出版社，2013：177-178.

理学研究中，可以通过探索性个案研究法了解某种心理障碍的基本表现和影响因素；在教育学研究中，可以通过探索性个案研究法了解某种教学方法的实施效果和存在的问题。

（二）个案调查法、个案实验研究法与个案行动研究法

依据科研方法分类，个案研究法可分为个案调查研究法、个案实验研究法与个案行动研究法。

个案调查研究法是个案研究法中的主要研究方法，个案观察、个案访谈、个案测量、个案成品分析等都是常用的个案调查方法。个案调查研究的意义在于它能够为特定对象提供深入、全面的认识和理解，为解决实际问题提供有针对性的指导策略或建议。同时，个案调查研究也有助于推动理论的发展和完善，为学科领域的研究提供新的视角和方法。通过个案调查研究，研究者可以更加细致地了解研究对象的内部机制和外部影响因素，从而更加准确地把握事物的本质和规律。

个案调查法在学校教育中，因研究对象少且能在自然状态下进行长期跟踪，非常适合教师使用。对于学习困难或行为偏差的学生，常规教育手段常难奏效，需进行全面深入的研究，并采取特殊措施。通过收集有关个人的资料，可以了解学生的实际情况或问题的症结所在，诊断形成问题的原因，然后针对性地提出矫正方案，帮助学生解决问题[1]。

个案实验研究法是指教育研究有时会使用的个案实验（或单一对象实验）。此类实验的典型方式是，对某学生的行为观察数天；然后进行某方案，再观察此学生在该方案下之行为；最后，将此方案撤离。若学生在新方案下行为有所改善，但该方案撤离时，行为的改善消失，即表示此方案确实对学生的行为有影响。需要注意的是：有时所谓"个案"或"单一对象"（single-case）是指接受相同处理的数个学生、一个班级或一个学校，也就是个案中的"个"字不代表人数，只代表案件的单一[2]。

个案行动研究法，又称为个案指导。当调查对象是有问题的学生或教师时，个案调查只是第一阶段的研究，在个案调查的基础上，还应设计一套因材施教的方案加以实施，帮助调查对象解决问题、提高自己；同时还要跟踪调查，以测定和评价用于指导的教育措施的实施效果。个案行动研究法有助于深入了解特定个体或现象的内在机制与外部影响因素，为解决实际问题提供有针对性的指导策略。该方法强调实践中的反思与调整，有助于推动理论与实践的紧密结合，促进研究成果的实际应用与转化。

（三）即时性个案法、阶段性个案法与长效性个案法

依据研究时间长短，个案研究法可分为即时性个案法、阶段性个案法与长效性个案法。

---

① 张湘洛. 教育科学研究方法［M］. 北京：国家行政学院出版社，2013：190.

② FRANKLIN，ALLISON，GORMAN. Design and Analysis of Single-case Research［M］. 1997：58.

即时性个案法是个案中所记录的内容是在教育教学活动中偶然发生的情景，但对教师改进不良的教学行为或保持某种有效行为具有一定的促进作用，或对其他教师具有仿效、借鉴意义的事例。即时性个案能够迅速捕捉到问题的关键节点，进行即时干预，注重时效性，一般能在事件发生后短时间内完成从数据收集到分析反馈的过程。

阶段性个案法主要记录的个案需要几个月、一学期甚至几个学期的跟踪观察、记录。在记录的过程中，教师会不断地总结经验、提升理念。阶段性个案研究法常用于跟踪学生的学业成绩、心理状态、行为习惯等方面的变化，聚焦于研究对象在特定阶段内的成长或问题演变。通过定期数据收集与分析，提供阶段性的评估报告。

长效性个案法是基于阶段性个案的一些特殊案例，从时间上看，它往往需要几年甚至是几十年，从中得出的也往往是一些具有特殊意义的做法或经验。这种个案研究法通过持续跟踪和深入分析，揭示研究对象在较长时间内的变化规律、影响因素及其长期效果。在教育领域，长效性个案研究法可以用于评估教育政策、教学改革措施等的长期效果，为教育决策和实践提供科学依据。

（四）个体类个案研究法与群体类个案研究法

按研究的对象分类①，个案研究法可分为个体类个案研究法与群体类个案研究法。

个体类个案研究法的对象是个体，既可以是个人，也可以是某一种现象、团体、事件。这些都可视为一个研究单位的连续系统的个案研究法。个体类个案研究法通过深入了解单个研究对象的具体情况、行为模式、心理状态等，揭示其内在机制、影响因素及变化规律。

群体类个案研究法的研究对象是具有同一特征的群体，既可以是一类人，也可以是一类现象、一类团体、一类事件。群体类个案研究法更关注群体现象的整体把握和解释，一般通过分析群体的共同特征、行为模式、互动关系等，去探寻群体现象背后的原因、机制及社会影响。

（五）个案追踪研究法、个案追因研究与个案临床研究法

按研究时效取向分类②，个案研究法可分为个案追踪研究法、个案追因研究法与个案临床研究法。

个案追踪研究法指研究者自选定时间起，长期有计划地跟踪考察研究对象，通过各种手段收集资料，分析其发展变化过程与趋势。此法能详细研究分析研究对象身心发展或特定能力的连续性和阶段性，并进行总结描述。

个案追因研究法在教育现象出现或研究对象某种身心品质形成后，运用多种手段收集相关资料，追溯并探讨其发生或形成的原因。此法旨在考察、探究研究对象

---

① 张宝臣. 学前教育科学研究方法 ［M］. 上海：复旦大学出版社，2007：127.

② 张宝臣. 学前教育科学研究方法 ［M］. 上海：复旦大学出版社，2007：127-128.

特殊身心品质的形成原因及过程，为制订特殊教育方案提供有价值的参考。

个案临床研究法是研究者通过选择个别有一定代表性的研究对象，运用观察、测量、访谈、实验等多种手段，探索教育活动规律，找到有效教育方式方法的研究。在研究时间上，不像个人追踪研究，强调时间的长期性和连续性。个案临床研究强调细致观察，深入分析常规个案，发现规律。

不难发现，每种类型的个案研究法都有其独特的优势和适用范围。因此，在选择研究方法时，我们需要根据研究问题和目标，选择适切的个案研究法类型。

【资料卡片】8-2

个案研究法的分类

（1）依据研究的目的分类：描述型个案研究法、解释型个案研究法和探索型个案研究法。

（2）根据案例的数量分类：单一个案研究法和多重个案研究法。

（3）根据研究目的和个案数量交叉分类：共分为六种，即无论单一个案研究法还是多重个案研究法都可以分为描述型、解释型或探索型三种。

资料来源：罗伯特·K. 殷. 案例研究：设计与方法［M］. 周海涛，李永贤，李虞，译. 重庆：重庆大学出版社，2004：14-86.

六、个案研究法的应用范围

个案研究法应用范围很广，在社会学、人类学等领域中常用于研究社会现象、社会问题、社会变迁等，通过深入了解个案的生活经历、行为模式、社会关系等来揭示社会规律和特定社会群体的特征。在医学领域被广泛应用于疾病诊断、病例分析等，如医生对病人所做的诊断及治疗；在心理学研究层面用于心理咨询者对问题行为者的咨询和辅导；而在教育领域可用于学校教师对学生特殊行为的矫正；其他领域中司法机关对刑事案件的审理等。

个案研究法在教育研究中常用于研究不良问题或难以重复、预测、控制的事例，如学生辍学、学业失败、家庭破裂、道德问题、青少年犯罪等，也适用于学生心理问题和人格偏差的诊断与矫正研究。

（1）学习困难或学业成绩不良的学生。

这可能涉及学生学习方法不当、学习动机缺失、注意力分散、认知障碍等多种因素。通过个案分析，教师可以更准确地识别学生的具体问题，制定干预措施，以帮助他们克服学习障碍，提高学业成绩。

（2）行为不良的学生。

行为不良往往是学生内心困扰或外部环境压力的一种反应。个案研究法有助于教师深入了解行为背后的原因，如家庭问题、社交困难、情感需求未得到满足等，再进一步采取相关措施。

（3）情绪不稳或情绪反常的学生。

个案研究法能够帮助学生和教师更好地理解情绪波动或情绪反常的根源，如焦虑、抑郁、自卑等，从而制定有效的情绪管理策略，提供必要的心理支持。

（4）人际关系不良的学生。

人际关系不良可能源于学生的社交技能缺失、沟通技巧不足或自卑心理等。个案研究法或许能够帮助深入剖析这些学生的人际关系问题，揭示其背后的深层次原因，设计针对性的社交技能训练计划，帮助学生改善人际关系。

（5）智力超常的学生。

智力超常的学生会面临更加独特的挑战，如学习内容的深度与广度不匹配、社交圈子的限制、情感发展的不平衡等。只有进一步了解他们的学习需求、社交模式和情感状态，教师可以制订更加个性化的教育方案，促进其全面发展。

> **【资料卡片】8-3**
> ### 案例研究方法应用于国内教育研究的状况
> （1）在教师教学的研究方面，对教师信念、教师生存状态等问题都有涉及；
> （2）在对课程课堂的研究方面，涉及课改中的学校文化、课改中的教师合作文化等方面的案例；
> （3）农村教育是采用案例研究方法的重要领域，涉及文化变迁对乡村教育的影响、学校与村落社区的互动等主题；
> （4）在民族教育方面，民族教育的特殊性正好契合了案例研究方法对研究对象独特性的关怀。
>
> 资料来源：唐国军. 案例研究方法及其在国内教育研究中的应用述评［J］. 教育学术月刊，2011（12）：14-17.

七、个案研究法的优点与局限

任何事物都具有两面性，个案研究法向研究者展现出自身的优势的同时，也不可避免地暴露出自身的局限性，而了解个案研究法的优点与局限，对研究者做出明智的选择至关重要。

（一）个案研究法的优点

第一，个案研究法能深入细致地研究典型案例，避免成组研究的粗糙；可纵向系统跟踪，减少横向研究的偶然性；可以采用访谈、观察、调查、测验等多种方法，灵活机动，适合实践工作者[1]。

第二，个案研究法可以帮助研究者详细、全面、深入地描述、了解许多特殊

---

[1] 风笑天. 社会研究方法［M］. 北京：中国人民大学出版社，2021：334.

的、不寻常的以及目前还不被人们了解和认识的现象，增加人们对这一类现象的认识和理解，揭示隐藏在复杂现象背后的细节，从而增进人们对现象内在机制和外部影响的深刻理解。

第三，个案研究法通过对各种不同来源的资料的详细描述和分析，可以更好地理解现象之间因果关系的复杂性。研究者可以通过个案研究法去探索各变量之间的相互作用并揭示出多维度的因果关系，更深入地了解其背后的复杂机制，从而更好预测未来事件和行为。

第四，个案研究法通过揭示某些典型个案的重要特征，不仅可以发展出对某一类个案更为深入的理解，还可以为经验结果的概念化以及形成相关理论命题提供重要帮助，特别是便于归纳出相关的理论概念、假设和命题。

第五，个案研究法特别适合于对相关的社会过程以及因果机制的细节进行分析探讨。通过个案研究法，可以更好地理解社会现象是如何产生、发展和变化的，以及不同因素之间是如何相互作用和影响的。

第六，研究者通过选取特定的个案展开研究和分析，不仅有助于构建新的理论，还可以用来对现有理论进行验证。研究者可以在实际情境中检验理论的适用性和有效性，从而发现理论的局限以及不足，从而不断完善和修正理论，使其更符合实际情况。

第七，个案研究法的结果也常常为后续大规模定量研究中相关概念的经验测量提供可靠的基础。通过深入剖析个案，研究者可以识别出关键变量和指标，并开发出有效的测量工具和方法。这些测量工具和方法可以在后续的定量研究中得到广泛应用和推广，从而提高研究的准确性和有效性。个案研究法为定量研究提供了宝贵的实证基础和理论指导。

（二）个案研究法的局限

第一，个案研究往往采用定性的描述分析，主观性较强，难以做出具有普遍意义的、精确性的结论。个案研究法的结论容易受研究者自身的知识结构、能力、经验、偏见等因素的影响，并且研究者可能会更倾向于收集那些能证明自己假设的材料，从而做出主观性强的结论。由于个案研究法专注于个别对象或案例，其结论往往会限于特定情境和背景，因此在推广方面也会受到阻碍。

第二，研究样本小，代表性有限，难以用个案研究法的结论推断总体。由于样本小和代表性有限，个案研究法的结论往往缺乏足够的统计力量和普遍性，难以直接用来推断总体情况。尽管在某些情况下，个案研究法的深入洞察可能为更广泛的研究提供启示或假设，但这些假设需要经过更大规模、更系统的研究来验证。

第三，研究周期比较长，耗时费力。个案研究法往往需要对研究对象进行深入的、长期的跟踪和观察，以获取全面、详细的数据和信息。这就意味着研究周期通常较长，需要研究者投入大量的时间和精力。在研究过程中，研究者需要持续关注研究对象的变化和发展，进行多次的访谈、观察和数据收集，以确保研究的准确性和深入性。

第四，研究常常涉及个人隐私或伦理道德问题。在个案研究的过程中可能会触及研究对象的私人生活、敏感信息或不愿公开的经历。在处理这些信息时，研究者必须格外谨慎，以确保不侵犯研究对象的隐私权，避免给他们带来不必要的困扰或伤害。

第五，研究结论缺乏信度和效度的检验。个案研究法的深度描述和分析往往依赖于研究者的个人经验和主观理解，这增加了结果的主观性和不可重复性，并且研究者的主观偏见和先入为主的观念也可能影响研究的内在效度。

【资料卡片】8-4

社科专访丨吴永军：以典型个案研究法推动基础教育课程建设（节选）

中国社会科学网：在基础教育研究领域，近年来关于基础教育课程建设的研究成果可谓数不胜数。在您看来，针对基础教育课程典型开展针对性研究的必要性在哪里？您指导完成的《学校课程领导发展的个案研究法——以江苏省锡山高级中学为例》这样的著作又展现出了怎样的学术理论价值？

吴永军：教育理论与教育实践应当是紧密结合的，对基础教育实践中的典型案例进行研究分析，就是理论与实践结合进行研究的良好路径。《学校课程领导发展的个案研究法——以江苏省锡山高级中学为例》一书的作者王淑芬在博士阶段持续进行学校课程领导发展的个案研究法，深入扎根锡山高中，在长达两年质性研究的时间里，先后进出现场15次，收集文本资料，并参与学校相关活动，访谈38人、课堂观察20余次，并对教师、学生和家长进行问卷调查，并多次听取业内相关专家学者的建设性意见，最终完成《学校课程领导发展的个案研究法——以江苏省锡山高级中学为例》一书，对这所学校的课程领导实践及其规律性进行了深入剖析。应当说，学校课程领导发展的个案研究法这一选题将国际最前沿的课程理论与本土化实践相结合，寻找属于中国自己的理论解释与实践范式，是具有前瞻性、领先性的，它既把握住了当前课程论研究领域的前沿性方向，又把握住了当前课程改革实践中的重点和难点，既具有十分重要的学术理论价值，同时又具有较大的实践指导意义，做到了"有实践支撑的理论"与"有理论指导的实践"的有机统一。

资料来源：社科专访丨吴永军：以典型个案研究法推动基础教育课程建设 [EB/OL].（2018-04-19）[2024-10-05]. https://www.163.com/dy/article/DFP9QEJ1051495OJ.html.

第二节　个案研究法的操作步骤

在进行个案研究法的实践过程中，我们需要精心规划并执行一系列科学、细致且逻辑严密的操作步骤，这些步骤涵盖了从初步的资料收集与整理，到深入的分析与解释，再到最终的结论提炼与验证，每一步都需严谨对待，以确保研究的深度、广度及其实用价值，从而全面而准确地揭示个案的本质特征与内在规律。

一、个案研究法的基本步骤与方法

为了确保个案研究法的科学性和有效性，我们需要遵循一定的基本步骤与方法。这些步骤和方法不仅有助于我们系统地收集和分析数据，还能确保研究结果的可靠性和可重复性。

（一）个案研究法的基本步骤

个案研究法的过程，从实际操作程序上可分为"确定问题性质""把握问题的关键""了解问题的背景""提出解决方案""付诸行动检验结果"和"形成最佳决策"六个步骤。个案研究的六个步骤是互相联系的整体，前一步骤是后一步骤的基础，一旦哪个步骤出现问题，便可以返回到前一步骤，重新探究。

1. 确定问题性质

问题是什么？必须对此加以确认及界定。有时候问题性质并不如问题表面上显示的那么明显易察，因此确认问题性质时，研究者不要"以偏概全"来界定问题性质。

2. 把握问题的关键

问题的关键是什么？必须透过资料的收集，从问题的性质中找出相关资料，再加以核对、评估及分析，进而确定问题要解决的答案。

3. 了解问题的背景

个案问题的发生有其独特的背景和缘由，实际问题的状况与理论上或理想上的普遍情况不尽相同，其间会有差距。因此研究者必须通过各种渠道了解问题发生的过程、条件，了解个案的内在动机和社会环境等外在因素。

4. 提出解决方案

为了达到解决问题的目的，研究者可以根据过去处理类似问题的经验及方法提出处理意见；也可以独特的创新方式，提出解决问题的方案。

5. 付诸行动检验结果

解决问题的方法有许多，这些方法中哪些具有实效则要在行动过程中加以检验。当解决问题的方法无效或出现新问题时，可以回到前一步骤，重新探究解决问题的方法。就这样不断地循环重复，直至问题的最终解决。

6. 形成最佳决策

研究者在比较评价各种结果的基础上，选择解决问题效果最好的方法并最终形成最佳的研究决策。

（二）个案研究法活动的基本过程

个案研究法活动的基本过程主要包括"确定研究对象""收集个案资料""诊断与假设""个案指导"和"形成结论"五个方面。从选取研究对象到最后形成结论，每一步都环环相扣，并且每一步骤都有需要注意的针对性问题，只有上一个步骤的严谨才有利于下一步骤的开展。

1. 确定研究对象

研究者需依据个案研究法的目的和内容，界定个案问题行为后，选择典型的人或事为研究对象。如旨在了解超常儿童特点及成长规律，则应选智商高、学业优异的学生。教育教学研究中，个案研究常针对生理心理障碍者、学业低成就者、行为偏差生、情绪异常生及资优学生等。

2. 收集个案资料

确保个案研究法的有效性，关键在于全面且系统地收集个案资料，这有助于研究者深入了解个案全貌。资料收集手段丰富多样，书面调查、口头访谈、实地观察、专业测验及评定，以及查阅个人档案等均可采用。

个案资料的三大来源如下：首先，个案的个人资料是基础，涵盖基本信息如姓名、性别、年龄、出生日期、籍贯等，同时深入到身心健康状态，包括身高、体重、病史、性格特征等，并需搜集学习材料如手册、成绩单、作业、日记等；其次，学校记录是重要补充，其规范性及连续性便于纵向对比，包括登记表、学业成绩、各类测验结果、品德评语、奖惩记录及师生反馈等；最后，家庭与社会背景信息不可或缺，它反映了个案的成长环境，涉及父母教育背景、职业状况、社会经济层次、家庭教育方式、家庭成员关系、个案在家的角色，以及社区文化、社交圈子等。

个案研究法的资料收集通常采用调查法、社会计量法、心理测验法、观察法、文件分析法、家庭访谈和身体检查七种方法。例如，观察法是指暗中观察记录或请同学代为观察以搜集个案的人际关系、师生关系及同伴互动和其他行为（尤其是问题行为）。心理测量法的过程涉及收集个案在智力、性格、成就、人格等方面的测验分数，旨在揭示个案的心理特征。文件分析法是通过搜集个案的自传、日记、周记、信函、历年成绩及奖惩记录，以及健康检查记录，全面了解其发育状况。口头访问与个别约谈也是有效手段，它们在建立个案信任的基础上，通过深入交谈，探究问题行为的动机、原因及后果。此外，家庭访问法旨在了解家长的教育态度、管教方式、婚姻状况及个案与家庭成员的关系，以判断家庭因素是否影响个案行为。同时，旁观者调查亦不可忽视，通过调查与个案关系密切的人，如教师、同学、朋友，以获取对问题行为的全面认识。社会计量法也可以作为资料收集的办法去做[①]。社会计量法是指采用计量方式研究团体心理结构的方法。它由美国心理剧创始人莫雷诺创立，其特点是用数量表示团体中成员之间人际关系和人际相互作用的模式。在学校教育中，相对于量表计量而言，社会计量能够帮助教师了解和诊断团队中学生间的互动关系，如了解谁是明星、谁被孤立隔离、哪些人形成了次团体，个别学生与其他学生之间的关系。同时，在进行社会计量时由学生表达出对彼此的感受与想法可以了解彼此联结背后的选择因素，能够促进学生间的理解、信任、安

---

① 阮莉雯. 社会计量法在心理课中的运用［J］. 中小学心理健康教育，2018（29）：32-34.

全，提升团队的凝聚力。

3. 诊断与假设[①]

在广泛收集个案资料的基础上，常常还需要对相关问题做进一步的测试，以诊断问题的症结所在，推论原因——主因、次因、远因、近因等，形成初步的假设。诊断最好能有标准化的测验量表。诊断的类别包括动力性诊断、临床诊断以及病源性诊断三种。第一种是动力性诊断，它是对影响学生问题的各种动力的横断研究，可了解学生烦恼的生理、心理、社会原因。通过动力性诊断，教育者能够更精准地把握学生问题的本质，从而为其制定个性化的干预措施，促进其健康成长和全面发展。第二种是临床诊断，即在现场操作过程中的诊断。临床诊断强调对学生个体差异的尊重和理解。每个学生都是独一无二的个体，他们拥有不同的学习背景、兴趣爱好和学习方式。因此，在临床诊断中，教育工作者会充分考虑学生的个性化需求。第三种是病源性诊断，其核心目的在于探究问题的起因及其逐步发展的过程。所以，进行个案调查的诊断时，我们不仅要关注问题的表面症状和表现，更要深入理解并把握问题的本质及其背后的原因。这就要求诊断者拥有敏锐的观察力和强大的分析能力，能够在众多复杂的信息中仔细筛选、分析，最终揭示出问题的真正核心所在。

分析的首要步骤是选择与界定所分析的类别。一般而言，分析包括"主观—客观维度"和"现状—过程—背景维度"。

（1）主观—客观维度。

对于个案调查对象的主观分析，重点在于探究其内部动力，如动机、态度、情感及人生观等，与行为之间的因果关系；而客观分析则侧重于考察教育、社会环境、家庭等因素与个案的生理、心理特征及其成长发展之间的匹配与不匹配之处，并深入分析这些匹配与不匹配的原因所在。

（2）现状—过程—背景维度。

首先，需评估个案当前的发展状况及所处水平。其次，探讨个案行为或现象的形成与演变历程，以及这些历程与当前水平的相互作用关系。最后，深入分析导致个案行为或现象产生的背景因素，以此来把握个案发展变化的基本特性与规律，以及影响其发展变化的各种要素。

4. 个案指导[②]

个案调查不仅要明确研究的问题，还需提出解决问题的策略与指导性建议，并借助跟踪、观察、记录等手段来验证初步的诊断与假设。在个案调查的诊断假设、分析指导环节中，可能会出现错误的判断与推论，故而在实际执行过程中，需结合多方面的信息与资料，对先前的主观推断进行合理性检验。

① 陶保平，黄河清. 教育调查［M］. 上海：华东师范大学出版社，2005：195-196.
② 陶保平，黄河清. 教育调查［M］. 上海：华东师范大学出版社，2005：196.

5. 形成结论①

针对个案的表现展开探讨与评估，提出相应建议，并总结得出结论，最终编写个案研究报告。

在进行个案调查时，除了收集相关个案资料，还需与个案进行深入的交流，旨在提供辅导、咨询，并解决问题。这种沟通既可以是个人对个人的一对一交流，也可以是多个人对一个人的集体交流。沟通既可以在正式场合进行，也可以在非正式场合进行。在沟通过程中，研究人员需特别留意个案的非言语信息，例如动作、表情等，以确保能够全面且真实地了解个案情况。

【资料卡片】8-5

个案的选择

一是选择典型的个案。挑选具有代表性的典型个案是研究者在个案研究法中常用的策略。这种方法隐含着一个前提，即典型个案能较好地代表同类个案。

二是选择极端个案。这类个案在研究者所关注的变量上表现出极值特征。如果将研究变量视为一个连续的渐变过程，那么极端个案便位于这一过程的两个极端。

三是选择反常的个案。如果说极端个案是相对于某一变量的平均值而言，那么反常个案则是相对于因果关系的一般模式而言的。

四是选择拥有丰富信息的个案，研究者还会重视选择信息丰富的个案，特别是那些能提供关键信息的个案。这是因为丰富的信息对于满足个案研究法所需的深入性、全面性和详细性至关重要。

五是选择不同类型的个案。大多个案研究法在个案的选择上除了要依据回答研究问题的需要，还会考虑到另外一种因素，即要有利于个案之间的比较。

资料来源：风笑天. 个案的力量：论个案研究法的方法论意义及其应用［J］. 社会科学，2022（5）：140-149.

（三）个案研究法的具体方法

个案研究法的具体方法包括追踪法、追因法和临床法，这些方法在教育科学研究中扮演着重要角色。个案研究法作为一种深入、系统的研究方法，旨在通过长时间、有目的地观察和收集数据，揭示特定对象或现象的发展变化规律及其影响因素。而个案研究法的各种方法有其特定的应用场景和优势，同时也存在一定的局限性，研究者在使用时需要进行合理的判断。

1. 个案追踪法

个案追踪法是指在比较长的时间内对某一研究对象进行有目的、有计划的系统的定期的跟踪，收集相关资料，揭示其发展变化的情况和趋势的研究方法。追踪研

---

① 陶保平，黄河清. 教育调查［M］. 上海：华东师范大学出版社，2005：196-197.

究的时间跨度较长，可能是数月、几年甚至更长的时间，并且强调对研究对象进行连续不断的跟踪，以获取其发展变化的第一手资料。研究者在对资料进行深入分析之后全面、准确地揭示研究对象的发展变化规律。

个案追踪法适用于两种研究情况：探索发展的进程和变化的规律、研究早期教育对研究对象发展的影响。

个案追踪法的优点主要有：第一，个案追踪研究允许研究者对单一对象进行长期、连续的深入观察和分析，能够揭示出研究对象在多个时间点上的发展变化，提供丰富、细致的个案资料；第二，通过追踪研究，研究者可以直接观察到研究对象在不同时期的变化趋势，这对于理解个人或某一教育、社会现象的长期发展具有重要意义；第三，对于复杂的教育、社会现象，个案追踪研究能够揭示其背后的深层次原因和机制，为问题的解决提供新的视角和思路；第四，个案追踪研究不仅有助于理论验证和构建，还能为实践提供具体的指导和建议，促进理论与实践相结合。

个案追踪法也存在一些不足之处。首先，个案追踪研究通常只针对单一对象进行，样本数量较小，因此研究结果可能难以推广到更广泛的总体中去。其次，由于研究对象的独特性，研究结果可能不具有普遍性。个案追踪研究需要较长时间的连续观察和记录，这要求研究者投入大量的时间和精力。最后，由于研究周期长，研究者可能面临各种不可预见的困难和挑战。个案追踪研究虽然能够揭示出研究对象在不同时期的变化趋势，但由于缺乏控制变量和实验组对照组的设计，因此难以确定因果关系。研究者需要谨慎解读研究结果，避免过度推断。

个案追踪法的实施一般分为以下几个步骤[①]：

（1）确定追踪研究的课题。

研究者在开展追踪研究前，首要任务是清晰界定研究对象及其目的。这包括明确研究对象是个体、团体还是机构，并确定要研究的具体方面以及期望通过追踪获得哪些信息。作为教师，在日常教学和教育实践中，应具备敏锐的观察力，以识别具有典型特征的学生或事例作为追踪研究的对象，并清晰地知道要深入了解学生或事件的哪些方面。

（2）实施追踪研究。

追踪研究必须紧密围绕课题所设定的内容进行，利用既定的方法收集相关资料，确保不遗漏任何重要信息，同时避免被表面现象所误导。由于追踪研究通常需要较长时间，研究者必须具备坚持不懈的精神，不可轻易放弃。

（3）整理和分析收集到的各种资料。

针对收集到的个案资料，需要细致地进行整理与分析，以做出恰当判断，并揭示出个案发展变化的特征及其规律。如果情况需要，还应继续追踪并深入研究。

（4）提出改进个案的建议。

基于个案追踪研究的成果，研究者应提出针对性的改进建议，以指导和推动个

① 张湘洛. 教育科学研究方法［M］. 北京：国家行政学院出版社，2013：181-182.

案的发展，实现个性化教学。

总之，个案追踪法是一种对同一对象进行长期、连续的研究方法，它使研究者能够直接获取研究对象发展变化的第一手资料，深入了解个人或某一教育现象的演变过程，并明确其发展中的个体差异。

2. 个案追因法

个案追因法指追寻和探索现象的原因的方法，主要用于探索研究对象发展的连续性、稳定性以及早期教育对长期发展的影响等。例如，对青少年犯罪心理转化过程的研究，可以从审讯开始追踪到法庭表现、少管所（或监狱）生活以及回归社会后的心理和行为变化。

个案追因法的一般过程包括以下五步[①]：

（1）确立结果和研究的问题。

第一步工作是确立研究的问题。如果这一步做得不够扎实，那么在后面的研究中找出的原因也很难说是有意义的。

（2）假设导致这一结果的可能原因。

一旦明确了事件发生后的结果，接下来便是探寻可能导致这一结果的原因。这些原因起初是基于假设的，尚未经过验证。在提出可能导致结果的原因时，应尽可能全面，数量多没关系，只要它们合理即可。同时，对于已经发生的事件，也需要对各种原因之间的可能关系进行假设。

（3）设置比较对象。

为了探究导致某一结果的原因，研究者可以采用两种方法来设定比较对象。第一种方法是选取多个结果相同的研究对象，通过对比分析，找出他们共有的因素，这些因素可能就是之前假设的原因。第二种方法是选取结果相反的研究对象，即与预期结果不符的个体，通过对比找出相异的因素，从而从反面揭示真正的原因。比如，在研究某学生品德不良的形成原因时，研究者可以选取多个品德不良的学生，找出他们品德问题形成的共同因素；也可以将品德优良的学生与品德不良的学生进行对比，探究他们在成长过程中存在的差异，从而准确地找出学生品德不良的真正原因。

（4）查阅有关资料进行对比。

研究者可以通过审查研究对象的相关资料，来验证之前提出的假设原因。这一步骤至关重要，需要特别仔细地执行，因为教育现象具有复杂性，导致某一结果的原因往往是多种多样的。在处理这些可能的原因时，不能一视同仁，它们在影响程度上是有所不同的。此外，单个原因单独考虑时的影响，与多个原因综合考虑时产生的综合作用，可能会有所不同。这种综合作用可能远远超过原先各个原因单独作用的总和。因此，在深入探究复杂的教育现象时，有时还需要进一步探究原因之间的相互关系。

---

① 张湘洛. 教育科学研究方法［M］. 北京：国家行政学院出版社，2013：182-183.

（5）检验和反复验证，得出结论。

找出的原因还需经受进一步的验证过程。最理想的验证途径是观察在具备相同原因的其他多个案例中，是否会产生相同的结果。若未出现，则该假设无法成立；若出现，则表明两者间的因果关系更具可信度。经过初步验证后，可以剔除那些非真正的原因，从而揭示出导致该结果的真正因素（可能是一个或多个）。为了确保准确性，此时可以进一步增加案例进行重复验证。最终，为了深入验证所得结论，还可以将此结论作为新的假设，系统性地规划并执行新的实验。研究者通过结合个案追因法与实验法进行研究，所得出的结论将更具可靠性和学术价值。

3. 个案临床法

个案临床法是以谈话形式进行的一种个案研究法。通过临床法，教师可以深入了解学生的具体情况，制定个性化的教学方案或干预措施，以帮助学生克服困难、提高学习效果。同时，临床法也常用于心理学领域，对个体的心理咨询和治疗过程进行深入研究。临床法的谈话方式可以分为口头谈话和书面谈话。

在采用口头谈话方式时要注意解除学生的焦虑、紧张、畏缩、防御心理，要创造轻松自如的谈话气氛。教师要以平等的身份参与谈话，不能居高临下，咄咄逼人。谈话过程不能是教师问一句，学生答一句，要变学生的被动应答为主动回答[①]。

在进行书面谈话时要注意对问卷的评定要公正、客观。教师要向学生交代清楚做问卷的具体要求和注意事项。对于临床上的复杂个案问题来说，需要动用两种谈话方法，进行综合判断和分析[②]。

个案临床法大致会经历以下过程，首先由教师、父母或学生本人提出具体需要帮助的问题，并对研究对象的行为进行详细观察，记录其行为表现；接着根据学生的学习成绩、教育测量情况、同伴评价，以及该生在各种环境中的表现，明确当前的情况，了解过去的历史；然后根据家庭历史可能的假设，设置处理方案；再根据初步处理的结果判断假设的正确性，在此基础上进行修正；最后用实验法加以检验，提高研究的科学性。

4. 产品分析法

产品分析法是研究者通过对研究对象的作业、作品、日记等的分析了解其心理活动特点和规律的方法。产品分析法通常需要与其他研究方法相结合使用，如实验法、观察法等，以获取更全面、科学的研究结论。运用产品分析法分析的对象主要包括以下三种：

一是反映一个地区或一所学校的教育工作情况的材料。如指示、计划、通知、总结、报表、会议记录、规章制度、日志等。二是反映教师教育教学的工作情况的材料。如教师工作计划、考察报告、教学工作总结、教研组会议记录、听课笔记、

---

① 张湘洛. 教育科学研究方法［M］. 北京：国家行政学院出版社，2013：184.
② 张湘洛. 教育科学研究方法［M］. 北京：国家行政学院出版社，2013：184.

作业批改情况等。三是反映学生学习、知识、思想、心理状况等的材料。如日记、作文、书信、试卷等。

5. 教育会诊法

教育会诊法是指教师通过集体讨论，就某一学生的行为做出鉴定，形成比较客观公正的结论，并制定出矫正、改进和促进措施的一种个案研究方法。该法具有集体性和简便性①。在教育教学中，教育理论工作者会同班主任、科任教师以及家长，运用教育科学理论，分析研究学生的生理、心理特点，提出教育措施的具体方法。

教育会诊法的基本环节：

一是明确会诊的目的。这一步是整个会诊过程的基础，旨在确保所有参与者对会诊的目的有统一的认识，从而能够有针对性地收集信息、分析问题和提出解决方案。

二是确定会诊参加者。在明确了会诊目的之后，接下来需要确定会诊的参与者。这些参与者通常包括班主任、任课教师、学校心理咨询师、家长以及可能涉及的其他专业人员。通过综合考虑学生的多方面情况，选择具有相关经验和专业知识的人员参与会诊，可以确保会诊的全面性和专业性。同时，合理的参与者构成也有助于增强会诊的权威性和说服力。

三是由班主任和任课教师详细说明对某个学生的看法，并列举理由。在会诊过程中，班主任和任课教师需要详细阐述他们对某个学生的看法，包括学生的学习表现、行为特点、心理状态等方面。这些看法应基于对学生的日常观察和了解，并需要列举具体的理由和事实来支持。

四是组织集体讨论，广泛听取各方意见。广泛听取各方意见，可以汇聚不同角度的智慧和见解，形成更为全面、深入的认识。同时，集体讨论也有助于增强会诊的民主性和透明度，确保会诊结果的公正性和合理性。

五是共同为学生做出鉴定，确定学业不良和品德不良的主要原因，提出预防和克服的有效措施。这一鉴定应基于对学生的全面了解和分析，准确找出学业不良和品德不良的主要原因。针对这些原因，教师需要提出切实可行的预防和克服措施，以帮助学生改善现状、提升自我。这些措施应具有较强的针对性和可操作性，能够切实解决学生的实际问题，促进其全面发展。

六是根据鉴定材料，对教师集体活动做出自我分析，改进教育教学工作。

个案研究法在教育科学研究中具有不可替代的作用，它们能够为我们提供深入、系统的关于特定对象或现象的信息。在实际应用中，研究者应根据研究目的和对象的特点选择合适的方法，并注意各种方法的优势和局限。

---

① 张湘洛. 教育科学研究方法 [M]. 北京：国家行政学院出版社，2013：185.

二、个案研究资料的记录与分析

在个案研究法中，个案记录扮演着至关重要的角色。该方法不仅要求收集相关的资料，还需要对这些资料进行整理、记录，并最终形成一份详细的报告。个案记录就是研究者保存的备忘录，也是整个研究最重要的参考资料。个案记录类似病历记录，必须以客观、准确、清晰的方式加以描述，必须建立在充分收集相关资料的基础之上。

（一）研究资料的记录方法

个案资料的记录方式有很多，需要记录的内容也会有很多，我们不可能把个案所有的内容不分巨细地记录下来。因此个案记录的基本原则就是要保持资料的完整性、正确性、可靠性。在这个基础上，尽量使个案记录观点简洁、明确，内容易于联系、理解。

1. 直接描述法

描述性记录能够详尽地展现个案资料，具有直观、生动、具体的特点，便于理解。然而，这种记录方式篇幅较长，需要花费较多时间整理报告，且难以突出问题的核心，显得相对烦琐。直接描述强调对研究对象现状、行为、环境等方面的具体描绘，力求生动形象地展现个案的真实面貌；避免了复杂的理论解释和抽象概括，而是通过直观的语言和生动的描绘，使读者能够更容易地理解研究对象。

2. 图表描述法

图表描述法是将个案资料的主要特征进行分类，以小标题的形式列表，以线条、箭头明确标示各细目之间的顺序和关系。这种方式简洁明了、突出重点，有助于研究者系统地整理和呈现复杂的数据信息，同时使读者能够更直观地理解个案的特征、变化趋势和内在关系。但是该法难以详细获知一些有关个案的细节资料，还需要结合文字来进一步解释图表的含义和背后的逻辑。图表描述法依赖于数据的准确性和可靠性，因此在收集、整理和分析数据时需要格外注意。

3. 结构描述法

在个案研究法中，结构描述法被广泛采用。它依据特定的框架（如大纲或摘要表格）对个案资料进行归类，并重新整合这些资料，形成一个全面的个案记录。这种方法使得个案资料的检索变得容易，能够帮助研究者识别资料的不足或遗漏，从而进一步搜集更丰富的信息。

结构描述法除了按规定的框架内容描述个案情况外，有时可以将个案资料相关部分归类，制成表格形式，这样对个案的情况可以一目了然，从而简便地查检到个案的有关资料，形成有效的推论，进而提出个案矫治的策略。

4. 半结构描述法

为了获取个案的基本信息，研究者有时会采用半结构式的个人评定记录法来描述个案问题。这种方法需要根据实际情况，逐一填写个案清单中的各项内容，以此来收集个案的身份等基本信息。

优质的个案记录应具备准确性、客观性、完整性，并且表述简明清晰，便于理解和查阅。记录方式可以依据时间顺序进行，如按照年月日的顺序，或者根据研究的不同阶段（起始阶段、调查阶段、诊断阶段、治疗阶段、跟踪阶段）来记录；另一种方式是按照专题内容进行分类记录，涵盖家庭背景、社区环境、文化背景、教育经历、娱乐活动、兴趣爱好、健康状况、精神状态、职业情况以及经济收入等多个方面。

在教育系统中，个案记录常采用累积记录的方式，即对个案学生在相当长的一段时间内进行跟踪记录。这种记录形式既可以满足教学需要，利于发现学习成败的原因，识别特殊的才能，又有助于个案诊断和提供矫治策略。在学校可用于累积记录的内容有：各门课程的成绩、能力倾向测验、性格气质的评定等级、出勤率、健康状况、体检资料、参加活动情况、学生的轶事材料、兴趣、态度、同伴关系等。

（二）研究资料的分析

在个案研究的过程中，问题的描述与分析不仅关系到对个案的深入研究与理解，更直接影响到最终结论的正确性和可靠性。接下来，将探讨个案问题的描述与分析，包括如何明确区分事实资料与意见资料、如何判断"事实"与"意见"的方法，以及在进行问题描述与分析时需要注意的事项。研究者通过深入了解这些内容，提高研究的准确性。

1. 事实资料与意见资料

选定并确认研究个案后，个案的描述与分析便成为个案研究法中的核心步骤。这一过程符合科学方法的严谨性，对于确保研究的准确性和可靠性至关重要。值得注意的是，一些个案研究报告中常出现事实资料与主观意见混淆的情况，这导致难以准确把握个案的核心问题，进而影响到对个案结论的有效推断。

个案研究者在形成个案研究法报告时，必须明确描述的内容哪些是事实资料，哪些是有关的证据，哪些是研究者的推论和价值判断。

描述个案资料时，难免将"事实"资料与"意见"资料混淆，但研究者必须能清楚地区分哪些是"事实"，哪些是"意见"。分辨"事实"与"意见"的方法主要有以下几种：

一是简单判定法，即研究者根据自己掌握的知识和经验，对"事实"资料或"意见"资料进行主观的定性判断。这种方法的核心在于研究者利用自身的专业背景、研究经验以及对相关领域的深入了解，对遇到的资料进行分类和判断。需要注意的是，简单判定法虽然具有一定的便捷性和实用性，但其主观性也相对较强。因此，研究者需要保持客观、公正的态度，尽量避免个人偏见和主观臆断对判断结果的影响，也可以结合其他更客观、更全面的验证方法来进行综合判断。

二是逻辑推理法，即采用归纳或演绎的方式，从个案基本资料的内容中，推断"事实"与"意见"。首先，逻辑推理法要确保收集到的资料是准确、全面的，以避免资料不全或错误而导致的推理偏差；其次，在推理过程中要保持客观、严谨的态度，避免主观偏见对推理结果的影响；最后，需要对推理结果进行验证和反思，以确保其科学性和可靠性。

三是提问澄清法，即通过提问的方式帮助研究者澄清叙述句的真实性和有效性，如"这个句子是什么意思""这是真的吗""还有别的证据吗"等。在提问的过程中，研究者应保持客观中立的态度，避免将自己的主观观点或偏见带入问题中，也要注意尊重信息提供者的隐私和感受，避免提出过于尖锐或冒犯性的问题。提问澄清法并非一成不变的模式化操作，研究者应根据实际情况灵活运用，以达到最佳的澄清效果。

四是多重证据法，即将从不同来源或不同的方式得来的资料或信息进行比较分析，看是否具有一致性来判断资料的真实性。多重证据法能够有效避免单一证据可能带来的片面性和误导性，提高研究结论的可靠性和说服力。同时，它还能够促进多学科之间的交流和融合，从而推动学术研究的深入发展。

2. 问题描述与分析的注意事项

个案研究法中对资料的描述与分析是一件相当耗时费力的工作，由于时间精力的限制，有时对于与个案相关的资料未能全面收集、深入探讨，有时只能按一般常识和经验对个案加以处理，常常会造成错误的判断和推论。因此，个案研究者有必要考虑以下一些问题：

（1）个案研究法准备解决什么问题？

（2）与主题相关的证据有什么？

（3）如何获取有关资料？

（4）如何选择相关资料，淘汰无关资料？

（5）如何解释收集到的资料？

（6）如何分辨"事实"资料和"意见"资料？

（7）如何提出解决问题的方案和策略？

个案研究法的核心在于深入探究问题的根源和事实真相，然而，仅仅把握问题的本质通常并非其最终目的，其直接目的在于解决这些问题。为达成此目的，必须探寻有效的解决方法和途径，并提出相应的解决策略。

问题解决的基本流程涵盖以下步骤：识别问题、明确问题性质、深入探索问题、采取适当行动、验证并形成决策。

一旦个案问题被明确，接下来的挑战便是如何寻求解决方案。研究者可以在权衡各种方法的优劣后，选择最合适的方法。在此过程中，常用的工具包括决策树图和网络关系图等。

3. 个案研究法的逻辑推理

个案研究法所搜集到的原始资料往往是繁杂粗糙的，这就需要研究者在充分占有资料的基础上进行理性的思维加工。在加工的过程中，最重要的思维方式就是逻辑推理。逻辑推理合理性直接影响个案研究法的有效性。

（1）逻辑结构。

一篇有价值的个案研究法报告应具有基本逻辑的结构。托尔敏（Toulmin）于

1979 年以逻辑分析方式探讨了研究报告的基本结构，他认为研究报告的逻辑内容有六个基本项目，这六个项目则是我们在进行个案研究法推理时必须考虑的因素。

第一，主张或结论（claim or conclusion）。任何研究报告都需围绕一个中心主题展开，要么阐述一个论点或总结，要么表达一个观点或探讨一个问题。主要回答：你的主题是什么？你要研究什么？你主张什么？形成什么结论？

第二，基本资料和事实（data）。提供必要的基础数据与事实材料，作为支撑论点或总结的依据。主要回答：你的证据在哪里？有何证据支持你的结论？你有什么相关资料？哪些是已经建立的事实？如何去解释事实现象？

第三，推论依据（inference warrant）。通过操作性定义、标准化测量或类比等方式，验证或评估论点与数据之间的关系。主要回答：你如何获得此项结论的？事实与主张是如何联结的？你是如何做出这样判断的？为何做出如此的解释？

第四，品质认定（modal qualifier）。利用自己的主观经验和现实的事实效果去认定主张和结论的性质。主要回答：你是如何肯定的？你对你的主张有多大信心？你的结论有多大的准确性？

第五，反驳或保留（rebuttal or reservation）。反驳或批判原有的主张或结论，评估原有主张或结论的局限性。主要回答：你的研究假设是什么？在什么情况下，你的假设得到拒绝或保留？

第六，证据支持（backing）。利用更多证据，如实证数据、经验知识、专业知识、科学理论等，来支持推理或进行重新审视。主要回答：你还有什么证明？还可以做什么判断和推理？尚有哪些未考虑到的其他因素？

（2）推理的偏差。

在个案研究法的推理过程中，会有许多偏差，这些偏差大多来自归因过程，如对事实的歪曲、认知的限制、个人的主观动机等。常见的偏差大致可以分为两类：一与人的直觉判断、主观经验有关，二与收集资料的偏差有关。

第一，直觉判断的偏差。人们在推理过程中，往往会凭自己的主观经验，采用简便、直接的方式做出推论。例如，经验认为，人一紧张会口吃，因而就会推论口吃是紧张造成的，或者人一紧张就会变得口吃。直觉判断中存在的偏差是认知过程中难以避免的一个方面，但可以通过一系列措施来减轻其不利影响，提升判断的准确性。这些措施包括增强个人的自我意识、重视证据与信息的全面收集、培养批判性思维能力以及深入学习相关的专业知识与技能。

第二，收集资料的偏差。资料收集过程中可能导致偏差的因素包括样本选择不当、个人主观偏见、先入为主的材料观念以及资料来源的单一性等。例如，若研究者仅凭教师对学生的评语来评判学生的品行，可能会缺乏客观性。

推理是一个错综复杂的认知活动。要确保推理过程合理并得出恰当的结论，研究者需要掌握处理个案资料的技巧，并具备相关的背景知识。同时，他们还需明确研究问题的性质，梳理问题的内在关联和逻辑顺序。

个案调查中，当研究者了解推论中的偏差来源，便可以大大减少错误的判断。

以下几点可供参考[①]：①正确认识个案推理中可能存在的错位和偏差；②掌握个案推理的具体方法；③尽可能从多个方面收集资料以验证其正确性；④以客观的方式收集个案资料，以避免主观偏见；⑤掌握处理个案的技能技巧。

（3）推理判断的注意事项。

一是进行推理判断之前，要明确推理的目标，即希望通过推理达到什么样的结论或认识。明确的目标有助于指导整个推理过程，确保推理的方向性和针对性。

二是推理判断的基础是个案资料，因此收集全面、真实的个案资料至关重要。资料收集应涵盖个案的各个方面，包括背景信息、事件经过、相关人物、数据统计等。同时，要确保资料的来源可靠，避免使用虚假或偏颇的信息。

三是研究者应根据个案的特点和推理目标选择恰当的推理方法。例如，归纳推理适用于从具体个案中提炼出一般性结论；演绎推理则适用于从一般原理出发推导出个案中的具体情况。

四是在推理过程中，要注重论据的充分性和逻辑性。每个论点都应有明确的论据支持，论据之间应形成严密的逻辑链条。避免使用模糊、笼统的表述或缺乏证据支持的结论。

五是研究者应保持客观中立的态度，避免将个人偏见或情感因素带入推理过程。要尊重事实和数据，以客观的眼光审视个案资料，确保结论的公正性和客观性。

三、个案研究报告

个案研究报告是个案研究法的表现方式，是个案研究法的过程中必不可少的一环。我们通过个案研究报告可以了解个案的基本情况及处理的过程。就像去医院看病医生写的病历一样，可以为以后的诊断、治疗提供依据。

1. 个案研究法报告的类型

（1）描述性报告。

描述性报告比较详细地叙述个案资料，直接而精细，可以将一些片段并列或串联，不用转述而用原话，尽可能用客观描述来呈现对个案的解释。这种报告形式的优势在于其详尽性和客观性，能够为读者提供丰富、具体的个案信息，有助于深入理解个案的各个方面。但整理报告的时间较长，重心难以把握，较为繁复。

（2）简介性报告。

简介性报告类似一幅个案的速写，着重反映个案的主要特征，比较简洁。报告整理时间较短，较能显出问题的重心，不过往往难以详细获知一些有关个案的细节部分资料。因此，简介性报告需要明确其目的和受众，确保在简洁明了的同时，也能够提供足够的关键信息，以满足读者的需求。

① 陶保平，黄河清. 教育调查［M］. 上海：华东师范大学出版社，2005：210-211.

（3）分析性报告。

分析性报告往往直接阐述论点，并为每个论点提供支撑的证据，同时阐述个案中可能出现的各种情况以及推理过程。这种报告旨在以客观的方式展现个案资料，但在呈现过程中也不完全排除主观判断。它通过详细的论述和充分的论据来支持论点，并深入剖析个案的各种可能现象和推理历程。这种报告形式对于深入理解个案、发现问题并提出解决方案具有重要意义。

2. 个案研究法报告的基本格式

一般来说应包括以下三大部分[①]：

第一部分简要说明研究的必要性和研究的原因、目的、意义、方式方法及研究背景。

第二部分是报告的主体，包括主要对象所具有特性的实质、现状、成因及其发展变化的趋势和规律，也包括全部研究内容的结构和方式，应根据具体研究的目的和内容确定。例如，研究学前儿童行为问题包括这样两个部分：①研究对象的基本情况及行为表现；②行为问题形成的原因分析效果或启发。

第三部分是关于个案研究法的总结，它主要对应并阐述了研究所得出的总体观点，清晰地指出了研究活动已经解决了哪些问题，同时也指明了还有哪些领域有待进一步深入探索。

个案研究法，简而言之，就是通过多种途径搜集个案资料，运用科学推理提出解决方案，并评估其效果的一种研究方法。它不仅仅是一种技术手段，更是一个包含复杂认知过程和问题解决策略的理论框架。

典型的个案研究法报告的格式大致涉及以下几个方面：

（1）基本资料：姓名、性别、年龄、学习程度、籍贯等。

（2）个案来源：别人介绍、自己寻来或其他关系等。

（3）背景资料：

个案家庭史：父母、兄弟姐妹、其他人；

个案与家庭的关系：父母的管教态度、亲子关系、兄弟姐妹的关系等；

个案的学校生活：对学校的态度、学习能力、学业成绩等；

个案的社会关系：人际关系、与朋友的交往等。

（4）主要问题的描述（略）。

（5）诊断和分析：根据个案资料加以分析，诊断造成偏差行为的原因，并提出适应的辅导策略[②]。

（6）指导策略（略）。

（7）实施指导策略：执行辅导策略时，应详细记载辅导方法、日期及过程中

① 张宝臣. 学前教育科学研究方法［M］. 上海：复旦出版社，2007：133.

② 陶保平，黄河清. 教育调查［M］. 上海：华东师范大学出版社，2005：210-211.

个案的特殊反应。整个辅导个案成效的评价，应尽量采用科学方法加以检验①。

（8）实施结果（略）。

（9）跟踪及检讨（略）。

四、个案研究法的注意事项

有学者指出，一个有严格科学性的个案研究法和任何其他方法一样，在设计上要能回答所提出的问题。也就是说，研究者在选择场所、事件、参与对象、时间时心中要有明确的研究目的，并清楚自己的期望和偏见。同时，研究者所收集的数据通常应该有不同的来源，运用不同的方法，并由其他研究者证实。不仅如此，对个案的叙述要利用原始证据并提供足够的细节，从而使读者能够判断结论的效度。研究者运用个案研究法时应该注意以下几点：

第一，个案研究法设计同样需以回答研究问题为目标，即研究设计的出发点同样也是研究问题。个案研究法的方式本身只是研究者为回答研究问题所采取的一种具体途径。正是研究问题决定了在研究场景、事件、参与对象以及时间等一系列具体设计内容上的选择。换句话说，每一项具体内容之所以被选择，主要是因为可以很好地帮助研究者实现回答研究问题的目的。因此，在进行个案研究法设计时，研究者首先要能够清楚地认识和说明采用个案研究法的方式进行研究的必要性，同时还要清楚认识和说明开展这项个案研究法的总的目的。只有目的明确了，指导思想才会有方向，研究设计的具体环节才会更加清晰。

第二，要选择和决定研究所依据的个案。恰当的个案选择是研究得以顺利开展和取得预期效果的基础。研究者要事先确定并清楚说明选择个案的原则和标准、所选择的个案的特征和边界是什么、研究所要考察的是一个个案还是多个个案等。同时需要特别说明的是，这种对个案的选择，除了其他方面的因素外，个案特征与研究目标之间的适合性、个案便于研究者接近和接触的便利性或可行性，无疑是两个最重要的标准。此外，研究者还应遵循道德准则，切实保护研究对象的隐私权。

第三，在个案研究法中，应当尽可能采用多样化的资料收集手段，从不同渠道获取丰富多样的信息。这些资料可以涵盖通过深度访谈和参与观察获得的实地记录，如文字材料；也可以包括档案资料、行政统计数据、问卷调查结果或测验成绩等内容。确保所收集的资料全面、真实且可靠至关重要。任何有助于全面、深入地了解、描述和分析个案的信息，都应当被纳入收集范围。例如，美国学者沃尔顿（Walton）在他对美国加利福尼亚州欧文斯谷的一个社区进行的个案研究法中，就利用了各种形式的资料，"包括直接观察、正式与非正式访谈、普查数据地图、老照片和旧报纸、各种历史文件和官方记录等"。特别是作为一种研究方式，个案研究法既"可以基于定性材料，也可以基于定量材料，或者同时采用定性材料和定量材料。除此之外，案例研究也并不总是把直接的、详细的观察作为证据的来源"，

---

① 陶保平，黄河清. 教育调查 [M]. 上海：华东师范大学出版社，2005：211-212.

即并不一定非要通过民族志观察或参与观察来收集资料。在研究某些问题时，研究者甚至不需要离开图书馆。这也即是说，个案研究法的资料收集方法也是依资料来源和性质的不同而不同的。资料收集过程既可以是像民族志、实地研究、参与观察那样通过深入实地、较长时间的参与和观察来实现，也可以完全不采用那些方法，只通过收集和分析文献档案资料来完成。总之，多种方法的运用和多种资料来源的利用既是个案研究法的一个重要特征，也是个案研究法设计中的一项重要内容。

第四，要注意研究者主观因素的影响。在个案研究法的设计中，当研究者做出各种选择时，要十分清楚这种选择带来的或可能带来的各种局限。无论是研究地点的选择还是研究对象的选择，个案研究法的设计中往往都会有比定量研究更多的主观考虑，各种选择上的主观因素也会更多一些。因此，研究者在考虑如何更好地回答研究问题的同时，也要考虑自己所做出的每一种选择和决定对研究对象、研究资料以及研究结果造成的各种可能影响。

第五，要以原始证据而非其他二手的或转述的证据为主，并要提供反映这些证据原始特性的充足细节。原始资料的收集和展现，是个案研究法的一个特色，也是其得出研究结论的基础。强调资料的原始特性以及资料的细节，或许有两个方面的原因：一方面是要通过这些细节来向读者表明证据所具有的客观性特征，即表明证据并非研究者个人的特别是主观的产物；二是便于读者通过对这些原始证据的审查和检验来判断研究结论的有效性和可靠性①。

示范案例

王小刚为什么不上学了

理解·反思·探究

1. 什么是个案研究法？其优点与局限是什么？
2. 论述个案研究法的基本步骤与方法。
3. 使用个案研究法应该注意哪些问题？
4. 思考个案研究法与单一被试的区别与联系。

---

① 风笑天. 社会研究方法［M］. 北京：中国人民大学出版社，2021：334.

拓展阅读

［1］魏志慧，林东华，刘玉梅，等. 基于叙事行动研究法的开放大学教师专业发展：以 TPACK 为框架［J］. 中国电化教育，2022（2）：122-129.

［2］陈向明. 王小刚为什么不上学了：一位辍学生的个案调查［J］. 教育研究与实验，1996（1）：35-45.

［3］张丽敏，叶平枝. "我是谁？何以为师？"社会互动中的幼儿园教师身份构建：一项多案例个案研究法［J］. 全球教育展望，2019（12）：69-85.

［4］赵阔. 博士生课程参与困境的诱因及其调适：基于"双一流"高校教育学博士生的个案研究法［J］. 研究生教育研究，2022（1）：54-62.

［5］杨钋，韩晓峰. 薄弱学校何以参与集团化办学：来自北京市 T 区 SD 学校的个案研究法［J］. 教育科学研究，2023（6）：88-96.

［6］闫寒冰，郑东芳，肖玉敏，等. 信息化变革中校长角色的个案研究法［J］. 电化教育研究，2020，41（5）：112-118.

［7］崔盼盼，郑兰琴. 协作学习活动设计质量评估方法的个案研究法［J］. 现代教育技术，2018，28（10）：64-69，106.

［8］赵萍，邹奕淳. 国际教育教师胜任力特征研究：基于个案的考察［J］. 教师教育研究，2024，36（3）：107-114.

［9］姚媛媛，王娟，黄忠敬，等. 教师在课堂中支持学生的社会与情感能力发展的个案研究法［J］. 中国电化教育，2023（6）：90-97.

第八章
个案研究法

第九章　比较研究法

要点提示

在教育科学研究中，比较是一种有目的、有计划的认识活动。比较研究法是指研究者根据一定标准，考察两个或者两个以上存在联系的事物，寻找其异同之处，探求其内在规律的研究方法。本章主要在概述比较研究法的基础上，引导学习者了解比较研究法的概念、作用、特点与类型，重点探究比较研究法的操作步骤与注意事项，并以具体案例引导学习者掌握比较研究法的操作程序。

思维导图

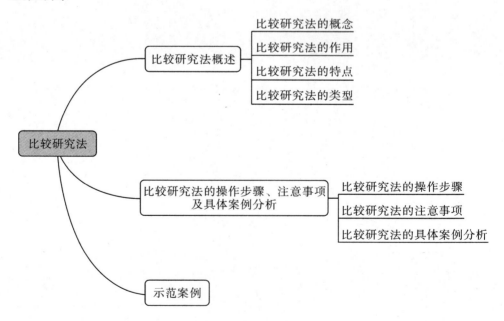

第一节　比较研究法概述

有比较才能区别事物之间的相似和相异，有区别才能掌握事物的本质。古罗马学者塔西陀曾说："要想认识自己，就要把自己同别人进行比较。"[①] 比较是认识事物的基础，是人类认识、区别和确定事物差异的最常用的思维方法[②]。运用比较研究法可以克服教育科学研究过程的狭隘性、为制定科学的教育政策提供科学依据、帮助研究者获得新发现。研究者综合运用历史研究法和比较研究法，能够追溯事物的历史发展渊源的同时，还能探究事物的发展过程和发展规律。

一、比较研究法的概念

厘清概念是认识事物的前提。厘清教育比较研究法的概念，始于理解什么是比较？什么是比较研究？

比较是指研究者根据一定标准，将彼此之间存在联系的事物放在一起考察，寻求异同，把握研究对象的质的规定性[③]。比较的条件是比较的对象必须包含两种或两种以上的事物、这些事物之间有共同的联系，且这些事物具有不同的特性。

比较研究是指研究者根据一定标准，考察两个或者两个以上存在联系的事物以探究其异同之处，从而探究事物的相似性和差异性，以揭示事物本质的思维过程。

综上，教育的比较研究法是指研究者根据一定标准，比较研究某类教育现象在不同时期、不同地点和不同境况的不同表现，从而探究其普遍规律和特殊本质，并着力得出符合客观教育实际结论的研究方法。比较研究成为社会科学研究中较为重要的研究方法的原因有二：一方面，教育受经济、政治、文化制约，通过横向比较，可以找出不同的社会背景下教育发展的共性与特性；另一方面，因为许多教育现象不能像物理、化学那样对变量进行有效控制，所以没有比较物理学、比较化学，而有比较教育学。

【资料卡片】9-1
教育比较研究法的历史发展阶段

第一阶段，"旅游者的传说"。这是指希腊、罗马以及后来的马可·波罗，都以直接观察者的立场，将所见到的国外统治者对年轻一代教育的情况所做的"口头描述"。

第二阶段，纪实研究阶段。19世纪，研究者通过实地考察访问，搜集不同国家的教育制度和教授法资料，并作简单类比，以为借鉴。

---

① 黄争春. 教育科学研究方法 [M]. 延吉：延边大学出版社，2017：136.
② 刘英. 教育科学研究方法 [M]. 北京：中国工商出版社，2013：90.
③ 金哲华. 教育科学研究方法 [M]. 北京：科学出版社，2011：202.

第三阶段，分析研究阶段。20世纪前60年，受社会学发展的影响，一批学者逐渐采用分析教育现象因素的方法。

第四阶段，多样、综合的系统比较研究方法阶段。20世纪60年代以后，比较研究运用社会科学的准自然科学的方法，用定量资料深入分析认识变革中的教育结构，确定各种因素在教育发展中所起的作用，寻求更科学、更精密的方法。

资料来源：裴娣娜. 教育研究方法导论［M］. 合肥：安徽教育出版社，1995：224-225.

二、比较研究法的作用

作为一种思维方法的比较研究，实质贯穿于教育研究的全过程[1]。其作用如下：

（一）运用比较研究法可以克服教育科学研究过程的狭隘性，分析教育发展过程中的本质联系，有利于深化教育科学理论的研究

对于研究对象的深层认识最终来源于其本质属性，需要透过研究对象的表面看清其内在，并且从多个角度对研究对象进行解读。比较法通常是将研究的个别事物纳入广阔的背景之中进行比较，突破研究的限域，从而更全面、更准确地提示教育教学的规律。例如，对某一教育问题、现象，进行跨国家、跨地区、跨文化、跨学科的比较，通过对比，揭示某个教育问题或现象的本质特征，有利于教育科学理论的深化。

（二）运用比较研究法有利于为教育政策的科学制定提供基本遵循

教育是一个错综复杂的系统，涉及的因素众多，因此不论是宏观层面国家的教育决策还是微观层面的教育教学方法改革，都需要对决策的问题进行比较研究[2]。我们通过比较研究，能够进一步认识本国、本地、本校、本人的教育教学状况和特点，发现教育问题和不足，从而为制定教育发展和改革政策提供认识基础。制定教育政策时，通过本国与他国相比较，可以避免制定政策的盲目性，增强政策的有效性和可行性。

（三）运用比较研究法可以帮助研究者获得新发现

探究某一教育问题产生的原因时，比较研究可以帮助我们获得新发现。以"分析'学困生'形成的原因"为例，上海市实验小学通过比较研究"优生"与"学困生"在课堂教学中举手发言的情况，得出"学困生"形成的成因是缺少教育机会[3]。

（四）综合运用比较研究法和历史研究法，能够在追溯事物历史发展渊源的同时，探析事物的发展过程和发展规律

在现代科学研究中，研究者面临的是复杂多变、相互交织的问题，这些问题往

---

① 郑启学. 教育研究方法［M］. 长春：吉林人民出版社，2019：114.
② 金哲华. 教育科学研究方法［M］. 北京：科学出版社，2011：204.
③ 刘英. 教育科学研究方法［M］. 北京：中国工商出版社，2013：93.

往无法凭借单一的研究方法就得到全面的解决。比较研究法在运用过程中有其适用范围的限制和不足，需要与其他研究方法结合使用，以提高研究的全面性和系统性。将比较研究法与历史研究法相结合运用到教育研究中，可以追溯各级各类教育发展的历史脉络，探究其发展的规律。因此，可将本国各级各类教育与他国进行比较，从而获得教育改革与发展的经验、教训，了解其长处和不足。例如，就研究职业教育的发展历程而言，研究者可以对古今中外不同历史时期、不同国家的职业教育进行比较研究，分析其发展的时代背景、发展脉络和主要特征等。

三、比较研究法的特点

任何事物都具有自身的独特性，比较研究法同样向研究者展示了其不同于其他教育科学研究方法的特征，主要包括对比性、合作性和深刻性。

（一）对比性

在教育科学研究领域，探究事物之间的相同点和不同点是整个研究活动的终极环节[①]。事物之间的联系存在多样性，能够进行比较的内容和角度繁多，但是将研究对象进行比较研究必须具备一个条件，即研究对象必须能用同一个标准衡量。

（二）合作性

比较研究法需要借助其他研究法获取研究资料，因此它对其他研究方法具有高度依赖性。例如，比较研究法要依靠观察法、调查法、统计测量法等研究方法提供必要的研究资料，研究者才能通过比较资料，进而得出研究结论[②]。

（三）深刻性

研究者运用比较法能够更好地把握事物以及事物发展的本质属性。具体而言，一方面，研究者将比较法与调查法、测量法、实验法相结合，能够将事物之间的差异以直观的数据展示，从而使得研究结论更加客观且有说服力；另一方面，研究者将比较法与文献研究法、历史研究法相结合探究教育问题，能够追溯其发展的历史脉络，从而探究其发展与变革的规律和特征。

【资料卡片】9-2

比较研究法与其他研究方法的不同之处

（1）从比较的角度把握对象特有的规定性；

（2）研究对象必须具有可比较性，从而限定了研究的内容和范围；

（3）研究方法上以比较分析方法为主。

资料来源：裴娣娜. 教育研究方法导论［M］. 合肥：安徽教育出版社，1995：224.

---

① 刘英. 教育科学研究方法［M］. 北京：中国工商出版社，2013：91.
② 刘英. 教育科学研究方法［M］. 北京：中国工商出版社，2013：91.

四、比较研究法的类型

根据不同的划分标准，我们可将比较研究法划分成如下几类：

（一）单向比较和综合比较

按照属性的数量，可分为单向比较和综合比较。

单向比较是指研究者只比较事物的一个属性或一个方面。综合比较是指研究者综合比较事物的多重属性、多个方面或事物的全部属性、全部方面。

单向比较是综合比较的前提，但是综合比较往往更能区别事物之间的本质属性，单一比较容易窄化事物的内涵。因此，在教育研究中应该对研究对象进行多角度、多属性的比较，以保障对事物研究的全面性和客观性。

（二）纵向比较和横向比较

根据研究对象的时空，可分为纵向比较研究和横向比较研究。

纵向比较是指对同一个事物不同时期的状态进行比较，从而认识事物发展的基本过程、揭示事物发展的一般规律[①]。以时间作为划分依据，分析同一个事物在不同时期的异同关系，以及其动态演变的过程，从而得出研究对象发展变化的规律。例如，研究我国不同时期教育方针的特征、研究不同时期小学教育的年龄特点等。

横向比较研究是指对同时存在的事物进行比较，在事物相对静止的状态下研究事物之间的异同，全面把握事物本质的研究方法[②]。以空间作为划分依据，分析同一时期在不同的地点、背景下的事物之间的异同关系，从而得出事物之间的差距、分析差距形成的原因。例如，分析各国教育立法的异同、各国教学方法的异同、各地区之间教育质量的差异等。

（三）同类比较研究和异类比较研究

同类比较是指将两种或两种以上同一种类的事物进行比较，从而认识其异同之处的方法。一般包括同类相同点比较和同类相异点比较，前者可以找到事物发生发展的共同规律，后者可以找到事物发生发展的特殊性[③]。

异类比较是指将两种或两种以上不同性质的事物或者同一事物的不同方面进行比较，探寻其共通之处，其优势在于研究者能更好地鉴别和分析。与同类比较不同的是，在研究比较对象上，异类比较注重的是两种以上性质相反的事物；在研究结果上，异类比较更加注重寻找本质的相同点；在比较效果上，由于比较对象的不同，异类比较的效果更加明显，更有利于鉴别和分析事物本质。

（四）定性比较与定量比较

定性分析方法是从总体情况掌握研究对象的基本情况，侧重于研究对象质的方

---

① 刘英. 教育科学研究方法［M］. 北京：中国工商出版社，2013：94.

② 裴娣娜. 教育研究方法导论［M］. 合肥：安徽教育出版社，1995：60-69.

③ 裴娣娜. 教育研究方法导论［M］. 合肥：安徽教育出版社，1995：60-69.

面的分析评价①。因此，定性比较是指比较两种或两种以上的同类事物，对其所具备的本质特征进行比较，从而归纳概括出不同事物之间的共同性质。

区别于定性分析方法和定性比较，定量比较是从数量变化中揭示所研究事物的内在必然关系，从而准确地判断事物的变化。定量比较一般是将比较对象分解成多项因素，并将其数量化，再引用一定的数据统计分析方法，最后用数值来说明比较分析的结果。

【教育前沿】9-1

比较教育与人类发展：新世纪的进展（节选）

比较教育自产生之初，就面临"学科"与"领域"的定位之争。但无论是学科，还是领域，都默认了比较教育中跨学科方法的应用。

新世纪，在地理学的"文化转向"和教育学的"空间转向"双重促进下，教育地理学在比较教育中焕发生机，促使比较教育的时间、空间维度与历史、文化维度更好地融合；超越美国研究传统的比较教育社会学对实证主义范式下的教育成就有了更立体的理解；以及跨文化与跨国研究中的社会网络分析、民族志，基于现象学的叙事分析等均给比较教育研究提供了新的方法与思路。以民族志为例，托宾认为比较研究不仅促进对实践的多样性的认识，而且激发对理解和理论的认识。在他经典的《重返三种文化中的幼儿园》研究中，就运用了录像引发的多声民族志的方法，其中录像既是线索，也是刺激来源，还是讨论的主题和访谈的工具，通过录像及其围绕录像的解释、访谈体现所拍摄班级教师，所拍摄幼儿园园长和其他班级教师，同一国家其他幼儿园的园长和教师，其他两个国家的幼儿教育工作者，同行研究者和幼儿教育专家的声音，以描述、分析文化的变与不变。再如，鲍尔在已有的网络民族志（cyber ethnography），多点民族志（multisite ethnography）和传统民族志的基础上，提出了新的网络民族志（network ethnography），用于追踪全球化背景下新自由主义政策的跨国流动的过程。在网络民族志中，网络既是研究工具，也是研究场所。网络作为研究工具，可通过搜索追踪行动者的实践及其关系；作为场所，社会网络关系构建时所处的情景，政策理念和思想得以传播、流动和汇聚的空间均成为研究者关注的对象。因此，网络既是虚拟的，又是现实的，网络民族志拓宽了比较教育的研究对象、数据来源和空间想象。除此之外，比较教育中的量化研究在国际组织的推动下也获得了巨大的发展空间，虽然在此基础上也产生了一些缺乏理论或方法论基础的"软比较"，但数据库的建设与共享也带动了对数据的多维解读。

---

① 裴娣娜. 教育研究方法导论［M］. 合肥：安徽教育出版社，1995：60-69.

　　当方法日益多元时，方法的融合应用也成为一种趋势。例如，科尔克拉夫发现以往比较教育主要采取定性的研究方法，发展研究则采取定量的方法关注低收入国家，但在过去的 20 年中，跨学科和混合方法的使用在这两个领域变得越来越普遍。同样，在微观的课堂比较层面，定量方法与定性方法的结合，也有助于突破对教学质量及其影响因素的片面理解。

　　资料来源：沈伟，周鑫玥，蒋志伟. 比较教育与人类发展：新世纪的进展［J］. 华东师范大学学报（教育科学版），2024，42（9）：56-73.

第二节　比较研究法的操作步骤、注意事项及具体案例分析

　　研究者科学而合理地运用比较研究法，须明确比较研究法的操作步骤和具体操作的注意事项。

一、比较研究法的操作步骤

　　通常，比较研究法不存在固定的模式，但是比较研究法具有基本的操作步骤。各国学者对比较研究法的程序提出不同的观点，美国比较教育学家乔治·贝雷迪在《教育中的比较方法》（1964）一书中，将比较研究分为描述、解释、并列、比较四个阶段[1]。美国学者诺亚和埃克斯坦主张将现代社会科学的研究方法引用到比较研究中，其步骤为：确定问题、建立假说、明确概念和指标、选择个案、收集数据资料、处理数据资料、检验假说和解释结果[2]。英国学者布莱恩·霍姆斯提出问题研究法，其步骤为问题的分析和理智化、提出初步设想和政策方法、明确前提条件或背景因素、预测可能出现的结果、考查和验证预测的结果[3]。英国学者埃德蒙·金将比较教育研究与教育决策紧密结合，提出一套以政策决策为目的的研究框架，该研究框架由背景、概念、体制、操作、决策和执行五个方面组成[4]。在我国教育研究中，比较研究法的步骤一般分为四步：明确比较的主题、提出比较的标准、解释比较的内容和做出比较的结论。

　　下面着重介绍我国的比较研究法的实施步骤。

（一）明确比较的主题

　　明确比较的主题是关键，比较研究首先要明确比较什么。研究者通过主题的确定，明确比较的内容，这一步是比较研究开始的第一步，也是比较研究法实施步骤中较为重要的一步。教育研究中可比较的主题较多，如对于教育方法、教育内容、

---

[1]　王承绪. 比较教育学史［M］. 北京：人民教育出版社，1999：97-106.
[2]　金哲华. 教育科学研究方法［M］. 北京：科学出版社，2011：207.
[3]　顾明远. 比较教育导论教育与国家发展［M］. 北京：人民教育出版社，1996：102.
[4]　王承绪. 比较教育学史［M］. 北京：人民教育出版社，1999：97-106.

教育政策等的比较，这一步的确定是为下一步确定比较标准奠定一定的基础。

（二）提出比较的标准

明确比较的主题下一步即提出比较的标准。对于比较的标准则要求概念明晰、内容完整、数据精确。教育研究中明确比较标准，有利于对研究对象进行进一步分解，使其清晰化、具体化、可操作化。

（三）解释比较的内容

教育研究中的内容较为抽象化，理解起来较为困难，因此则需要对教育研究内容进行具体化、清晰化的解释。首先，从概念来解释研究中的比较内容；其次，从具体的例子解释比较标准；最后，从抽象的概念中脱离出具体的意义来解释比较内容。

（四）得出比较的结论

研究者通过对内容的比较分析，得出比较的结论。结论要具有概括性与具体性，能够直接地说明其中的问题。研究者得出结论之后，再针对整个比较研究的内容进行再一次的审思，从主题的明确、标准的提出、内容的解释，再到最后做出结论，看是否有需要修改与更正的内容，使研究更加完整。

二、比较研究法的注意事项

比较研究法作为教育科学研究方法的重要组成，现已广泛运用于教育科研实践活动。但是，为了确保教育科学研究活动的科学性，研究者运用比较研究法须注意以下四个注意事项。

（一）确保比较对象的可比性，且多角度分析

运用比较研究法进行研究时，要注意比较内容是否具有可比性，可比性体现在以下两点。第一，二者是否在同一范畴内，是否具有联系性，是否能够用同一种比较标准进行比较。只有在同一范畴、同一标准内的二者才能够对其进行比较，否则比较是无意义的。第二，二者是否具有差异性。有共性也得有个性，否则两个相同的事物是无法进行比较的。只有既具有联系性又具有差异性的对象才具有可比性，才能被选为比较对象，进行比较研究。

二者具有可比性，运用比较研究法时，要注意从多个角度进行比较。多角度进行比较有利于把研究对象研究得更加透彻清晰，不仅从表面进行比较，也得从本质对其进行分析；不仅从正面进行比较，也得从侧面进行分析；不仅从新的角度进行研究，也得从前人的角度进行探索。

（二）注意比较对象的广泛性

教育研究中研究对象具有广泛性，因此在比较研究中，比较研究对象也具有广泛性。研究者在进行比较研究时，既要抓住重点研究对象，又不能以点带面，以运用典型代表整体，要做到点面结合，使研究结果具有代表性。

（三）既要比较事物的现象，更要比较事物的本质

现象可以帮助我们了解事物的表面，而本质可以帮助我们了解事物更深层次的

含义。在比较研究中，研究者既需要比较研究对象的现象，又需要比较研究对象的本质。其中，现象的比较是不可或缺的，研究者从现象上进行比较可以发现其表面的问题，确保研究质量；透过现象看本质，研究者针对本质问题进行比较，有利于得出更贴合的研究结论。

（四）把比较研究法和其他研究法结合起来

倘若研究者单独使用比较研究法，得出的结论不一定全面且完整。因此，在运用比较研究方法时，研究者要注意将其与其他研究方法配合使用，使获得的结果更具有全面性与完整性。

【资料卡片】9-3
如何进行全面、本质的比较？

要进行全面、本质的比较，需要努力做到通过大量的、典型的材料分析其内在关系原因，事物的本质一般隐藏在事物的内部，其有一个暴露和发展的过程，因此不能割断历史，要尽可能从社会政治体制、经济科技发展水平、历史文化传统、自然地理环境、社会风俗等多方面加以探讨。

资料来源：裴娣娜. 教育研究方法导论［M］. 合肥：安徽教育出版社，1995：235.

三、比较研究法的具体案例分析

为了帮助更加具体地理解比较研究法，下面以《中外教师数字素养标准比较与思考》为案例加以说明[①]。

（一）确定比较的主题

确定比较的主题是比较研究的第一步，也是至关重要的一步。通过精心挖掘和聚焦主题，能够更好地发挥自己的研究优势。同时，要对于研究主题的概念有明确的认识。在本案例中的主题——教师数字素养是指教师适当利用数字技术获取、加工、使用、管理和评价数字信息和资源，发现、分析和解决教育教学问题，优化、创新和变革教育教学活动而具有的意识、能力和责任[②]。提升教师数字素养其目的是推进国家教育数字化战略行动，完善教育信息化标准体系，2022 年《教育部关于发布〈教师数字素养的教育行业标准〉的通知》下发，成为我国培养教师数字素养的指导性文件。后来，联合国教科文组织、欧盟委员会联合研究中心、美国教育技术国际协会等国外组织和机构也发布了关于教师数字素养和信息素养的标准或框架，因此该案例探讨中外教师数字素养标准的异同、剖析国外标准的侧重点，为我国提升教师数字素养以及全民数字素养，推动国家教育数字化战略行动提供借鉴和参考。

[①] 潘燕桃，班丽娜. 中外教师数字素养标准比较与思考［J］. 大学图书馆学报，2023，41（4）：65-72，97.

[②] 李方. 在教育、科技、人才发展战略中涵育大国良师［J］. 中国教师，2023（2）：17-20.

主题选好后，确定比较的范围。该案例将中华人民共和国教育行业标准《教师数字素养》《UNESCO 教师信息与通信技术能力框架》（第 3 版）、《欧洲教育工作者数字素养框架》、美国《ISTE 教育工作者标准》、挪威《教师专业数字素养框架》和西班牙《教师通用数字素养框架》6 个中外教师数字素养标准展开横向比较。

（二）注重比较对象的广泛性

为了确保研究的普遍性和适用性，需要注重比较对象的广泛性，厘清用于研究的比较标准。在该案例中所选取的比较标准有 5 个一级维度和 13 个二级维度，分别为数字化意识、数字技术知识与技能、数字化应用、数字社会责任、专业发展[①]。其中数字化意识分为数字化认识、数字化意愿、数字化意志。数字技术知识与技能分为数字技术知识、数字技术技能。数字化应用分为数字化教学设计、数字化教学实施、数字化学业评价、数字化协同育人。数字社会责任分为法治道德规范、数字安全保护。专业发展分为数字化学习与研修、数字化教学研究与创新。

（三）收集与整理资料

该案例选取了五个国外教师数字素养相关标准，选取条件分别为：发布语言有英文版本，发布时间在近五年，已经引起较多关注且具有较大影响力。选取后对中国和国外相关文件、数据进行分类整理及维度分析，制成图表。

（四）比较分析

比较分析要求研究者具备客观、中立的态度，以客观、公正的眼光去看待和比较，得出研究对象之间的共性和差异。该案例中研究者从数字化意识、数字技术知识与技能、数字化应用、数字社会责任、专业发展五个维度对中外标准展开横向比较，分析上述标准中存在的共性和差异。

（五）结论

该案例通过比较分析得出结论：首先，将"数字化"统一为"数字"。其次，将"数字技术资源"更正为"数字资源"，我国《教师数字素养》标准中使用数字技术资源存在三个方面的问题：一是对"数字技术资源"的界定有待商榷，二是"数字技术资源"未经审定和公布，三是"数字技术资源"并不包括数字信息资源。研究者将"数字技术资源"更正为"数字资源"的原因有："数字资源"是正式的科学技术名词，"数字资源"的外延大于"数字技术资源"，"数字资源"能满足新时代教师的职业需求与专业发展。最后，将"数字社会责任"扩充为"数字伦理与数字安全"。

---

① 中华人民共和国教育部. 教育部关于发布《教师数字素养》教育行业标准的通知［EB/OL］.（2022-12-02）［2024-10-26］. http://www.moe.gov.cn/srcsite/A16/s3342/202302/t20230214_1044634.html.

示范案例

加拿大偏远地区乡村教师队伍建设及其借鉴

理解·反思·探究

1. 什么是比较研究法？
2. 比较研究法的类型有哪些？
3. 简述比较研究法的操作步骤。
4. 运用比较研究法的注意事项有哪些？

拓展阅读

［1］石娟，巫娜，刘义兵. 加拿大偏远地区乡村教师队伍建设及其借鉴［J］. 比较教育研究，2017，39（2）：61-66.

［2］杨体荣，沈敬轩，黄胤. 美国 STEM 教育改革的主要阶段、实践路径与现实困境［J］. 比较教育学报，2023（3）：134-148.

［3］岳伟，李文娟. 可持续发展教育演进逻辑与未来趋势：基于对联合国教科文组织系列报告的分析［J］. 比较教育研究，2023，45（4）：3-11，33.

［4］亢晓梅. 师生课堂互动行为类型理论比较研究［J］. 比较教育研究，2001（4）：42-45.

［5］卢乃桂，钟亚妮. 国际视野中的教师专业发展［J］. 比较教育研究，2006（2）：71-76.

第十章　历史研究法

要点提示

　　教育的发展是延续不断的，教育科学研究更需要关注教育发展的来龙去脉，厘清教育事件发生的整体脉络。历史研究法通过收集客观而真实的史料，分析不同时期教育的发生、发展与演变，从而揭示教育发展的一般规律。本章在概述历史研究法的基础上，引导学习者了解历史研究法的概念、特点、适用范围及优点与局限，重点探究历史研究法的一般步骤与注意事项，引导学习者掌握历史研究法的操作程序。

思维导图

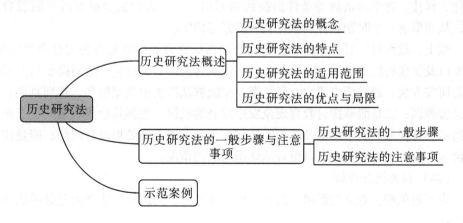

第一节 历史研究法概述

杨贤江在其著作《新教育大纲》中说"自有人生，便有教育"。原始人群活动遗迹的不断发现，将人类存在的历史不断向前推进。各个历史时期的统治者都会出台不同的文教政策，会涌现众多的教育家和教育思想，这些都是人类宝贵的精神财富，对我们今天的教育改革有着重大的借鉴意义，是开展历史研究的重要素材和资料。

一、历史研究法的概念

厘清概念是认识事物的前提。研究者准确把握教育科学的历史研究法的概念始于理解什么是历史研究法。同时，研究者需要注意的是，历史研究法既不同于文献研究法，也不等于内容分析法，须避免概念之间的混淆。

（一）教育科学的历史研究法

历史研究法就是通过借助对相关社会历史过程的史料进行分析和整理，以探求研究对象本身的发展过程和人类历史发展规律[①]。用历史研究法研究教育，主要涉及教育实际和教育理论发生、发展、演变过程的历史规律。这里所说的教育实际，指各个历史发展阶段的文教政策、教育实施状况、教育制度的发展演变，社会上的教育变革与教育家的教育实际活动等；这里所说的教育理论，包括历代教育家的教育思想、理论，教育思潮以及教育流派的理论观点等[②]。研究者运用历史研究法，一方面需要揭示一定时期的教育实际和教育理论是如何深受当时社会政治、经济、文化、科技、哲学和宗教等条件的制约和影响；另一方面需要继承过往的教育传统，从而形成一个时期独特的教育发展模式与传统。

综上，教育科学研究中的历史研究法是指研究者通过收集各种教育现象发生、发展以及演变的历史事实，并对其进行系统而客观的研究分析，进而揭示其发展规律的研究方法。通过历史研究，研究者一是能够从历史中采撷精华、辨别真伪、吸收经验教训；二是能够探讨教育现象发生发展的规律，把握其趋势和倾向；三是能够揭示教育现象的因果联系及现象间的相互关系，以正确处理教育问题；四是比较评价各种教育思想和实践，以更好地认识当前的情况。

（二）相关概念辨析

为了避免相关概念的混淆，以下就历史研究法、文献研究法和内容分析法逐一澄清：

文献研究法不等同于历史研究法。在历史研究中，研究者必须运用文献研究法

---

① 陈志刚. 历史研究法在教育研究运用中应注意的要求［J］. 教育科学研究，2013（6）：76-80.
② 陈艳艳. 美国工程教育专业认证制度变迁研究［D］. 天津：天津大学，2021.

去分析历史文献。但是，文献研究法绝不是仅限于历史研究领域。例如，如果一项科研课题是以研究某一问题的历史为主，规模巨大且文献搜集过程系统，那么就会上升为历史研究法。换言之，历史研究法实质上是系统化的文献研究。

如何辨别历史研究法、文献研究法和内容分析法？

第一，历史研究法、文献研究法、内容分析法都是基于文献的研究法，三者有密切的联系，文献的选择、搜集、分析等是三者的共同点。

第二，从研究对象上来看，历史研究法主要针对历史文献，是时间性的研究；文献研究法的对象更广泛，包含历史材料类的所有文献；内容分析法则更具体，研究的材料更有针对性、材料也更有规范性，是对某一特定成文的文本材料的深入研究，如对大学章程的研究。

第三，从具体的研究过程或者说研究范式来看，历史研究法主要就是梳理历史材料，揭示发展的规律，得出某种历史价值的结论，它是确证分析性的、归纳逻辑的，是为考据传统而来；文献研究法是对更广泛文献，可能涉及历史研究类文献的理论性借鉴，用以论证作者研究课题的理论资源，它是借鉴论理性的、演绎逻辑的，是为逻辑推理而来；而内容分析法的研究范式更多带有科学实证的性质，往往采用定量分析来分析特定的文本，历史研究中计量史学即为此[1]。

二、历史研究法的特点

历史研究法不同于其他教育科学研究方法的地方在于研究者与历史事件、历史现象和历史过程之间并非同步协调的关系，研究者只能以现实世界为逻辑起点去思考并认识研究对象。因此，一般而言，历史研究法通常具有历史性、具体性和以逻辑分析方法为主等特点。

（一）历史性

历史研究法的历史性主要体现在研究对象和研究过程两个方面。第一，历史研究法的研究对象是指过去所发生的教育事件。以孔子办学、稷下学宫、科举诞生等事件为例，研究者需要考察上述诸多历史教育事件的发展过程与具体内容，以探究和总结其发展规律，并尝试预测其未来发展的趋势。第二，历史研究法的研究过程是指研究者按照历史发展的时间顺序与空间范围，全方位地再现历史发展的每个发展阶段。如从新中国成立至今，我国就幼小衔接教育工作相继出台了一系列教育政策，经历了从幼儿园单向执行主体时期（1949—1988年）到幼儿园和小学双向执行主体时期（1989—2009年）再到多元利益相关者执行主体时期（2010年至今）的演变过程[2]。

（二）具体性

历史研究法的具体性是指研究者并非赤手空拳式地运用历史研究法，而是有丰

---

① 班振，和学新. 基于年鉴学派史学理论的教育历史研究法审思［J］. 当代教育科学，2019（3）：93-96.

② 刘源，程伟，董吉贺. 我国幼小衔接教育政策的演变与反思：基于对1949—2019年相关政策文本分析［J］. 学前教育研究，2021（1）：67-84.

富且具体的史料。范文澜指出，史学工作者必须掌握大量的历史资料："理论联系实际是马克思主义的定理，理论与材料二者缺一不可。做史学工作必须掌握大量的历史资料，没有大量资料，理论怎样来联系实际呢？"[①] 只有当研究者全面占有史料，才能在此基础上揭示研究对象发展的历史过程和相关因素，并从中总结基本规律。

（三）以逻辑分析方法为主

逻辑分析方法是指研究者运用概念、判断与推理等逻辑思维形式，揭示研究对象的历史发展过程和一般发展规律，并形成理论体系。如五四运动前后至 1928 年，我国出版的测验理论著作主要有：张秉洁、胡国钰编《教育测量》（北京高等师范1922 年 8 月出版）；华超编《教育测验纲要》（上海商务印书馆 1925 年 1 月初版）等。对这些著作的研究表明，当时我国教育测量起始于引进与传播法国、美国、日本等多个国家的较为先进的智力测验理论与方法[②]。

三、历史研究法的适用范围[③]

并非所有的教育研究问题都可以运用历史研究法，历史研究法具有自身的适用范围，一般包括以下六个方面：

1. 研究不同时期的教育发展状况

研究者可以运用历史研究法研究不同时期的教育发展状况，以历史发展的逻辑顺序明晰教育发展史的一般脉络。以中国教育史为例，研究者运用历史研究法，可以研究中国古代教育史、中国近代教育史和中国现代教育史。具体来看，就中国古代教育史而言，研究者可以运用历史研究法研究夏商西周时期、春秋战国时期、秦汉三国时期、魏晋南北朝时期、隋唐五代时期以及宋元明清时期的教育制度发展史。

2. 研究历史上各位教育家的基本思想

历史上各位教育思想家的教育思想同样是历史研究的重要研究领域。以中外教育思想史为例，历朝历代、不同时期均出现过产生深远影响的教育思想家，比如中国的孔子、孟子、荀子到朱熹、王夫之、黄炎培、晏阳初、梁漱溟和陶行知等，以及西方的希腊三哲到夸美纽斯、赫尔巴特、蒙台梭利和杜威等，他们都是立足于自身教育实践和批判继承前人思想成果的基础上，构建了自己的思想体系，其教育思想集中反映了一定时代教育理论与实践创新发展的轨迹和规律。研究者可以运用历史研究法研究教育家的基本思想，以古鉴今、古为今用，服务于当前教育实践改革。

---

① 中国社会科学院近代史研究所. 范文澜历史论文选集 [C]. 北京：中国社会科学出版社，1979.

② 陈玉琨，李如海. 我国教育评价发展的世纪回顾与未来展望 [J]. 华东师范大学学报（教育科学版），2000（1）：1-12.

③ 魏龙渝. 教育科学研究概论 [M]. 北京：石油工业出版社，2001：257-259.

3. 研究分析某一时期的教育流派和教育思潮，比较研究不同时期的教育理论流派

回溯中外教育思想史，可以发现，中西方在不同时期形成了不同的思想流派。就中国教育思想史而言，近现代的中国曾形成了包括平民主义教育思潮、职业教育思潮、工读主义教育思潮、国家主义教育思潮和科学教育思潮等在内的教育思潮。就西方教育思想史而言，西方形成了进步主义教育思潮、改造主义教育思潮、要素主义教育思潮、永恒主义教育思潮、分析教育哲学思潮、后现代主义教育思潮和存在主义教育思潮等。研究者可以运用历史研究法研究中外教育思潮，对比同一时期或不同时期某一思想流派的发展过程，探求其一般发展规律。

4. 评判分析某一时期的教育制度，如政策、法令、计划

回溯中外教育制度史，可以发现，中西方各自在不同时期形成了不同的教育传统和教育模式。以中国教育制度史为例，研究者可以运用历史研究法围绕中国古代官学与私学、考试制度，近代留学制度、学校教育制度以及教育管理制度等发展变革进行各种专题研究。

5. 分析国外教育发展状况

关于国外教育发展状况的研究侧重于对国际教育的比较研究，内容十分广泛。如各国教育制度问题，外国高校职能的演变，各国实施普及义务教育问题，职业技术教育问题，教育立法问题，少年儿童智力发展问题，课程理论以及各国教育改革的经验和模式问题等。

【教育前沿】10-1
职业技术教育教学发展的国际趋势分析（节选）

职业技术教育教学发展的国际经验与启示。基于对国际职业技术教育教学发展趋势的探讨，关于推进未来职业技术教育教学发展的经验和启示可以总结为以下几个方面：

一是实现技能预测系统数据化，应对不断变化的职业技术教育和技能需求；

二是提高职业技术教育系统培训的连贯性，构建完善的职业技术教育系统体系；

三是以行业经验作为岗前培训的重要组成部分，促进职教教师培训和职业发展；

四是注重高质量可持续职业技术教育，促进职业技术教育系统建设。

资料来源：宋永芳，倪钰荐. 职业技术教育教学发展的国际趋势分析［J］. 职业教育研究，2024（5）：83-90.

6. 开拓新的研究领域

如少数民族教育史，古代的科技教育、农业教育、艺术教育、社会教育、军事教育、民族文学教育和家庭教育，古代的幼儿教育、女子教育、成人教育、高等教育以及古代对外教育交流等。以"农业教育"为例，可对伏羲教民捕鱼、神农制耒耜和教民农作等进行研究。

四、历史研究法的优点与局限

历史研究法具有为研究者的研究课题提供新的研究思路、为研究者预测事物的未来发展提供工具以及为教育实践改革提供现实镜鉴三方面的优点。但是，任何事物都具有两面性，历史研究法同样存在研究结果的可靠性难以确定、研究结果的主观随意性较强以及无法对研究资料做精确的量的分析等局限之处。

（一）历史研究法的优点

1. 为研究者的研究课题提供新的研究思路

研究者运用历史研究法全面梳理该研究领域的已有研究成果，能够明确已有研究的历史发展与现状、分析已有研究的不足之处，继而发现有待研究的问题、拓宽研究者的研究视野，为其研究课题找到新的研究思路。同时，运用历史研究法梳理分析已有研究成果，能够有效避免重复性研究。

2. 为研究者预测事物的未来发展提供工具

研究者运用历史研究法梳理某一教育现象的历史发展脉络，能够总结该现象的一般规律并预测其未来发展趋势。学者对未来的预测恰是基于对以往研究中得出的统计学逻辑或理性的推断。故而，教育研究者善用历史研究法，能够预测某一教育现象的未来发展。

3. 为教育实践改革提供现实镜鉴

研究者通过分析某一教育历史事件，特别是以往教育改革中存在的问题，能够对当前的教育实践敲响警钟，以避免或纠正类似问题的出现。比如，研究者运用历史研究法分析陶行知乡村教师本土化培养思想，为当前卓越乡村教师本土化培养提供了可供借鉴的思路，同时指出应当规避的问题。

（二）历史研究法的局限

1. 研究结果的可靠性难以确定

历史是按时间顺序排列的，在时间和空间上都经历了一个复杂的发展过程。然而，历史文献的记录往往是滞后的，以至于历史资料非常分散和不系统。因此，研究者很难收集和分析这些历史资料，这就直接影响了研究结果的可靠性。

2. 研究结果的主观随意性较强

历史研究法的主观随意性体现在两个方面：一是历史文献是经过多位历史学家的多层"加工"而留存下的文献资料，其深深烙印着加工者的主观认识；二是历史研究的过程极易受研究者的学识、能力、价值观、方法论水平以及对史料的掌握程度等主观因素影响，容易导致研究结果的主观随意性。

3. 无法对研究资料做精确的量的分析

历史资料（或史料）就是历史上发生过的事情留下来的痕迹或记载，它体现在文字、图像、器物、服装、建筑、制度等各种不同的历史流传物上①。时间久远、类别繁多，无法做精确的量的分析。

第二节　历史研究法的一般步骤与注意事项

研究者科学而合理地运用历史研究法的前提在于明确历史研究法的操作步骤，它一般包括界定研究问题并形成研究计划、全面客观地搜集相关研究史料、对已有的史料进行鉴别与考证、对已有的史料进行分析研究四个步骤。在运用历史研究开展研究时，不是随意的，历史研究法有其自身的适用范围。

一、历史研究法的一般步骤

研究者科学规范地运用历史研究法的前提是明晰历史研究法的一般步骤。历史研究法的一般步骤如下：

（一）界定研究问题并形成研究计划

确定研究问题是历史研究的起点。一般认为，最常见、最基本的研究问题可划分为五类：第一是传记、机构的历史，特别是某些历史运动；第二是当前重大的社会问题，如中国式现代化、全面建设社会主义现代化国家等；第三是已有研究尚未涉及的思想或事件；第四是旧数据与新事实或解释相结合，形成新研究发现；第五是修正已有观点，重新解释已有研究问题②。研究者需要在确定研究问题之后，统筹考虑研究问题，制订严谨的研究计划，为研究顺利开展提供行动指南。

（二）全面客观地搜集相关研究史料

史料是研究的基础，在收集时应尽量全面、客观。史料一般包括文献史料、实物史料以及口传史料和口述史料③。教育研究者所收集的史料可以分为教育史料与非教育史料，其来源主要包括古代史书、历史档案、地方志、墓志和碑刻等。研究者可以进行古迹现场考察，以便收集史料。譬如，研究我国古代书院教育发展的历史脉络，研究者可以考察白鹿洞书院、应天书院、嵩阳书院和岳麓书院等代表性古代书院，收集相关研究史料。与此同时，研究者收集研究史料，需要秉持客观性、真实性和相关性三大原则。

（三）对已有的史料进行鉴别与考证

研究者应以科学的态度和方法对史料进行判断、整理和运用，这也是历史研究

①　俞吾金. 历史事实和客观规律 [J]. 历史研究, 2008 (1)：4-12, 190.

②　贾勇. 大学生研究性学习教程 [M]. 西安：陕西师范大学出版社, 2007：14-15.

③　习罡华. 史学论文写作 [M]. 成都：西南交通大学出版社, 2018：62-63.

准确性和可靠性的保障。研究者对史料的鉴别包括两个方面：一是对史料真伪的鉴别，二是对史料价值的鉴别。鉴别史料的真伪和价值可以分别通过外部评论和内部评论实现。其中，外部评论是指研究者判定文献资料的形式和外表的真伪或完整性，又称为外部考证，外部评论主要涉及确定文献的真正作者、成书年代与地点、写作背景、原版还是修订版等问题。内部评论是指研究者分析判断文献的具体内容，以确定文献资料本身的价值，并判断其正确性和可靠性，又称为内部考证，内部评论一般需要研究者考察著者的学识能力和偏见动机，文献本身的客观性、公正性、准确性和全面性以及资料的一致性程度等内容。

此外，教育史料的鉴别考证内容和基本方式如下：

（1）辨伪考证，即通过辨伪，书中的事实、谥号、避讳、制度、官称、文件、用词形式等是否符合当时的时代特点，史料本身有无自相矛盾，还要辨明是全伪还是部分伪，伪在何处。

（2）年代考证，即查明记述时间是否有矛盾。

（3）地点考证，即涉及环境条件是否影响史料。

（4）作者考证，即辨明是否依托他人姓名著述"伪书"。

（5）文献原型考证，即对同一著作的不同版本，鉴别是否善本，即无删节、无缺页，是经专家校勘注释过的"精本"或作者本人的稿本。

【资料卡片】10-1

基本史料的特征

第一，基本史料是最直接、最核心、最重要的。

第二，基本史料应该是原始材料。

第三，基本史料应该是最易得的。

资料来源：张汉林. 基本史料：思考"史料教学"的新视角［J］. 课程·教材·教法，2016，36（8）：77-82.

（四）对已有的史料进行分析研究

史料的价值不仅在于其本身，还在于如何利用这些资料来构建对研究对象的理解。因此，研究者需要掌握一定的方法和技巧对史料进行分析，同时还需要注意对史料进行分析的一些事项。

历史研究法中最常用的是分析、综合、比较、抽象、概括等方法对史料进行分析。研究者分析史料时需要遵守以下基本准则：第一，研究者必须坚定历史唯物主义的立场，将历史事件和历史人物的基本思想放置于当时具体的社会背景和社会条件下分析研究，立足于尊重历史背景的基础上探寻实物产生、发展或式微的根源；第二，研究者需要从众多史料之中寻找出与研究主题密切相关的史料，善于抓典型、抓主体，即抓住主要矛盾；第三，研究者不能将自身的主观思想强加于史实和史论，史论的得出必须有翔实的、相关的史料作为支撑；第四，研究者既不能依据单一的证据得出结论，避免武断历史，也不能随意捏造或隐藏历史事实；第五，研究者不能将当前的意识形态强加于古人，分析古人的情感、态度和价值观等必须采用历史唯物主义的方法，立足于当时的社会背景和意识形态；第六，研究者必须客观而正确地理解史料的内容，比如研究者可能因为一字之差，产生相左的理解。

【资料卡片】10-2

历史研究的一般程序

第一步，分析研究课题的性质、树立要达到的目标以及有关的资料条件。

第二步，史料的收集与鉴别。要用多种方法尽可能地收集与研究问题有关的史料，并用各种方式对所收集的史料鉴别真伪。

第三步，对史料的分析研究。要用历史唯物主义观点对史料进行分析、探讨，以深入考察教育演进的内在成因和机理，从而发现和揭示教育演变的规律。

资料来源：裴娣娜. 教育研究方法导论［M］. 合肥：安徽教育出版社，1995：142.

二、历史研究法的注意事项

研究者运用历史研究法，首先，需要注意甄别史料来源，全面分析史料价值；其次，坚持唯物史观，正确处理好古与今、史与论以及批判、继承与创新的三对关系；最后，将历史感和现实感相结合，厚实研究理论基础。研究者只有时刻注意上述三个问题，才能提高研究成果的质量。

（一）注意甄别史料来源，全面分析史料价值

史料是历史研究的重要基础，研究者需要在全面搜集史料的基础上，学会运用各种方法鉴定史料的真实性和有用性。一般来说，历史研究的资料主要有两个来源：一是一手资料，包括原始文件、手稿、演讲稿、会议记录以及调查报告等。一手资料能够反映当时学者思想的特征、还原当时事件的原貌，以及反映当时社会环境等客观因素，有利于研究者对当时的历史原貌做出较为客观的判断和解释。二是二手资料，包括题录、书目、索引以及年度百科大全等。后世研究者通过二手资料对当时的原始材料进行解读，能够帮助其快速定位原始材料。提请注意的是，研究者应当对二手资料持有批判的态度，这是因为不同学者对一手资料进行解读时，往往都会加入自己的见解。

大量的一手资料与二手资料，构成历史研究者的研究基础。研究者需要从大量史料中仔细甄别并选取与研究相关的史料，去伪存真、精化文献，立足客观现实世界的基础上，选取能够为研究问题提供翔实证据的史料。具体来看，研究者需要掌握史料考证与评价的两种方式，包括外部评论和内部评论，前者确定史料的真实性，后者确定史料的有用性。通过上述两种考证方式，研究者能够选取与研究密切相关的史料。

（二）坚持唯物史观，正确处理历史研究的三对关系

当研究者深入研究某个历史人物或历史事件时，通常会受到各种因素的影响。

因此，研究者需要谨慎而明智地处理历史研究中的几对关键的关系。这些关系不仅关乎着研究者如何理解历史，更决定着研究者如何从历史中汲取智慧，以指导研究者的研究。下面，笔者将探讨历史研究中需要注意的三对关系：古与今，史与论，以及批判、继承与创新。

1. 古与今的关系

立足历史，鉴古知今。运用历史研究法要明确历史与现实的关系。古与今关系，即研究历史与研究现实的关系。研究者需要立足于教育研究为我国教育现代化事业发展的愿景，正确对待历史与现实，尊重历史、学习历史，古为今用，这也是我国教育史学的传统。为了鉴古知今，研究者必须时刻保持历史意识，在广泛收集史料与立足当前教育现实迫切需要解决的问题的基础之上，确定研究问题。

譬如，关于晏阳初平民教育与乡村改造思想的研究。1929 年晏阳初为改造乡村，开展了著名的"定县实验"，提出通过社会式教育、学校式教育、家庭式教育有机结合，开展文艺教育、生计教育、卫生教育和公民教育"四大教育"，以破解当时乡村社会"愚穷弱私"的四大问题，将农民培养成具有知识力、生产力、健康力、团结力的"新民"，实现教育改造与社会改造并举。晏阳初的乡村改造思想极具现实意义。当前，农村现代化是中国式现代化的关键一环，农民是实现农村现代化的中坚力量，而如何帮助广大农民提升自身素养关系到农村现代化目标的实现。缘此，历史研究者应该以实事求是的科学态度和马克思主义阶级分析方法，认真分析和吸收晏阳初平民教育与乡村改造思想中合理的内核，实现古为今用[①]。

> **【资料卡片】10-3**
> **晏阳初平民教育思想的四大教育内容**
> 1. 以教授知识为主的文艺教育
> 2. 以知识生产为主的生计教育
> 3. 以提高强健力为主的卫生教育
> 4. 以培养团结力为主的公民教育
>
> 资料来源：纪诗雨. 晏阳初平民教育思想对现代乡村教育的启示 [J]. 教育教学论坛，2022（31）：21-24.

2. 史与论的关系

史与论的关系，即史料与史学的关系。"史"是指翔实的历史资料，即史料；"论"是指对史料的理论化概括分析，即史学。史与论的关系贯穿历史研究的全过程，研究者需要正确处理史料与史学的关系，对史料的搜集、鉴别与分析是史学研究的基础，史学必须通过分析史料，才能揭示历史真相、探索历史规律。史论结合，有利于研究者树立历史意识，能够基于广泛搜集史料发现研究问题。研究者必

---

① 魏龙渝. 教育科学研究概论 [M]. 北京：石油工业出版社，2001：263.

须基于一定理论指导分析史料，避免盲目地堆积史料，真正把握历史演进过程，揭示历史发展规律。

3. 批判、继承与创新的关系

任何史料的使用都需要研究者运用历史研究法正确处理批判、继承与创新的关系，因为任何史料都是特定社会环境的产物，随着时代变迁，人们对于历史问题的认识、反思、理解和阐释有所不同。为此，历史须不断地基于当时和现世的历史环境加以阐释，才能够满足各时代人们的需要。中华五千年文明为后世人们留下丰厚的历史遗产，研究者应继承丰富的遗产。提请注意的是，我们继承历史遗产并非采用全盘照搬或全盘否定式的二元对立思维，而是选择性地批判、继承以实现推陈出新革故鼎新。此外，创新是批判性继承的最终目的，研究者需要发扬创新精神，结合时代需求创新研究领域、研究方法、研究问题以及研究结论等。

（三）历史感和现实感相结合，厚实研究的理论基础

对于任何领域的研究者来说，一个不可忽视的要素就是对历史的敬畏和对现实的敏锐洞察。这两者，即历史感与现实感。研究者正确运用历史研究法，须具有历史感和现实感。"历史感是一种以对历史事实为前提，以尊重历史的价值为基础，以历史主义精神为核心，以创造性转化历史为目的的主体意识。现实感则表现为研究者本人对所处时代教育发展的高度责任感和参与意识，表现为研究者对反映时代发展要求的重大课题的高度敏感性以及对发展变化特点及趋势的深刻洞察和认识，同时也表现在借助当代认识工具和思维方式，不断扩展和深化对历史问题研究的水平上。"[1] 历史研究者必须时刻保持历史感和现实感，积极借鉴哲学、心理学、社会学和人类学等有关学科的最新研究成果，厚实自身的理论基础，在历史与现实中深入研究历史现象以揭示历史规律，促进我国教育事业的发展。

示范案例

中小学教科书 70 年忆与思

---

① 张筱玮. 教育科研与教师专业发展［M］. 长春：东北师范大学出版社，2005：175.

理解·反思·探究

1. 简述历史研究法的概念。

2. 历史研究法在教育科学研究中的主要作用有哪些？

3. 历史研究法在教育科学研究中的适用范围包括哪些？

4. 简述运用历史研究法的一般步骤。

5. 研究者运用历史研究法需要注意哪些基本问题？

6. 历史研究法在教育改革和创新中的应用实例有哪些？运用历史研究法时，研究者可能面临哪些局限性和潜在偏差，如何加以克服？

拓展阅读

[1] 石鸥, 张文. 中国共产党百年教科书建设的基本经验与时代挑战 [J]. 教育科学, 2021, 37 (4)：1-9.

[2] 陈志刚. 历史研究法在教育研究运用中应注意的要求 [J]. 教育科学研究, 2013 (6)：76-80.

[3] 班振, 和学新. 基于年鉴学派史学理论的教育历史研究法审思 [J]. 当代教育科学, 2019 (3)：93-96.

[4] 牛蒙刚, 李素敏. 历史研究法在教育研究运用中的易犯错误 [J]. 现代教育论丛, 2017 (1)：70-74.

第十一章　教育实验法

要点提示

　　教育实验法是研究者运用科学实验的原理和方法，以一定的教育理论及其假设为指导，有目的地控制和操纵某些教育因素或教育条件，通过观测与所控制的条件相伴随的教育要素或教育现象变化的结果，来揭示教育活动的规律的一种研究方法。本章在探讨教育实验法概述的基础上，详细探究教育实验的设计、教育实验法的基本步骤，以期为研究者提供较为全面、系统的教育实验法知识体系，助力教育研究与实践。

思维导图

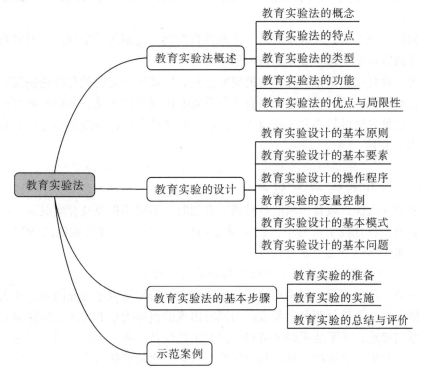

教育实验法
- 教育实验法概述
  - 教育实验法的概念
  - 教育实验法的特点
  - 教育实验法的类型
  - 教育实验法的功能
  - 教育实验法的优点与局限性
- 教育实验的设计
  - 教育实验设计的基本原则
  - 教育实验设计的基本要素
  - 教育实验设计的操作程序
  - 教育实验的变量控制
  - 教育实验设计的基本模式
  - 教育实验设计的基本问题
- 教育实验法的基本步骤
  - 教育实验的准备
  - 教育实验的实施
  - 教育实验的总结与评价
- 示范案例

第一节　教育实验法概述

教育实验法的核心理念在于运用科学实验的原理和技巧，在教育理论的指导下，对特定的教育因素或条件进行有目的的操控，并观测这些教育现象或要素因操控而产生的变化，以揭示教育活动的内在规律。

一、教育实验法的概念

教育实验法是教育科学研究的基本方法之一。要想精通教育实验技巧，必须先理解其定义和特性，了解不同的教育实验类型，以及它们各自的功能、优势和局限。

理解教育实验法的概念，始于明晰什么是实验？实验是人们根据研究的目的，利用科学仪器、设备，人为地控制或模拟自然现象，排除干扰，突出主要因素，在有利的条件下去研究自然规律的活动。

教育实验法是指研究者运用科学实验的原理和方法，以一定的教育理论及其假设为指导，有目的地控制和操纵某些教育因素或条件，通过观测与所控制的条件相伴随的教育要素或现象变化的结果，来揭示教育活动规律的一种研究方法。

对于教育实验活动展开的形态，可将其描述为一个从提出理论假说、选择论证课题、控制实验变量、进行实地观察测量，直至统计分析、验证结果、形成实验报告的基本过程。

从操作特征上看，教育实验是一个操纵自变量、控制无关变量，使教育行为朝着有利于因变量发生预期变化的方向运动的过程。

综上，教育实验法是一种科学的研究方法，它基于一定的教育理论假设，在控制的教育环境中，通过系统地操纵自变量并观察因变量的变化，来揭示教育活动中的规律。这种方法的核心在于通过人为控制实验条件，以探究教育因素与教育效果之间的因果关系。

二、教育实验法的特点

当我们深入探讨教育领域的各种研究方法时，不得不提及教育实验法，因为其独特的魅力在教育科学研究中占据着举足轻重的地位。教育实验法之所以备受瞩目，主要源于其以下几个显著特点：

（一）实验的预见表现为对事物之间因果关系的推测

对事物、现象或行为间关系的探究方式有相关研究与因果研究两种。相关研究是指了解在某一条件下两种现象或行为同时出现的概率大小的方法。但这只是一种表层联系的描述，并不能很好地解释其同时出现以及概率大小的原因。因果研究是为使理论对现实有更强的解释力和指导性，对事物之间那些尚未知晓的深层因果联系做出推测，并在经一定控制后的条件下进行观察和分析推理的方法。

（二）实验的预见以假设的方式表现

实验假设是研究者在长期积累的实践经验的基础上针对实验的各个因素之间的因果关系的一种假定性的推测[①]。当所要研究的变量关系以一种假设的方式提出之后，整个研究活动就围绕实验假设展开。

（三）实验是以主动干预的方式来检验实验假设的过程

为了深入研究预期的因果关系，研究者往往会采取一系列控制（或干预）措施。这些干预手段主要包括主动地突出并操纵某些变量，同时排除其他干扰因素（无关变量），以提高研究结论的可靠性。这些干预手段在科学研究中被广泛应用，旨在揭示特定变量对结果的影响。

例如，一位研究者如果想探明教师教学方式与学生思维品质之间的因果关系，就需要采用科学的教育实验法进行研究。研究者可通过设立对照组与实验组，采用新教学策略，如口算练习提升敏捷性、多样化题目训练灵活性等，并通过标准化测验评估干预效果，以此推断研究变量间的因果联系。通过这种控制实验的设计，研究者可以更准确地评估该干预对结果的影响，从而得出更可靠的结论。此外，研究者还会采取其他方法来控制无关变量，如使用随机化方法将参与者分配到不同的组别中，以消除个体差异等潜在干扰因素。

这些干预手段的应用并不仅限于实验室研究。在实地研究中，研究者也可以通过随机对照试验等方法来评估干预措施的效果。例如，一项关于预防高血压的研究可能会将参与者随机分配到不同的干预组中，如药物治疗组、饮食干预组和对照组。通过比较各组的血压变化，研究者可以评估不同干预措施的有效性。

教育实验法以其科学假设的先导性、实验过程的严格控制性、因果关系的明确性和实验结果的可重复性等特点，在教育科学研究中发挥着重要作用，它有助于研究者深入了解教育现象的本质和规律，为教育实践提供科学的依据和指导。

三、教育实验法的类型

当我们深入探索教育实验法的实际应用时，会发现其丰富多样的类型。这些类型不仅体现了教育实验法的多样性和灵活性，也为我们提供了更多的研究视角和方法。

（一）探索性实验法与验证性实验法

根据研究目的，教育实验法可分为探索性实验法与验证性实验法。

1. 探索性实验法

探索性实验法旨在探索教育现象的本质，揭示变量间的因果关系。这类实验法通常是在对研究问题或现象没有充分了解的情况下进行的，以收集关于现象的初步数据和观察结果。它的特点是影响因子多，常将许多可能影响结果的因子组合在一

[①] 陈平辉，王一定. 教育科学研究方法 ［M］. 南昌：江西高校出版社，2018：147.

起进行比较、筛选、更新，实验规模小，对实验精度的要求也不高。探索性实验所要揭示的规律是教育研究人员并未认识到的，所要寻求的有效策略是教育实践中尚未实施过的，因而它还具有开创性①。

2. 验证性实验法

验证性实验法是以检验已有理论或研究为目的的方法。这类实验法通常在前期研究的基础上进行，旨在验证或确认先前的研究结果。验证性实验旨在验证特定变量之间的关系是否符合预期，或者验证某一干预措施是否有效。它的特点是有明显的重复性，问题十分明确，因素不多，实验规模较大，控制要求也比较高。与探索性实验相比，验证性实验更加注重对研究问题的深入理解和理论支持。验证性实验通常采用更为复杂的实验设计，如交叉对照试验、多因素实验等，以更好地控制混淆因素和增加研究的可靠性。

在教育科学研究中，探索性实验法和验证性实验法各有其优势和局限性。探索性实验法有助于发现新的研究问题或现象，提供初步的数据支持，但其实验结果往往具有不确定性；而验证性实验法则有助于验证先前的研究结果，提供更可靠的理论支持和实践指导，但其成功与否在很大程度上取决于已知信息的准确性和可靠性，如果已知信息存在错误或偏差，那么验证性实验的结果也可能受到影响。并且这两种实验法都需要严格控制实验条件和变量，以确保研究的内部效度和外部效度。

总之，探索性实验法和验证性实验法是科学实验中两种重要的类型，分别用于探索新的研究问题和验证已有理论或研究。在教育科学领域中，这两种实验类型都具有重要的作用，可以帮助我们更深入地理解教育现象的本质和变量间的因果关系。

（二）定性实验法与定量实验法

根据实验揭示变量之间质和量的关系，教育实验法可分为定性实验法与定量实验法。

1. 定性实验法

定性实验法主要是用来判定研究对象具有哪些性质，或者鉴别某种因素是否存在以及某些因素之间是否具有某种关系的实验方法。例如，在化学研究中，通过定性实验可以确定一种物质中是否含有某种元素或官能团。而定性实验也是安排定量实验的基础，因为只有确定了某些因素的性质以及各个因素是否具有相互联系的特点，才能进一步安排定量实验。

2. 定量实验法

定量实验法则是用来测定某个研究对象的性质、组成、各因素之间的数量关系的实验方法。定量实验法是以数据为基础的，通过实验获得大量的数据，然后对这

---

① 贾霞萍. 中小学教师怎样进行课题研究（四）：教育科研方法之教育实验研究法［J］. 教育理论与实践，2008（11）：44-46.

些数据进行统计分析、计算、建模等处理，以揭示研究对象内部的规律和特点。例如，在生物学研究中，可以通过定量实验法来测定某种药物对生物体的影响，以及该药物的最佳使用剂量。

（三）单科单项教改实验、多科性教材或教法改革实验、综合实验与整体改革实验

根据实验研究的范围，教育实验法可分为单科单项教改实验、多科性教材或教法改革实验、综合实验、整体改革实验。

1. 单科单项教改实验

单科单项教改实验是指针对某一具体学科或教学内容进行的改革实验。这种实验通常只涉及一个学科或一个方面，目的是解决该学科或该方面存在的问题，提高教学效果。例如，数学教改实验可能只针对数学教学方法进行改进，以提高学生的数学成绩。

2. 多科性教材或教法改革实验

多科性教材或教法改革实验是指涉及多个学科或教学内容的教材或教学方法的改革实验。这种实验旨在通过改革教材或教学方法，提高多个学科的教学效果。例如，语文、数学、英语等学科的教材或教学方法的改革实验，可以同时涉及多个学科，以提高整体教学效果。

3. 综合实验

综合实验是指涉及多个方面、多个学科的综合性改革实验。这种实验旨在通过综合考虑多个因素，解决复杂的教育问题。例如，学校教育综合改革实验可能涉及课程设置、教学方法、教学资源等多个方面，以提高学校整体教育质量。

4. 整体改革实验

整体改革实验是指对整个教育系统进行的全面性改革实验。这种实验旨在通过全面改革教育理念、制度、方法等，推动整个教育系统的变革和发展。例如，新课程改革实验就是一种整体性改革实验，涉及课程设置、教学方法、评价方式等多个方面的全面改革，以促进教育质量和效果的全面提升。

这些不同类型的实验都是为了探索新的教育理念和教学方法，提高教育质量和效果。在教育改革中，我们需要根据实际情况选择合适的实验类型和方法，不断总结经验教训，不断完善和改进教育改革方案。

【资料卡片】11-1

新课程改革

教育部为贯彻《中共中央 国务院关于深化教育改革全面推进素质教育的决定（1999年）》和《国务院关于基础教育改革与发展的决定（2001年）》，决定大力推进基础教育课程改革，调整和改革基础教育的课程体系、结构、内容，构建符合素质教育要求的新的基础教育课程体系。新的课程体系涵盖幼儿教育、义务教育和普通高中教育，主要有六个方面的内容：第一，确立基础教育在社会主义现代化建设中的战略地位，坚持基础教育优先发展；第二，完善管理体

制，保障经费投入，推进农村义务教育持续健康发展；第三，深化教育教学改革，扎实推进素质教育；第四，完善教师教育体系，深化人事制度改革，大力加强中小学教师队伍建设；第五，推进办学体制改革，促进社会力量办学健康发展；第六，加强领导，动员全社会关心支持，保障基础教育改革与发展的顺利进行。

资料来源：国务院. 国务院关于基础教育改革的决定［EB/OL］.（2001-02-29）［2024-10-02］. http://www.moe.gov.cn/jyb_xxgk/moe_1778/201412/t20141217_181775.html.

（四）单因素实验法与多因素实验法

根据自变量因素的多少，教育实验法可分为单因素实验法与多因素实验法。

1. 单因素实验法

单因素实验法也称为单一变量实验法，是指在实验中只操作一个自变量。单因素实验在科学研究中有广泛的应用。它主要关注一个自变量对因变量的影响，适用于研究单个因素在不同水平下对结果的影响。这种实验方法简单易行，可以直观地观察到单一因素的变化对结果的影响，并且由于实验次数相对较少，所需的资源、时间和成本也较低。然而，单因素实验也存在一些局限性。由于只操作一个自变量，因此无法同时观察多个因素对结果的影响。此外，单因素实验的结果容易受到其他因素的影响，如个体差异、环境变化等。因此，在某些情况下，单因素实验的结果可能不够准确和可靠。

2. 多因素实验法

多因素实验法是指可同时操作多个自变量，因而，能更全面地研究多个因素对结果的影响的研究方法。这种实验方法适用于研究多个因素之间的相互作用以及它们对结果的综合影响。多因素实验的优点是可以同时研究多个因素对结果的影响，但同时也增加了实验的复杂性和难度。在多因素实验法中，需要操作多个自变量，并需要考虑各个因素之间的相互作用关系。当因素较多时，各因素之间的主效应和交互作用可能变得复杂，解释起来也较为困难。此外，多因素实验的结果也更容易受到其他因素的影响，如个体差异、环境变化等。因此，在设计和实施多因素实验时需要更加谨慎和细致。

总之，单因素实验法和多因素实验法各有其优缺点和适用范围。在选择实验类型时，需要根据研究目的、研究对象和实验条件等因素进行综合考虑。同时，还需要注意实验设计的科学性和严谨性，以提高实验结果的准确性和可靠性。

（五）单组实验法、等组实验法与轮组实验法

按实验的组织形式，教育实验法可分为单组实验法、等组实验法与轮组实验法。

1. 单组实验法

单组实验法是指被实验者仅有一组，只能前后比较，是一种比较简单的实验类

型。它一般是以一人或一班学生为实验对象的，控制一种或几种实验因素所产生的结果，以求出结论的方法。单组实验法的优点是不必打乱原有的组织形式，如班级或群体，教师、学生也不需要进行人为的改变，控制无关变量的难度大大降低，给研究工作带来很多方便。但单组实验法也有明显的局限，例如，被试对象的自然成长，前后自变量的相互影响，设计的实验内容很难做到难易水平相当，等等，这些都会对实验结果产生作用，影响实验结果的可靠性。

2. 等组实验法

等组实验法是指一种常用的教育实验形式，被实验者分为人数相等的两组或三组，其他条件如教师能力、教材内容、教学时间、教室环境等，也都应当相同。各种条件相等后，再给予两个或两个以上的实验因素，分别应用于这两组以上的学生，经过一段时间，测量这两个实验因素所产生的结果，以求得结论。等组实验法的优点是两个被试分别接受实验处理，既可以避免互相干扰，又可以有效避免时序效应。相对于单组实验来说，等组实验法还可以缩短实验周期。不过，作为实验对象的人，各方面情况完全相同也相当困难，这些都会对实验结果的准确性产生一定的影响。这就要求研究者在采用等组实验方法时，充分考虑研究对象的性别、年龄、基础知识、基本能力、环境影响等诸方面因素，尽可能将被试对象细分为基本相同的组别，同时力求控制其他无关因素对实验的影响。

3. 轮组实验法

轮组实验法又称循环实验法，是指研究者将不同的变量轮流在两个实验组中进行实验，然后比较其结果的方法。两个实验组中的人数和能力可以是相等的，也可以是不相等的。假如有 3 个实验的因素，则应当有 3 组学生为实验的对象。

在轮组实验法的实施过程中，由于两组被试都接受了不同的自变量，还分别比较了两组自变量实施后的结果，所以减少了无关因素的影响，提高了实验结果的可靠性。其局限是轮组实验法至少要进行两个实验单元，研究周期相对较长，可能会干扰到研究结果[①]。

（六）自然实验法与实验室实验法

根据实验进行的场所，教育实验法可分为自然实验法与实验室实验法。

1. 自然实验法

自然实验法是指研究者在真实环境或自然环境中开展实验的一种研究方法。在这种实验中，研究人员在尽力控制的环境条件中，主动地操纵自变量，观察因变量之变化。其优点是能够真实地反映教育现象，因为实验环境与实际教育环境相似，所得出的数据和结论具有较高的可信度。但由于实验过程中变量无法控制，条件的控制往往不严，因此难免会有其他因素和干扰变量介入实验过程，加之整个实验研究必须随着事件发展的顺序进行所以费时较长。

---

① 苏忱. 与一线老师谈科研［M］. 上海：上海教育出版社，2018：79-80.

2. 实验室实验法

实验室实验法是指研究者在严格控制的环境中，主动地操纵自变量并严格控制其他实验条件不变的情况下，观察且衡量自变量对因变量影响的研究方法。实验室实验法具有较高的控制性和可靠性，能够准确地操纵实验变量，并排除其他干扰因素的影响。然而，由于实验环境与实际环境存在差异，实验结果可能无法完全反映真实情况。而且在实验室环境中难以消除被试的反应倾向和实验者对被试的影响等一些无法避免的干扰因素。

在教育研究中，自然实验法和实验室实验法各有其优缺点。自然实验法能够真实地反映教育现象，但可能存在控制不准确的问题；实验室实验法具有较高的控制性和可靠性，但可能无法完全模拟实际环境。因此，在选择实验方法时，研究者需要根据研究目的、研究条件和研究对象的实际情况进行综合考虑。

（七）前实验法、真实验法与准实验法

根据实验设计的不同，教育实验法可分为前实验、真实验与准实验。

1. 前实验法

前实验法指可以进行观察和比较，但缺乏控制无关干扰因素的措施，从而无法验证实验使用的因素同实验结果之间的因果关系，也很难将实验结果推论到实验以外的其他群体或情境，内外部效度都不太理想的实验方法。

2. 真实验法

真实验法指随机分派被试，严格控制无关因素干扰，能系统地操作实验因素，从而内外部效度都很高的实验。实验室实验一般属于真实验法，但由于真实验控制因素过于严格，而教育科学本身又是多因素的，所以在教育研究中使用此实验法有一定的局限性。

3. 准实验法

准实验法指不能随机分派被试，对于无关因素的干扰，无法做到像真实验法那样完全控制，只尽可能予以控制的实验。实验效度较真实验略低，但在教育实践中较现实可行，做结论时需谨慎。

教育实验法类型的多样性为我们提供了更多的研究视角和方法，有助于我们更全面地了解教育现象的本质和规律。在实际应用中，研究者应根据研究目的和条件选择合适的实验类型，并严格按照实验设计的原则和要求进行操作，以确保实验结果的准确性和可靠性。

【资料卡片】11-2

教育实验研究的分类

（1）按实验假设命题"若 A 则 B"的构成，教育实验研究可分为：因素型实验、反应型实验、函数型实验、数型实验。

（2）按实验研究对象的质或量，教育实验研究可分为：定性实验和定量实验、对照实验、模拟实验。

（3）按实验研究的目的，教育实验研究可分为：试探性实验、探索性实验、验证性实验。

（4）按实验研究范围，教育实验研究可分为：单科单项教改实验、多科性教材或教法改革实验、综合实验、整体改革实验、常态与超常实验。

（5）按自变量因素的多少，教育实验研究可分为：单因素实验、多因素实验。

（6）按实验的组织形式，教育实验研究可分为：单组实验、等组实验、轮组实验。

（7）按进行实验的场所，教育实验研究可分为：自然实验、实验室实验。

（8）按实验控制程度，教育实验研究可分为：前实验、真实验和准实验。

资料来源：裴娣娜. 教育研究方法导论 [M]. 合肥：安徽教育出版社，1995：254-256.

四、教育实验法的功能

教育实验法在教育研究和实践中发挥着至关重要的作用，其功能不仅揭示教育现象的本质和规律，还能为教育改革和发展提供有力支持。

（一）求真的功能

首先，从理论方面来看，深入探究教育活动的因果关系，可以帮助研究者获得对教育事实的深入认识，从而为构建教育理论提供可靠的依据。同时，通过不断对已有的教育理论进行矫正、补充和完善，研究者也可以更好地适应不断变化的教育环境。

其次，从实践方面入手，通过多次反复的实验，研究者可以吸纳国内外先进的教育思想理念，并以此为基础，提出新的假设和探寻新的真理。这种不断反复的实验过程，不仅可以帮助研究者获得更深入的认识和理解，还可以推动教育理论的创新和发展。

最后，从宏观角度来看，教育理论的发展和完善也是对整个教育体系的推动和发展。通过不断探索新的教育理论，研究者可以更好地适应时代的发展和社会的变化，为培养更多优秀的人才做出贡献。

总之，通过揭示教育活动的因果关系，研究者可以获得对教育事实的深入认识，并以此为基础，推动教育理论的创新和发展。同时，通过实践和反复实验，研究者也可以不断提高认识和理解水平，为推动整个教育体系的发展做出贡献。

（二）求善的功能

在教育领域，善的概念通常指的是"效用"，即通过不断探索和尝试，找到更有效、更完善的策略、路径和方法，以改进和改善教育实践。这种善的理念是教育领域不断进步和创新的重要驱动力。

首先，善的理念要求研究者不断关注教育实践中的问题和挑战。教育是一个复杂而多变的领域，随着社会的发展和技术的进步，教育实践中的问题和挑战也在不断变化。因此，研究者需要保持敏锐的洞察力和前瞻性思维，及时发现问题并寻求解决方案。

其次，善的理念要求研究者积极探索新的策略、路径和方法。在面对问题和挑战时，需要敢于尝试新的思路和方法，不断进行实践和反思。这种探索和创新的精神是推动教育领域发展的重要力量。

最后，善的理念要求研究者关注教育实践的效果和影响。在尝试新的策略、路径和方法时，需要关注其实施效果和对学生发展的影响。只有当新的策略、路径和方法真正能够改善和提高教育实践的效果时，才能称之为真正的善。

综上所述，善的理念在教育领域中具有重要意义。不仅要求研究者关注问题的挑战和寻找解决方案，而且要求研究者在积极探索和创新的同时，关注实践效果和影响。只有这样，才能不断推动教育领域的进步和发展，为学生的成长和发展创造更好的条件。

（三）育人的功能

教育实验是一种特殊的教育活动，其目的在于通过实验的方式探究教育现象和教育问题，从而改进教育实践和提高教育质量。在教育实验中，学生不仅是实验对象，更是实验的参与主体，通过亲身经历和体验，可以更好地理解知识、掌握技能，培养独立思考和解决问题的能力。

对于主持和参与教育实验的研究者来说，教育实验也是一个磨炼的过程。在实验过程中，研究者需要不断地思考、探索、尝试和创新，从而发现新的教育规律和教学方法。这个过程不仅需要研究者具备扎实的专业知识和丰富的实践经验，更需要研究者具备创新思维和解决问题的能力。

在价值取向上，教育实验强调以实践为基础，以问题为导向，以创新为动力。这种价值取向不仅符合教育的本质和目的，也符合现代社会对人才的需求。同时，教育实验也注重思维品质的培养，通过实验的方式引导学生发现问题、分析问题、解决问题，从而培养学生的创新思维和批判性思维。

五、教育实验法的优点与局限

在教育领域中，当寻求对教育现象、理论或方法进行深入探索和改进时，教育实验法作为一种科学的研究方法，展现出了其独特的优势。

（一）教育实验法的优点

1. 主动创设研究条件

教育实验法可以人为创设条件，以便对在自然观察环境中难以捕捉或难以集中观察的教育现象和情境进行深入探究，这极大地扩展了研究的范围，使得研究者能够更全面地理解和分析教育现象中的各种复杂因素。

2. 明确揭示变量间的因果关系

相较于其他研究方法，教育实验法在建立因果关系方面具有显著优势。其他研究方法往往侧重于横向分析，难以在时间轴上准确反映因果关系的动态变化。而教育实验法一般采用纵向设计，能够清晰地揭示自变量与因变量在时间轴上的先后顺序和相互影响，从而更准确地把握教育现象的本质。

3. 具备重复验证性

教育实验法在条件设置和控制方面具有严格的要求。这确保了在不同的地点和时间重复进行实验，可以验证实验结果的一致性和普遍性，从而提高研究结论的科学性。

4. 便于量化统计与分析

教育实验法是一种量化研究方法，一般通过统计数据对现象做出准确的描述，实验结果也通常以较精确的数据形式呈现。这种方式不仅增强了研究的说服力，也为教育实践提供了更为科学的资料依据。

（二）教育实验法的局限

1. 实验条件与真实教育活动的差异

在严格控制实验条件下所进行的教育研究，往往与真实的教育活动存在显著的差异。真实的教育活动是一个充满变数的动态过程，高度控制实验条件下的教育环境虽然有助于精确测量，但也可能导致研究结果失真，无法全面反映真实教育场景中的复杂性和多样性。这可能会导致实验的结果难以直接应用于真实的教育环境中。

2. 实验人员与过程带来的负效应

在教育实验过程中，实验人员和实验流程本身也可能引发一系列负效应，这些效应可能对实验结果产生不利影响。首先，实验双方对待实验的态度和心理反应，如焦虑、紧张或期望效应等，都可能对被试的行为表现产生显著影响。其次，研究者本人的价值观、动机以及对待被试的方式，也可能在无意识中引导或干扰被试的反应。另外，在实验过程中所操纵的实验条件，尽管旨在揭示变量间的因果关系，但也可能给被试带来一定的心理压力。例如，频繁的数据收集、严格的实验规则以及可能的评价性反馈，都可能使被试感到不适，进而影响其正常的学习或行为表现。

3. 样本与被试选样误差

在教育实验研究中，样本的选择与被试的筛选不可避免地会面临一些问题，其中最为显著的便是样本不足和被试选样误差。样本不足是指受资源限制、时间紧迫或研究对象的特殊性等各种因素影响，导致实验所能收集到的样本数量有限，无法充分代表整个研究总体。而被试选样误差则是指在筛选被试的过程中可能出现的偏差，这些偏差可能源于研究者的主观臆断、被试的自愿参与程度，或是筛选标准的设定不当等。这些问题都会在一定程度上影响到实验结果的准确性和可靠性。

4. 研究伦理问题

在教育实验研究中，实验的设计与实施可能触及一系列伦理原则，从而引发争

第十一章 教育实验法

议。首先，在实验过程中被试的权益保护是一个核心问题。被试作为实验的参与者，其知情权、隐私权、自主权等应得到充分尊重。如果实验设计或实施过程中未能妥善保护被试的权益，就可能引发伦理上的质疑。其次，实验可能带来的潜在风险也是伦理问题的一个重要方面。例如，某些实验设计可能给被试的情绪或身体上带来不适、焦虑甚至伤害。此外，如果实验结果的使用不当，如歧视、排斥或误导公众等，就可能损害被试和社会的利益，从而引发伦理上的指责。

5. 研究假设的局限性

实验研究假设的提出是推动实验研究深入进行的关键步骤，但研究假设的个数往往受到限制。具体而言，由于实验设计、资源分配、时间成本等多方面的考量，研究者通常只能在同一实验中提出有限数量的研究假设。这意味着在追求研究深度的同时，研究者可能不得不牺牲对多个相关变量的全面考察，导致研究视野相对狭窄。此外，即使研究者尝试在同一实验中纳入多个研究假设，也可能因为假设间的相互干扰或实验设计的复杂性，难以准确评估每个假设的独立效应。这可能会降低研究结果的准确性以及引发对实验结论的争议。

6. 个人与群体特征的差异

在教育实验研究领域，个人与群体特征的差异是一个重要的考量因素。实验法作为一种量化研究方法，其优势在于能够精确地测量和评估个体的心理活动和行为特征。然而，当涉及群体特征的测量时，实验法的适用性则显得相对有限。例如，在教育心理学实验中，研究者可以通过特定的实验任务来评估个体的注意力、记忆力或情绪反应等特征。而群体特征往往涉及多个个体之间的相同或差异点，例如，文化背景、社会规范、群体凝聚力等，这些因素在实验环境中往往难以被精确控制和测量。

7. 测量工具的限制

在教育实验研究中，测量工具的准确性和适用性对于实验结果的可靠性至关重要。一个高质量的测量工具应该具备良好的信度和效度，能够准确反映被试变量的真实情况。然而，在实际应用中，由于测量工具的适用范围有限，可能会出现超出其测量范围的情况。例如，当使用某一特定文化背景下的测量工具来评估不同文化背景下的个体时，其中的文化差异可能会导致测量结果不准确。同样，当使用基于过时技术或理论的测量工具时，也可能因为技术或理论的局限性而使测量结果失真。

8. 技术掌握难度

在教育实验研究领域，实验法不仅要求研究者具备扎实的理论基础，还需要掌握一系列复杂的技术，这些技术包括实验设计、数据收集、数据分析等多个方面。对于一般教师而言，了解和掌握这些技术并非易事，因此，技术掌握难度成为阻碍一般教师参与教育实验的一个重要因素。许多教师因担心无法胜任实验法的技术要求，对其望而却步，这也在一定程度上限制了教育实验在学校中的广泛开展。

教育实验法在教育研究中具有显著的优点，如可控性强、可重复性强、实证性强和针对性强等。但其也存在一些局限性，如环境失真、实验者效应、样本问题、无法控制所有变量以及适用范围有限等。因此，研究者需充分考虑其优缺点，根据具体的研究目的选择合适的研究方法。另外，在运用教育实验法时，研究者还需要注意通过控制实验条件、提高样本质量、减少实验者效应等，以尽可能确保实验结果的准确性和可靠性。

第二节　教育实验的设计

研究者在着手进行教育实验之前，必须深思熟虑，遵循教育实验设计的基本原则，明确教育实验设计的基本要素与操作程序，做好变量控制，设计科学、可行的教育实验。

一、教育实验设计的基本原则

遵循一定的原则来设计教育实验，有助于减少某些偏见因素对实验结果的影响，将实验误差降到最低限度，确保结果的真实性和可靠性。因此，研究者进行实验设计必须严格遵循一系列基本原则，包括客观性原则、操作性原则、可行性原则、创新性原则和伦理性原则。

（一）客观性原则

在教育实验设计中，客观性原则是确保实验结果的可靠性和科学性的基石。其中，确保材料信息的真实性和淡化实验设计的形式是两个至关重要的举措。

首先，在科学的教育实验设计中，确保材料信息的真实性至关重要。实验结果的可靠性依赖于所使用的材料信息是否真实可靠。一旦材料信息存在虚假或不准确的情况，实验结果将失去可信度，进一步的研究也将受到严重影响。其次，应该淡化实验设计的形式，更注重实验设计的实质。实验设计的格式和程序应该根据具体的研究领域和实际情况来制定，而不是被固定的形式所束缚。过于追求形式上的完美可能会忽略实验设计的实质，导致实验结果的不准确或缺乏创新性。最后，理论假设是实验设计的基础，对实验结果具有至关重要的影响。教育实验设计的理论假设也应该保持客观中立，不应受到主观偏见或利益关系的影响。

为了确保材料信息的真实性、淡化实验设计的形式以及客观中立的理论假设，研究者需要采取一系列措施：一是加强对材料信息的收集、整理和分析，以便更好地理解和验证其真实性；二是不断探索和创新实验设计的方法和形式，以适应不断变化的研究需求和社会环境；三是保持研究者的独立性和公正性，避免利益关系对理论假设和实验结果的影响，以确保实验设计的科学性和可靠性。

（二）操作性原则

教育实验设计作为科学研究的关键环节，其细致性和具体性对于确保研究结果的准确性和可靠性至关重要。操作性原则在这一过程中扮演着核心角色，它要求实验设计必须清晰、明确，并具备高度的可执行性。

首先，教育实验设计需要明确具体的研究目的。研究目的的明确是实验设计的核心，它决定了整个研究的方向和目标。在确定研究目的时，需要明确研究的问题和目标，并以此为基础制定相应的实验方案。

其次，教育实验设计需要明确研究对象。研究对象是实验中要考察的特定群体或个体，它们的选取需要具有代表性和针对性。在确定研究对象时，需要考虑其年龄、性别、健康状况、文化背景等因素，以确保研究结果的普适性和可靠性。

再次，教育实验设计还需要明确研究意义。研究意义是指研究的重要性和价值，它决定了研究是否具有实际意义和价值。在确定研究意义时，需要考虑研究成果是否能够解决实际问题、推动学科发展、改善人类生活等方面。

此外，教育实验设计需要明确研究程序。研究程序是实验中需要遵循的步骤和流程，它是实验设计中的重要环节。在确定研究程序时，需要考虑实验的步骤、方法的可行性、数据的处理和分析等方面，以确保研究过程的科学性和规范性。

最后，统计处理需要具体化。在数据处理阶段，需要明确统计量的计算方法和检验方法的选择，以确保数据分析的准确性和可靠性。

综上，操作性原则在教育实验设计中的应用要求研究者在研究目的、研究对象、研究意义和研究程序等方面做到具体明确，并在统计处理阶段做到准确无误。只有这样，才能确保教育实验设计的科学性和规范性，为得出准确、可靠的研究结果奠定坚实基础。

（三）可行性原则

可行性原则主要包括确保理论假设的价值性、确保实验条件的许可性以及保证实验规模的可行性三个组成部分。

1. 确保理论假设的价值性

在科研领域，一个有价值的理论假设，能够为科学研究提供明确的方向和动力，其价值性直接关系到研究的成果。因此，确保理论假设的价值性是进行科学实验的重要前提。这便需要研究者对理论假设的合理性和科学性进行深入的思考和细致的探讨。同时，研究者还需要考虑在实验过程中可能遇到的挑战和困难，并提前预备相应的解决方案，以确保实验的顺利进行。

2. 确保实验条件的许可性

在进行科学实验时，实验条件的许可性是决定实验结果可靠性的关键因素之一。在科学实验设计中，研究者需要对实验条件进行严格的评估和控制，以确保其能够满足实验的需求。当实验条件得到充分的保障，研究者才能够得出准确、可靠的实验结果，从而为科学研究提供有力的支持。

3. 保证实验规模的可行性

一个合理的实验规模，不仅能够保障实验结果的准确性和可靠性，还能够提高实验研究的效益性。因此，在进行科学实验设计时，研究者需要根据实验的需求和资源条件，对实验规模进行合理的规划和设计，为实验结果的准确性和科学性提供有力支持。

（四）创新性原则

理论假设的创新性、实验设计的新颖性以及实验设计中被试或实验条件的变换性是科学研究中创新性原则的三个重要方面。

1. 理论假设的创新性

理论假设是科学研究的基础，它提出了对某个现象或问题的解释和预测。创新性的理论假设意味着提出了新的观点、新的解释或新的预测，从而推动了科学的发展。为了体现理论假设的创新性，研究者需要具备敏锐的洞察力和深厚的专业知识，能够从现有的研究中发现问题、提出新的假设。同时，理论假设的创新性还需要经过严格的验证和证实，以证明其科学性和可靠性。

2. 实验设计的新颖性

实验设计是科学研究的重要环节，它决定了实验的可靠性和科学性。新颖的实验设计意味着在实验方法、实验材料、实验技术等方面进行了创新，从而提高了实验的精确度和可靠性。为了体现实验设计的新颖性，研究者需要不断学习和掌握新的实验技术和方法，结合自己的研究领域和实际情况进行创新。同时，新颖的实验设计还需要经过严格的验证和重复实验，以确保其可靠性和稳定性。

3. 实验设计中被试或实验条件的变换性

在实验设计中，被试或实验条件的变换性也是非常重要的一个方面。变换被试或实验条件可以更好地探索变量之间的相互作用和影响，从而更全面地了解现象或问题的本质。为了体现被试或实验条件的变换性，研究者需要在实验设计中充分考虑各种可能的变量和干扰因素，并对其进行控制和调整。同时，变换被试或实验条件还需要经过严格的统计分析和数据处理，以确保其科学性和可靠性。

（五）伦理性原则

在进行教育实验时，研究者必须始终坚守伦理性原则。教育实验设计的伦理性原则，一是指任何教育实验必须确保实验过程安全、健康，不会对参与者造成任何负面影响；二是实验设计应确保所有参与者都有平等的机会和权利，实验结果也应公开透明，以便接受社会监督；三是实验设计必须符合伦理道德标准，不能与社会公德和法律法规相违背。研究者必须时刻关注实验的伦理层面，确保实验过程安全、健康、公平、公正，并符合伦理道德标准。只有这样，才能真正推动教育实践的进步。

二、教育实验设计的基本要素

在教育实验设计的过程中，研究者通常需要考虑三个至关重要的基本要素：变量、事前测验与事后测验及实验组与控制组。

（一）变量

教育实验设计中包括三类变量，分别是实验变量、控制变量、无关变量。

1. 实验变量

实验变量，即自变量，是由实验者设计安排的、人为操纵控制的、有计划地变化的实验情境或条件因素。它代表了实验者主动设计、操纵和控制的实验情境或条件因素。例如，在教育实验中，教学方法、课程内容或学习环境等都可能成为实验变量。

2. 控制变量

控制变量，即因变量，是随着自变量的变化而变化的，是实验者需观察、测量和计算的变化因素。在教育实验中，控制变量通常反映了学生的学习成绩、学习态度、学习兴趣等。

3. 无关变量

无关变量，即干扰变量，是除实验者主动操纵控制而有计划地变化的实验变量之外，另外一些影响反应变量变化的其他干扰因素。这些因素并非由实验者主动设计和控制，但可能对实验结果产生影响，从而干扰实验者对结果的正确判断和解释。例如，学生的个体差异、教师的偏好或教学设施的差异等都可能成为无关变量。

（二）事前测验与事后测验

在实验因素尚未对实验对象产生任何影响时，研究者首先对因变量进行预先的测量，这一过程被称为事前测验。事前测验的结果通常用 Y_0 来表示，代表了实验干预前的基准状态或初始水平。

事后测验是指当实验因素开始对实验对象施加作用后，研究者再次对因变量进行测量，这一过程则被称为事后测验。事后测验的结果通常用 Y 来表示，反映了实验干预后因变量的变化或新的状态。

（三）实验组与控制组

在科学实验设计中，采用随机取样或测量配对选择的方法形成的两个条件相等的样本组，其中一组接受实验因素的作用，被称为实验组，用符号 O 实来表示。控制组是指另外一组不接受实验因素的作用，仅作为比较的标准，被称为控制组，用符号 O 控来表示。控制组的设置是为了提供一个参照系，以便研究者能够准确地评估实验组中实验变量的效果。

三、教育实验设计的操作程序

教育实验设计是指确定、安排在实验中建立的某些变量和可能存在的其他变量。具体来说，教育实验设计的操作程序如下：

（一）问题的提出与理论假设

教育实验的过程就是提出问题与解决问题的过程。问题的提出十分重要，关系到后续实验的顺利开展。问题提出即选题，应该遵循以下几个原则：

1. 选题应该具有研究价值

教育实验研究一般要经过周密的设计和安排，研究的周期相对来说比较长，因此，在选题时，要选择那些在理论上和实践上有重要意义的问题，没有研究价值的选题即使顺利进行也是浪费时间精力和物力财力。

2. 选题应该具有创新性

教育实验的目的之一就是对未知进行探索，丰富现有的理论。已经经过多次实践检验的选题就没有必要再次进行检验了，如果选题的各种组合因素（研究对象、处理因素、实验效应等）都与前人雷同，其研究也丧失了价值。

3. 选题应该具有可行性

完成一项系统的教育科学实验，需要具备多方面条件，包括理论上的指导、实验教师的队伍、实验学校的内部与外部条件等。不具备必要的条件，教育实验研究的措施就得不到落实，就不可能达到预期的实验效果。因此，选题时需要综合目前的情况进行考量，结合自身状况考虑选题是否可行。

4. 选题应该具有准确性

选题应对自变量、因变量和实验情景、对象、内容进行准确的描述，因此其范围不能过于宽泛或狭窄①。要以简明扼要的文字说明研究的问题及研究假设。

（二）实验研究的内容与对象的确定

研究者在确定实验研究的内容与对象时需要进行一系列细致而周密的考虑，以确保研究的科学性和实用性。

首先，研究内容的确定要求研究者对该研究领域有较为深入的理解，能够明确所要研究的具体问题、目标以及预期成果，并在此过程中充分考虑研究的可行性、创新性和实际应用价值，避免选择过于宽泛的主题。其次，研究者需要对国内外已有研究成果进行充分的文献综述，了解当前领域的研究进展和存在的问题，从而为本研究找到切入点。再次，研究对象的选择应根据研究内容来确定，确保研究对象与研究问题紧密相关，能够真实反映研究现象的本质和规律。并且，研究者在选择研究对象时，应充分考虑其代表性、典型性和可操作性，避免选择过于特殊或难以获取的研究对象。最后，研究对象的数量、分布和特征等因素也应纳入考虑范围，以确保研究的样本具备统计学意义和一定代表性。

综上所述，确定实验研究的内容与对象是研究工作的基础和前提，需要研究者进行充分的准备。只有明确了实验研究的内容和对象，才能确保实验研究的顺利进行。

---

① 范小韵. 关于教育实验法的几个问题［J］. 教育科学研究，2001（1）：61-63.

（三）实验研究的程序与方法的确定

在科学研究过程中，研究程序的严谨性占据着举足轻重的地位。一个优质的实验设计不仅要求精准地界定研究变量，还需严格地控制实验条件，并选择恰当的实验设计模式来确保研究的科学性和有效性。以下是开展实验研究的详细步骤：

第一步，确定实验研究变量。研究变量是指实验中需要考察和操纵的因素，包括自变量（研究者主动操纵或改变的因素）和因变量（由自变量变化而受到影响或产生结果的因素）。同时，研究者还需要考虑有哪些可能存在的干扰变量会对实验结果产生影响，并确定这些因素的水平和变化范围。例如，在研究药物疗效时，药物剂量和治疗时间可能是研究变量。

第二步，控制实验条件。实验条件是指实验中需要控制和恒定的因素。在控制实验条件时，研究者需要确保实验过程中除了研究变量以外的其他因素保持恒定，以避免这些因素对实验结果产生干扰。例如，在研究不同运动强度对心率的影响时，需要控制运动时间、运动类型等实验条件。

第三步，选定合适的实验设计模式。实验设计模式是指实验中研究变量与实验结果之间关系的表现形式。根据实验目的和研究问题的不同，可以选择不同的实验设计模式，如随机对照试验、队列研究、横断面研究等。

第四步，确定数据收集的方法、工具和研究程序。在实验设计过程中，研究者还需要制订详细的数据收集和分析计划，包括确定数据收集的方法（如观察、测量、问卷调查等）、收集的时间点和频率，以及数据分析的方法（如描述性统计、推断性统计、方差分析等），合理的数据收集和分析策略能够确保实验数据的准确性和可解释性。同时，研究者还需要确定研究程序，包括如何实施实验、如何处理和分析数据等。例如，在研究老年人生活质量时，可以采用问卷调查的方法收集数据，并使用统计分析软件对数据进行处理和分析。

综上，一个优秀的实验设计需要综合考虑研究变量、实验条件控制以及实验设计模式等多个方面，通过细致周密的规划和执行，为科学的实验研究提供坚实可靠的基础。

（四）统计方法的确定

在科学实验研究中，统计方法的确定和使用是至关重要的。根据实验研究的特征及有关条件，描述统计法和推断统计法是两种基本的统计方法。它们在研究过程中的使用有助于我们对数据进行更深入的理解和分析。

描述统计法是一种通过对数据的基本描述来理解数据的方法。它包括对数据的集中趋势、离散程度、偏态和峰态的描述。例如，我们可以使用平均数、中位数、方差、标准差等来描述数据的集中趋势和离散程度。描述统计法对于简单的数据分析和可视化是有用的，但它不能提供关于数据内在关系的深入理解。

推断统计法是一种更复杂的统计方法，它允许我们通过样本数据来推断总体的特征。这种方法基于概率论，利用适当的统计假设和推断得出结论。例如，我们可

以通过 t 检验或方差分析来比较两组数据的差异，或者通过回归分析来探索变量之间的关系。推断统计法可以帮助我们了解无法直接观察到的总体情况，但它的结论需要基于样本数据的可靠性。

在选择使用描述统计法还是推断统计法时，我们需要考虑实验研究的特征和有关条件。如果研究目的是对数据进行基本的描述和分析，那么描述统计法可能更为合适。然而，如果我们需要推断总体的特征或者探索变量之间的关系，那么推断统计法更为合适。

总体来说，描述统计法和推断统计法是两种基本的统计方法，它们在实验研究中各有其优势和局限性。正确地选择和使用这些方法有助于我们更好地理解和分析实验数据。

【资料卡片】11-3

教育实验研究的基本程序

一般，教育实验研究可以分为三个阶段。第一阶段，教育实验的准备阶段（实验研究设计），具体包括：①选定课题，形成假说；②明确目的，确定指导理论框架；③确定自变量；④选择研究工具和统计方法；⑤选择设计类型，确定控制无关因素的措施，提高效度。第二阶段，教育实验的实施阶段，具体包括：①变革措施（实验处理）；②观察（观测）；③记录。第三阶段，教育实验的总结推广阶段，具体包括：①数据分析处理；②检验假设；③科学结论；④撰写实验研究报告。

资料来源：刘淑杰. 教育研究方法 ［M］. 北京：北京大学出版社，2015：255-256.

四、教育实验的变量控制

实验研究结果的效度，在很大程度上依赖于实验过程中对变量的操控。教育实验的变量操控主要包括对自变量的操纵、对因变量的观察或测量和对无关变量的控制。

（一）对自变量的操纵

在统计学和数据分析中，自变量通常被称为解释性变量，用于解释因变量的变化。这些变量可以是一个或多个，它们可以影响和解释因变量的变化趋势和规律。

解释性变量在回归分析、时间序列分析和因果推断等领域具有重要的作用。通过分析解释性变量和因变量之间的关系，我们可以更好地理解数据和现象之间的关联。

解释性变量的选择对于模型的准确性和可靠性至关重要。正确选择解释性变量可以增强模型的预测能力和解释能力。同时，也需要考虑到解释性变量之间的相关性，以避免多重共线性的问题。

此外，解释性变量的数量和类型也会影响模型的复杂性和解释性。单变量模型比多变量模型更简单，也更易于解释，但可能失去一些重要的信息。因此，在选择解释性变量时，需要权衡模型的复杂性和解释性，以得到最优的模型。

操纵自变量有两层意思：一是要使自变量发生合乎实验要求的变化；二是要使自变量真正有效地作用于被试，以期引起被试的变化。也就是说，要把自变量具体化为几个可以操作的教育方案并加以实施。自变量分为可操纵的和不可操纵的，可操纵的自变量是指研究者能够控制、调节、操纵并且有规律地变化的条件，如实验中的文字、声音、作业难度、时间等。不可操纵的自变量是研究者无法控制和改变的条件，如性别、年龄、发展水平等①。

（二）对因变量的观察或测量

在统计学中，一个变量可能会受到许多因素的影响，而这些因素可以被称为自变量。通过自变量的作用而产生的变化的另一个变量，通常被称为因变量。

为了解自变量对因变量是否有影响，除了要操纵自变量，还必须观测因变量是否也随之发生了变化。这需要考虑几个问题：一是要观测哪些因变量。自变量作用于被试后，被试可能在许多方面发生了变化，其教育效果往往可表现在许多方面，究竟从哪些方面来观测教育效果，这在实验前必须明确。二是如何对因变量进行测定。要考虑通过怎样的方式把这些项目的效果测定出来，是口头测定、书面测定还是操作测定，是个别测定还是集体测定。三是要确定评定成绩的方法与标准②。

自变量和因变量的关系可以通过回归分析等方法进行深入研究。通过回归分析，我们可以了解自变量对因变量的影响程度以及这种影响的稳定性。此外，我们还可以通过其他统计方法来探究这种关系是否具有因果性。

总之，自变量和因变量是统计学中非常重要的概念。通过深入研究自变量和因变量的关系，我们可以更好地理解各种现象，包括药物效果、经济发展等。

（三）对无关变量的控制

在科学实验研究中，无关变量是指那些研究者不需要关注和探究的实验因素，但其确实会影响实验的效果。这些变量可能包括实验环境中的噪音、参与者的心理状态、仪器设备的误差等。如果不加控制，无关变量会对实验结果产生干扰，影响我们对自变量与因变量之间关系的认识。

为了确保实验结果的准确性和可靠性，研究者需要在实验过程中对无关变量进行严格的控制和排除。这可以通过一些方法来实现，例如，采用随机化分组、双盲法等来减少实验误差和偏见。此外，还可以通过统计方法来对无关变量进行平衡，以尽可能降低它们对实验结果的影响。

除了在实验过程中控制无关变量，研究者还需要注意一些潜在的无关变量。例如，

---

① 饶满萍. 教育科学研究方法与实践［M］. 成都：西南交通大学出版社，2020：91—92.
② 贾霞萍. 中小学教师怎样进行课题研究（四）：教育科研方法之教育实验研究法［J］. 教育理论与实践，2008，（11）：44—46.

参与者的年龄、性别、教育背景等可能会对实验结果产生影响。因此，在实验设计时，研究者需要对这些因素进行考虑，并采取相应的措施来减少其对实验结果的影响[①]。

五、教育实验设计的基本模式

教育实验设计的核心挑战在于选择或设计恰当的实验模式。教育实验模式主要涉及三个方面：被试的分组策略、实验处理的安排以及因变量的测量方法。这三者相互交织，共同构成了实验设计的精髓。为了更直观、清晰地阐述实验的基本模式，我们常采用英文符号来对其进行标识。

常用的符号和其表示的意义为：

X——自变量，即实验处理

Y——因变量

S——被试，即实验对象

（一）单组实验设计

单组实验设计，顾名思义，就是在实验过程中只设立一个实验组，而不设立对照组。该组被试在实验前接受一次测量（前测），接受实验处理后，再接受一次测量（后测）。通过比较前测和后测的结果，来评估实验处理的效果。

1. 单组后测实验设计

设计格式：XY（各种单科改革实验、单项改革实验、教师自己的探索性尝试）

特点：无控制组，也无前测，X 在先，Y 在后，即先进行实验处理，再对其结果进行观察和测验，是一种只有观察而无比较的实验。

评价：在这种设计中，前测的缺失对于内部效度有积极也有消极的影响。一方面，内部效度不会因为实施前测而受到相关的威胁，但相对的，也很难判断研究者关注的变量是否发生了改变。另一方面，单组后测设计有助于在研究初始阶段提出想法和问题，以及研究计划的制订，但是它的结果无法用来得出关于实验处理效果的最终结论[②]。这类实验没有什么科学发现意义，但具有实践意义。

2. 单组前后测实验设计

格式：$Y1\ X\ Y2$

特点：这类实验无专门的控制组，或者说以自身为控制组，有前测和后测。

实例：小学生口算练习对计算能力的影响。

评价：单组前后测设计通过前测和后测的观测结果，使得检验因变量的变化成为可能。然而，缺少对照组阻碍了我们得到导致因变量变化的可能原因的有效结论。也就是说，与单组后测设计一样，这种实验设计无法判断出变量的变化是由于实验处理 X 引起的，还是由其他变量引起的。例如，上述实例设计中前、后测成绩

① 张林，刘燊. 心理学研究设计与论文写作 [M]. 北京：北京师范大学出版社，2020：65.

② 迪米特洛夫. 心理与教育中高级研究方法与数据分析从研究设计到 SPSS [M]. 北京：中国轻工业出版社，2015：49.

差异可能由前测的练习作用、身心成熟、前后测验不等值、统计回归等因素造成，若对这些因素不严加控制，将会影响实验效度。

（二）等组实验设计

等组实验设计旨在对比不同实验处理下，条件相似的被试群体所产生的效果。在此设计中，通常将参与实验的被试分为两组：一组作为实验组，接受特定的实验处理；另一组则作为控制组，不接受特定实验或仅接受常规处理，以便通过比较两组的测验结果来客观评估实验处理的效果。"等组"指的是参与实验的被试在关键特征或条件上应尽可能保持一致①。

在等组实验设计中，选择等组是一个至关重要的环节。为了确保两组被试在关键条件上的相似性，研究者通常会采用多种方法来进行选择。其中，随机选择法是一种常用的方法，它指通过随机分配被试到实验组和控制组来确保两组在整体上具有相似的特征的方法。此外，测量选择法则是指根据被试在某些关键指标上的测量结果来进行分组，以确保两组在这些指标上达到均衡的方法。配对选择法则是指将具有相似特征或背景的被试进行配对，然后随机分配其中一对到实验组、另一对到控制组，从而保持两组的相似性的方法。

格式：S1（YXY）；S2（YY）

等组实验设计的格式通常表示为 S1（YXY）和 S2（YY），其中 S 代表被试群体，Y 代表接受测验或处理，X 代表接受实验处理。在这种设计中，实验组会先接受前测验（第一个 Y），然后接受实验处理（X），最后再接受后测验（第二个 Y）。而控制组则只接受前测验和后测验（两个 Y），不接受实验处理。

特点：该设计的特点在于，它要求实验组与控制组的条件尽可能地接近，以确保实验结果的准确性。这包括在实验环境、实验材料、实验者态度以及测验工具等方面保持一致性。同时，对两个组进行前后测验的时间和内容也应该完全相同，以便准确评估实验处理的效果。

评价：这种设计用等组平衡的方式来控制无关变量，可有效避免"时序效应"，但要真正组成所谓的等组，是十分不易的。

（三）多因素实验设计

多因素实验设计是为确定两个或两个以上实验变量的效果而进行的实验设计。在进行多因素实验设计的过程中，我们除了要选择适当的实验设计和随机分组方式外，还需要考虑如何控制实验误差和外部因素的干扰②。

格式与实例：

（1）2×2 设计。

该设计涉及两个自变量，每个自变量均包含两种水平（或情况）。例如，我们可以研究两种语文教学方法对优等生与学困生的作用。在这个案例中，教学方法

---

① 周宗奎. 现代儿童发展心理学［M］. 合肥：安徽人民出版社，1999：44-58.
② 舒华. 心理与教育研究中的多因素实验设计［M］. 北京：北京师范大学出版社，1994：111-155.

（如传统讲授法与互动讨论法）和学习成绩水平（优等生与学困生）构成了两个自变量，而学生的学习成效则作为因变量。

（2）2×2×2设计。

此设计进一步扩展至三个自变量，每个自变量同样包含两种水平。以小学生的性别、学习状况、学习习惯为例，性别（男生与女生）、学习状况（优秀与普通）以及学习习惯（自觉独立与依赖）共同构成了实验的自变量，而学生的学业成绩、学习态度或其他相关指标则可能作为因变量进行考察。

特点：多因素实验设计的核心在于其能够同时检验多个自变量对因变量的影响，从而揭示这些自变量之间可能存在的交互作用。这与单因素实验设计或简单的双因素实验设计相比，提供了更为丰富和深入的信息，有助于我们更全面地理解复杂现象背后的因果关系。同时，多因素实验设计也要求研究者具备更高的实验设计能力和数据分析技能，以确保实验结果的准确性和可靠性。

六、教育实验设计的基本问题

在教育实验设计中，变量的选择与控制以及实验效度是确保研究质量的关键要素。变量的选择决定了研究能否准确回答研究问题，而控制变量则保证了研究结果的可靠性和有效性。实验效度则是指实验结果的可信度，即实验结果是否真实反映了研究假设。

（一）变量的选择与控制

1. 变量的选择

教育学实验的核心目标在于深入探索刺激与行为（或称为反应）之间的复杂关系，以及明确这些关系的本质属性。在教育学实验研究的语境下，这种刺激与反应的关系通常通过一系列变量之间的关系来描述，这些变量包括自变量、因变量、额外变量（也称控制变量）、中间变量、调节变量以及无关变量等。

2. 实验设计中的控制

在实验设计中，对变量的精确控制是至关重要的。其中，随机化作为一种重要的技术手段，被广泛应用于实验研究中，以实现对变量的有效控制。

随机化原则在自变量控制中的应用主要体现在两个方面：一方面，它要求从限定的总体中随机抽取被试作为实验的样本，以确保样本的代表性和无偏性；另一方面，它还需要将抽取的被试随机分配到不同的实验处理组中，以消除处理组之间可能存在的系统性差异。

在随机抽取样本的过程中，常用的方法包括简单随机抽样和分层随机抽样。简单随机抽样适用于总体单位数量相对较少、各单位之间差异不大且同质性较高的总体；而分层随机抽样则更适用于具有明显层次性和结构性的总体，它首先按一定标准将总体划分为若干类型，然后按相同或不同的比例确定各类型中抽样样本的数量。

3. 实验误差

实验误差是衡量在同一实验单元内接受相同处理所得到的观测数据之间差异程度的一个重要指标。实验误差主要来自三个方面：被试间的差异、实验环境和操作过程的影响以及重复实验所带来的误差。

为了尽可能减少实验误差，研究者可以采取以下措施：首先，通过精心调整实验中的被试，降低其内在的变差效应；其次，在条件允许的情况下，增加实验重复的次数，并对实验结果进行综合评价，以提高实验结果的稳定性和可靠性；最后，加强实验人员的培训，提高他们的实验操作技能和数据处理能力，以减少因操作不当或数据处理不当而产生的误差。

（二）实验中的效度

效度，即有效性。简而言之，若一个实验是有效的，则其反映的是因变量的变化确实是由操作自变量引起，而非其余干扰因素所致。

效度反映的是对因变量的测量是否测得到的是因变量自身真正代表的属性。举例来说，在探讨解题方法（作为自变量）如何影响解题能力（作为因变量）的研究中，研究者可能会选择被试在一定时间内解答出来的问题数量作为衡量解题能力的指标。然而，这一指标的有效性并非绝对，而是取决于多种因素。当题目数量充足且难度分布合理，能够全面反映被试的解题水平时，以解答问题的数量作为因变量指标是有效的，但如果题目数量虽多却过于简单，那么解答问题的数量就不再是一个有效的指标了。因为此时的高解答数量可能更多地反映了被试的阅读速度、书写速度等非解题能力的因素，而无法准确揭示其真实的解题能力。实验效度是指一个实验的有效性，是衡量教育实验成功的关键性质量指标。

1. 实验的内部效度

（1）内部效度的含义。

实验的内部效度是指实验中的自变量与因变量之间的因果联系的真实程度，即实验变量（处理）能被精确估计的程度。一项实验的内部效度高，就意味着因变量的变化确是由实验中的自变量引起的。在实际研究中，除了自变量之外，任何无关变量都可能对因变量产生影响。如果出现了自变量混淆，所得出的实验结论将不能正确地反映出自变量和因变量之间的关系。因此没有内部效度的实验研究是没有价值的，因为内部效度决定了其对实验结果解释的正确性。

（2）影响内部效度的因素。

影响内部效度的因素主要包括历史（经历）、成熟或自然发展的影响、选择、测验、被试流失、统计回归、仪器使用以及上述影响因素的交互作用。

第一，历史（经历）。历史事件指那些在实验过程中，与实验变量同时发生，并对实验结果产生影响的特定事件。当出现这种情况时，研究者往往无法判断实验结果是由处理方法（自变量）引起的，还是由特定事件引起的。

周期比较长的实验容易受历史因素的影响。例如，在某项教学改革实验中，实验学校在实验进行期间参与了上级教育主管部门在全地区范围开展的教学评比活动，这一事件势必会给整个学校的教学活动带来某种程度的影响，从而影响到我们对教改实验结果的评估。很多教育实验往往需要较长周期，所以历史事件对实验结果的影响应该得到关注和考虑。

第二，成熟或自然发展的影响。人们无论是否参与实验，都在不断地成长和变化。而此类的变化将影响实验结果。在长期实验中，被试随着年龄的增长，将会变得日益成熟，经验和能力都会得到提高。参与时间较短的实验，被试也会发生疲倦、困倦、无聊、饥饿或其他变化，这些变化也会改变他们在实验中的行为。如练习效应、学习效应、疲劳效应等。

第三，选择。选择因素指由于没有用随机取样和随机分配的方法来选择两组或几组被试，因而在实验处理之前各被试组在各方面就事先存在着差异。这样，以本来就存在差异的几个实验组施加实验处理之后再来比较各个组之间的差异，比较出来的结果就说明不了到底是本来就具有的差异造成的还是实验处理的不同造成的，研究假设就无从证明。

第四，测验。测验指由于实验处理之前所施行的前测可能积极地或消极地影响着实验处理后的测量，进而混淆实验的结果。在有前测的实验中，被试可能会由于在前测中获得了经验，从而提高了在后测中的答题能力；也可能会由于前测带来疲劳而影响到后测的成绩（前测和后测间隔时间很短）。

第五，被试流失。在一个延续时间较长的研究中，被试的更换、淘汰或中途退出可能会对实验结果产生显著影响。例如，在有实验组和控制组的两组实验中，由于控制组在中途有优等生转学进来，结果实验组效果很好，这就可能是由于被试更换造成两组被试不等而造成的，而不一定就是实验处理的效果。周期比较长的实验更容易发生被试流失。

第六，统计回归。统计回归指由于选用在某一特征方面具有极端分数（最优或最差）的被试，到了实验后期测验时分数通常会发生自然向群体的平均值靠拢的趋势（集中趋势），变得不再是最优或最劣，在重复测量中分数向平均分靠拢。

例如，在一次测验中，平均分为 75 分，最高分的学生第一次测验获得了 98 分，最低分的学生第一次测验仅得了 55 分，但在第二天紧接着进行的与第一次基本相当的第二次测验时，原来最高分的学生获得了 92 分，而最低分的学生获得了 60 分。这种变化并非以是否实施以实验处理为转移，而是统计回归现象。

对这种由于统计回归效应与实验处理效应相混淆而取得的实验结果，如不加分析，易产生错误结论。为了避免此因素的干扰，在研究中最好不要采用两极极端的被试。

第七，仪器使用。仪器使用指实验中测试手段、技术和工具的失效或缺乏一致性。这可能是测试工具发生了变化（如仪器失灵、问卷涂损等），或者是在实验过程中由于试验者主观情绪状态发生变化（如变得更严格、疲倦或粗心等），或者是评判标准发生了变化（如前后难度不同，不同班用不同的测验，或者评判者的差异等），这些情况带来的可能结果使测量和评级的精确性会受到严重影响。

第八，上述影响因素的交互作用，其中特别是选择与成熟的交互作用最为常见。选择与成熟的交互作用是指成熟程度不同的被试被安排在不同的组中将会影响实验结果的正确解释。

2. 实验的外部效度

（1）外部效度的含义。

实验的外部效度指实验研究的结果能被概括到实验情景以外的程度，即实验结果的普遍代表性和适用性。实验设计的核心在于实验控制，但是，在人为控制创设的实验情景下得出的规律，其推论也往往有相当的局限性。

（2）影响外部效度的因素。

第一，测验的反作用。实验前的测验（前测）可能对被试产生意想不到的影响，这种影响通常被称为测验的反作用。具体而言，前测可能会增加或降低被试对后续实验条件的敏感性。例如，如果被试在前测中接触到与实验相关的内容或信息，他们可能会因此变得更加警觉或产生预期效应，从而在实验中的表现与未接触前测的被试有所不同。这种差异使得实验结果难以准确反映实验条件对被试的真实影响，进而限制了实验结果的推广性。

第二，选择偏差与实验变量的交互作用。在实验设计中，抽样和分组是至关重要的环节。然而，如果抽样或分组没有做到真正的随机化，就可能导致选择偏差。选择偏差是指实验样本不能充分代表目标总体，或者实验中的不同组别之间存在非随机性的差异。这种偏差可能使得实验变量与选择偏差之间产生交互作用，从而导致实验结果无法准确反映总体情况。例如，如果实验中的对照组和实验组在关键特征上存在显著差异（这些差异并非由实验变量引起），那么实验结果的解释和推广就会受到严重限制。

第三，重复实验处理的干扰。同一组被试在短期内接受两种或两种以上的实验处理时，前一实验处理往往会对后一实验处理产生积极或消极的影响，使被试产生练习效应或疲劳效应。

第四，影响内部外部效度的其他可能因素。

①实验处理的"传染"。假如实验组与控制组有机会相互沟通，实验组的被试就可能把一些实验刺激的因素传递给控制组的被试。例如，某学校在进行一项教师进行学习方法指导对学生成绩是否有影响的实验研究中，实验班和对照班的学生可能会私下交流学习经验，得到学习方法指导的实验班学生会把好的学习方法传播给对照班的学生。这时候我们就说对照班受到了"污染"，已经不是真正的对照班了。

②实验者或实验助理人员的偏向。在实验研究中，实验者或助理的偏向是影响结果准确性的重要因素，皮格马利翁效应（期望效应）便是典型例证。该效应源自古希腊神话，心理学上指实验者对个体的期望影响其表现。实验者可能无意识中根据期望对待被试，如给予高期望者更多关注和支持，提升其表现；而对低期望者则可能忽视或传递消极信号，影响其自信。皮格马利翁效应不仅可能导致实验偏差，还可能对被试的自尊心和未来发展产生长期影响。因此，实验设计和实施中，实验者和助理需时刻保持警惕，避免偏向干扰实验结果。

实证研究浪潮下教育实验的式微与重建（节选）

作为一种介入实践并改变实践的研究方式，教育实验在教育学追求科学化的进程中产生，并作为科学化的典型代表，推动教育实践的变革和教育学的发展。教育实验理应肩负起促进教育知识生产的使命。而与此相反的是，在追求科学化的教育实证研究的当下，教育实验却日渐式微。造成这一局面的原因，既有教育研究多样化发展的趋势所向，也有后实证主义对严格实证研究范式的批判，以及实验法本身在教育领域的局限性和实证研究的异化、窄化等因素。中国教育学自主知识体系的建构需要有基于中国教育问题和教育实践的教育研究。教育实验的未来发展，需要明确和强调实证研究的主流并非静态的、现成数据的多重技术分析，而应该是真正介入并改变教育实践的高质量行动研究法和实验研究。教育实验本身也应摒弃单一的理性认识和对过程的强控制，重构具有实践关怀和教育志趣的教育实验观，注重实验过程的"软"控制和方法的多元融合。同时，要鼓励那些自然状态下的学校教育实验，鼓励民间教育团体的积极参与；通过营造一种鼓励多元、良好的教育科研评价环境，扭转功利、浮躁的教育科研氛围。唯有如此，才能够有效地促进教育实验和教育研究的发展，推动我国教育理论与实践的变革与进步。

资料来源：宋岭. 实证研究浪潮下教育实验的式微与重建［J］. 教育研究，2024，45（7）：148-159.

第三节　教育实验法的基本步骤

每一项科学研究都是建立在一系列经过精心设计和执行的步骤之上的，教育实验也不例外，它要求研究者遵循一系列标准的程序。一个完整的教育实验过程，可以分为准备、实施以及总结与评价。

一、教育实验的准备

在教育实验的探索中，准备阶段无疑是整个过程的基石，其细致与全面程度直接影响到后续实验的顺利进行与结果的可靠性。

1. 确定实验研究课题，明确实验研究目的

确定实验研究课题并明确实验研究目的，是开展实验研究的第一步。我们在进行实验之前，必须仔细思考实验研究的问题和目的，以便明确实验的方向和目标。这一步骤对于后续的实验设计、数据收集和分析至关重要。

2. 明确实验的理论基础，制定实验研究的理论假设

在确定实验研究课题后，我们需要明确实验的理论基础，并制定实验研究的理

论假设。理论是指导实验的基础，可以帮助我们更好地理解实验的本质和规律。而假设则是连接理论和实践的桥梁，它是实验中需要验证的猜想。在进行实验之前，我们需要认真思考并制定合理的假设，以便在后续的实验中验证这些假设是否成立。

3. 选择被试，分解实验变量，进行实验设计

选择被试并分解实验变量，是进行实验设计的关键步骤。被试是实验中需要被观察和研究的人群或个体。选择合适的被试对于实验的代表性和可靠性至关重要。同时，我们需要将实验变量进行分解，以便更好地控制实验中的无关因素，提高实验的内部效度和外部效度。

4. 选择或编制合适的统计测量工具和手段

在选择或编制合适的统计测量工具和手段时，我们需要考虑测量工具的可靠性和有效性。统计测量是收集和分析实验数据的关键环节。只有使用可靠和有效的测量工具，才能确保收集到的数据真实可靠，从而为后续的数据分析提供有力支持。

5. 选择合适的实验设计类型，确定控制无关因素的措施

我们需要选择合适的实验设计类型，并确定控制无关因素的措施。这一步骤对于提高实验的内部效度和外部效度至关重要。内部效度是指实验结果的可信程度，而外部效度则是指实验结果的普适性。为了提高实验的内部效度和外部效度，我们需要采取一系列措施来控制无关因素对实验结果的影响。例如，可以采用随机分组的方法来平衡被试之间的个体差异，采用双盲法来消除实验过程中的主观干扰等。

教育实验的准备阶段需要研究者从多个方面进行充分的准备和规划，包括明确研究目的和问题、设立假设、设计实验方案、准备实验条件、准备数据收集工具、人员准备和时间规划等。这些准备工作的充分与否，将直接影响到后续实验能否顺利进行和实验结果是否具有可靠性。

二、教育实验的实施

教育实验的实施是一个系统化和科学化的过程，旨在通过实证研究来验证教育假设，提高教育实践的有效性。

1. 按照实验设计，操纵自变量

自变量是实验中需要改变的因素，以观察其对因变量的影响。在实验设计中，我们需要明确自变量的定义和范围，并确定在何种条件下进行实验。通过操纵自变量，我们可以观察其对因变量的影响，从而得出因果关系。

2. 控制无关变量

无关变量是指那些在实验中可能对结果产生干扰的因素。为了确保实验结果的准确性，我们需要控制无关变量的影响，以避免它们对因变量的测量产生干扰。这可以通过随机分组、双盲测试、匹配等方式来实现。

3. 随时观察和测量因变量，搜集实验数据和其他重要实验资料

因变量是实验中需要测量的结果，也是自变量影响的结果。在实验过程中，我

们需要随时观察和测量因变量的变化，并记录下实验数据和其他重要的实验资料。这些数据和资料可以帮助我们分析实验结果，得出结论，并验证实验设计的有效性。

教育实验法是一种重要的科学研究方法，在教育领域具有广泛的应用。通过系统化和科学化的实施过程，教育实验法旨在验证教育假设、改进教育实践，并促进教育科学的发展。

三、教育实验的总结与评价

在教育实验的总结与评价阶段，研究者需全面审视整个实验流程，深入剖析实验结果，旨在评估实验成效并提炼出具有实践指导意义的结论。具体包括以下几个步骤：

1. 实验数据与资料的统计分析

研究者需广泛收集实验过程中产生的各类数据和资料，并进行细致的整理、清洗和分类，以确保数据的准确性和完整性；随后运用多种统计工具和方法，如回归分析、方差分析、卡方检验等，深入探究实验变量间的关联性及其潜在因果机制。这些分析不仅帮助研究者揭示变量间的相关性，还进一步明确了因果链条，为实验结论的提炼奠定了坚实基础。

2. 实验结论的可靠性与有效性评价

在得出初步实验结论后，研究者需对其可靠性和有效性进行审慎评估。这一步骤直接关系到实验结论能否在更广的范围内进行推广和应用。为此，研究者可采用多种验证手段，如交叉验证、外部数据比对、元分析等，以全面检验实验结论的稳健性和普适性。通过这些方法，研究者能够更加确信实验结论的准确性和可靠性，为后续的实践应用提供有力支撑。

3. 实验报告的撰写

撰写实验研究报告是实验研究成果的具体表现形式。在报告中，研究者应详尽描述实验设计、实施过程、主要发现及结论，并适当引用相关文献和资料，以增强报告的理论深度和权威性。此外，研究者还需对实验结果进行深入解释和讨论，揭示其背后的教育意义和实践价值。实验报告的撰写不仅是对实验成果的全面展示，更是对实验所蕴含的教育理念和方法的深刻提炼与升华。

综上所述，教育实验的总结与评价是一个系统性、综合性的过程，它要求研究者既具备扎实的统计分析能力，又具备敏锐的教育洞察力和批判性思维。通过这一过程，研究者不仅能够准确评估实验的成效，还能提炼出具有普遍指导意义的教育经验和智慧，为教育实践提供有力的理论支撑和实践指导。

示范案例

聚焦大情怀育人的 40 年行知教育实验

理解·反思·探究

1. 教育实验法在教育科学研究中的地位和作用是什么？

2. 如何设计一个有效的教育实验，以确保实验结果的准确性和可靠性？

3. 在教育实验中，如何确定实验组和对照组，以确保实验的公正性和科学性？

4. 教育实验中的变量控制有哪些关键要素，如何进行有效的变量控制？

5. 教育实验的伦理问题有哪些，如何确保实验的合法性和道德性？

6. 教育实验法的局限性是什么，在实际应用中需要注意哪些问题？

7. 如何将教育实验法与其他教育科学研究方法相结合，以更全面地研究教育问题？

拓展阅读

［1］王雪，张蕾，王鉴羽，等. 弹幕教学视频中学习者的眼动行为模式及其作用机制研究［J］. 远程教育杂志，2022，40（5）：103-112.

［2］于雅迪，杨立娜，曲可佳. 类比比较样例对物理综合题学习迁移效果的影响［J］. 心理发展与教育，2022，38（5）：675-682.

［3］贾霞萍. 中小学教师怎样进行课题研究（四）：教育科研方法之教育实验研究法［J］. 教育理论与实践，2008（11）：44-46.

［4］袁茵，杨丽珠. 促进幼儿好奇心发展的教育现场实验研究［J］. 教育科学，2005（6）：54-56.

［5］冯小燕，王志军，吴向文. 我国教育实验研究的热点与趋势分析：基于CSSCI（2001-2015）数据的可视化分析［J］. 上海教育科研，2017（1）：39-44.

［6］韦小满，杨希洁. 单一被试研究法在我国特殊教育研究中应用的回顾与前瞻［J］. 中国特殊教育，2018（7）：15-19，28.

［7］时益之，侯怀银. 德国实验教育学在中国的传播及其影响［J］. 教育理论与实践，2017，37（1）：8-13.

第十二章　论文写作与规范

要点提示

　　教育科学研究成果主要以学术论文、学位论文、研究报告等形式呈现，本章以学术论文和学位论文为例，论述这两类教育研究成果写作的具体结构及各个部分的具体要求。在教育科研活动中，要养成良好的学术规范，避免学术不端行为，本章列举一些主要的学术不端行为类型和学术不端文献检测系统，提示和引导学习者自觉遵守科研道德和学术规范。

思维导图

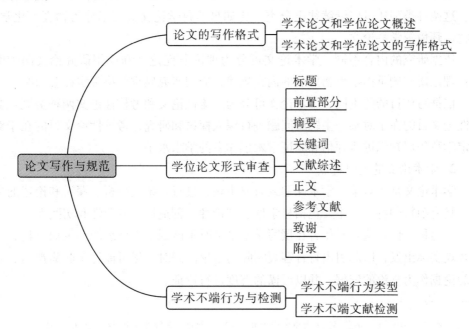

第一节　论文的写作格式

习近平总书记指出："教师要做教育改革的奋进者，广大教师要牢固树立改革创新意识，踊跃投身教育创新实践，为发展具有中国特色、世界水平的现代教育做出贡献。"[①] 教师在积极履行教育改革者角色时，要将自己的教学实践转化为规范的理论成果，即教育研究成果。教育研究成果需要用一定规范的形式呈现，其主要表现形式有学术论文、学位论文、著作、各类研究报告、咨政报告等。本节主要以学术论文和学位论文为例，说明学术论文与学位论文的写作格式，确保论文写作格式的规范。

一、学术论文和学位论文概述

学术论文和学位论文两者均是教育科研成果的表现形式，但也存在一定差异性。

（一）学术论文

学术论文，日常表达为"小论文"，一篇公开发表的学术论文，其内容应是在前人学术成果基础上，有新的发现、创造与进步。

1. 学术论文的类型

依据不同的分类标准，可将学术论文分为多种类型。

依据研究学科的不同，学术论文可分为自然科学论文和社会科学论文两种类型。这两种类型还可以继续往下分类，比如自然科学论文又可细分为物理、化学、生物、环境等学科论文。

依据研究的内容不同，学术论文可分为理论研究论文和应用研究论文两种类型：理论研究侧重揭示事物发展的内在规律，应用研究侧重解决现实社会问题。

依据写作目的的不同，学术论文可分为交流性论文和考核性论文两种类型：交流性论文目的在于对某一主题或问题进行深入探讨和研究，考核性论文目的在于对特定学科领域知识进行评估和验证学术创作者的学术水平。

2. 学术论文的主要特点

学术论文是针对某一学术课题或研究主题，进行系统性分析、探讨和论述的文章，具有独特的特点，主要包括科学性、理论性、创造性、专业性和实践性。

一是科学性。这是指作者在撰写学术论文时不能因个人好恶的偏见而立论，应从客观实际出发，以此引出符合客观实际的结论。同时，尽可能地多收集严密、充分的论据作为立论的依据，并以严谨的态度进行论证。

[①]　本书编写组. 习近平总书记教育重要论述讲义［M］. 北京：高等教育出版社，2020：204.

二是理论性。学术论文在形式上是属于议论文的，但它与一般议论文不同，它必须是有自己的理论系统的，不能只是材料的罗列，应对大量的事实、材料进行分析、研究，使感性认识上升到理性认识。一般来说，学术论文具有论证色彩，或具有论辩色彩。论文的内容必须符合历史唯物主义和唯物辩证法，符合"实事求是""有的放矢""既分析又综合"的科学研究方法①。

三是创造性。科学研究是对新知识的探求，创造性是科学研究的生命。学术论文的创造性在于作者要有自己独到的见解，能提出新的观点、新的理论。这是因为科学的本性就是"革命的和非正统的"。斯蒂芬·梅森曾说过，"科学方法主要是发现新现象、制定新理论的一种手段，旧的科学理论必然会不断地被新理论推翻"②。因此，没有创造性，学术论文就没有科学价值。

四是专业性。它是指论文内容要基于某一学科或专业领域的专业知识，使用的术语、理论、方法和数据都应具有该领域的鲜明特点。

五是实践性。它是指论文中提到的新观点或新方法都能够运用到相应学科领域，以促进各学科的进一步发展。

（二）学位论文

学位论文，日常表达为"大论文"，是一种特殊的学术论文。学位论文是表明作者从事科学研究取得创造性的结果或有了新的见解，并以此为内容撰写而成、作为提出申请授予相应的学位时评审用的学术论文③。学位论文代表不同的学识水平，是重要的文献情报源之一。它一般不在刊物上公开发表，只能通过学位授予单位、指定收藏单位等途径获得。

依据不同的分类标准，可将学位论文分为多种类型。

依据所申请的学位不同，学位论文可分为学士学位论文、硕士学位论文和博士学位论文。其中，学士学位论文主要用于申请学士学位，应能表明作者确已较好地掌握了本门学科的基础理论、专门知识和基本技能，并具有从事科学研究工作或担负专门技术工作的初步能力。硕士学位论文主要用于申请硕士学位，应能表明作者确已在本门学科上掌握了坚实的基础理论和系统的专门知识，并对所研究课题有新的见解，或独立担负专门技术工作的能力。博士学位论文主要用于申请博士学位，应能表明作者确已在本门学科上掌握了坚实宽广的基础理论和系统深入的专门知识，并具有独立从事科学研究工作的能力，在科学或专门技术上做出了创造性的成果④。

依据研究方法不同，学位论文可分为理论型学位论文、描述型学位论文和实验型学位论文。其中，理论型学位论文运用的研究方法是理论证明、理论分析、数学推理，用这些研究方法获得科研成果。描述型学位论文是运用描述、比较、说明方法，对新发现的事物或现象进行研究而获得科研成果。实验型学位论文是运用实验方法，进行实验研究获得科研成果①。

依据研究领域不同，学位论文可分人文科学学位论文、自然科学学位论文与工程技术学位论文三大类。由于学科性质差异，这三类学位论文的格式要求有所不同，但文本结构存在一定相似性，且都具备长期使用和参考的价值。

【资料卡片】12-1

《中华人民共和国学位法》

2024年4月26日，十四届全国人大常委会第九次会议表决通过《中华人民共和国学位法》，自2025年1月1日起实施。该法第三十七条规定：学位申请人、学位获得者在攻读该学位过程中有下列情形之一的，经学位评定委员会决议，学位授予单位不授予学位或者撤销学位。

（一）学位论文或者实践成果被认定为存在代写、剽窃、伪造等学术不端行为；

（二）盗用、冒用他人身份，顶替他人取得的入学资格，或者以其他非法手段取得入学资格、毕业证书；

（三）攻读期间存在依法不应当授予学位的其他严重违法行为。

资料来源：中华人民共和国教育部. 中华人民共和国学位法［EB/OL］.（2024-04-26）［2024-10-02］. https://www.gov.cn/yaowen/liebiao/202404/content_6947841.html.

二、学术论文和学位论文的写作格式

虽然学位论文和学术论文形式多样、要求不一，但都遵循一定的逻辑顺序。

（一）学术论文的书写格式

学术论文的体系结构一般比较固定，主要包含一些主体项目，如题目、署名、摘要、关键词、正文和参考文献，而且每一个主体项目具有一定的功能，写作时有一定的语言特点和具体要求。

1. 题目

题目是以最恰当、最简明的词语反映论文中最重要的特定内容的逻辑组合。论文题目是一篇论文给出的涉及论文范围与水平的第一个重要信息，必须用心斟酌选

---

① 陈宗礼. 科技论文的特征与写作技巧［J］. 价值工程，2011，30（35）：294-297.

定。有人用这一句话描述其重要性："论文题目是文章的一半。"① 论文题目在选题中已经论述，要求表述准确得体，简短精练，字数不超过 28 个字为宜，外延和内涵恰如其分且醒目。

2. 署名

署名应置于题名下方居中位置。学术论文的署名大致分为两种情形，即单个作者论文和多个作者论文。署名顺序一般按个人对论文研究工作的贡献大小依次排序。同时，还应注明作者所在单位全称、所在地区。

3. 摘要

摘要是对论文内容的简短陈述和评论，一般有中文摘要和英文摘要之分，若为了国际交流，则会采用外文（多用英文）摘要。摘要的作用是使读者可不通过阅读论文全文即获得必要的信息。摘要的内容主要包含四个方面：一是研究的目的和价值；二是研究的主要内容；三是研究结论和成果，强调内容的新见解；四是结论或结果的意义。

4. 关键词

关键词是为了文献标引工作从学术论文中选取出来，用以表示全文主题内容的关键性术语或概念。一般情况下，一篇学术论文以 3—5 个关键词为宜，排在摘要的下方，为了国际交流的需要，学术论文的中文关键词应标注对应的英文关键词。英文关键词的排放顺序依据不同期刊要求略有不同，有的排在中文摘要、关键词之后，有的排在文后。列举学术论文关键词时，需要注意以下几点：一是关键词不宜过多，过多的关键词会给人一种缺乏核心的感觉；二是关键词与论文主题关联性不大，未对论文从总体上把握，将论文题目简单地拆分为几个关键词。

5. 正文

正文是一篇论文的主体，所占篇幅最大。正文主要包括引言和主体论证部分，引言是整篇论文的引论部分。引言的写作内容包括研究的理由、目的、背景、前人的工作和知识空白，理论依据和实验基础，预期的结果及其在相关领域里的地位、作用和意义。引言的表述不可冗长，内容选择不必过于分散、琐碎，措辞要精炼，要吸引读者读下去。引言的篇幅大小，并无硬性的统一规定，需视整篇论文篇幅的大小及论文内容的需要来确定。主体论证部分主要反映论文的创造性成果或新的研究结果，这部分内容应该充实饱满，论据充分，论证有力且主题鲜明，每个逻辑段的内容层次分明、脉络清晰；同时，要注意引文注释应规范。

6. 参考文献

参考文献是文中引用他人研究成果的标注，是研究规范的直观体现，也是对他人研究成果的尊重。参考文献写作应规范，所引参考文献与论文主题紧密相关。关于参考文献的具体要求，可回顾第二章的相关内容。

---

① 华中师范大学马克思主义学院. 教育部社科中心毛殊凡研究员做客"华大马克思主义讲坛"［EB/OL］.（2020-10-18）［2023-12-20］. https://som.fudan.edu.cn/cd/fe/c20657a249342/page.htm.

（二）学位论文的书写格式

学位论文的体系结构一般比较固定，主要包含题目、目录、摘要、关键词、正文、参考文献、致谢、附录及其他内容。每一个主体项目具有一定的功能，写作时有一定的语言特点和具体要求。

1. 题目

题目是以最恰当、最简明的词语反映学位论文中最重要的特定内容的逻辑组合。题目名称所用的每一个词语都必须考虑到是否有助于选定关键词和编制题录、索引等二次文献可以提供检索的特定实用信息。题目名称应该避免使用不常见的缩略词、首字母缩写字、字符、代号和公式等[①]。题目名称一般不宜超过 25 个字。报告、论文用作国际交流，应有外文（多用英文）题名。外文题目名称一般不宜超过 10 个实词。下列情况可以有副题名：题目名称语义未尽，用副题名补充说明报告论文中的特定内容；其他有必要用副题名作为引申或说明。

2. 目录

目录是由学位论文各章节、附录、题录等序号、名称和页码组成，若学位论文中的插图、附表清单报告以及图表较多，可以考虑将它们分别置于目录页之后。

3. 摘要

学位论文的摘要是一篇完整的短文，不仅可以独立使用，也可以引用。摘要的内容包含与报告、论文同等量的主要信息。摘要一般应说明研究工作的目的、实验方法、结果和最终结论等内容，为了国际交流的需要，学位论文摘要一般均有中英语摘要，摘要内容应简短陈述，读者可以通过阅读摘要内容，确定是否需要通读全文或作为二次文献采用。

4. 关键词

关键词是为了文献标引工作而从学位论文中选取出来，用以表示全文主题内容信息款目的单词或术语。学位论文选取 3—8 个词作为关键词，排在摘要的下方。内容尽量选用《汉语主题词表》等词表提供的规范词。为了国际交流，应标注与中文对应的英文关键词。

5. 正文

学位论文的正文是核心部分，包括绪论和主体部分。

学位论文一般以绪论开头，绪论应简要说明研究工作的目的、范围、相关领域的前人工作和知识空白、理论基础和分析、研究设想、研究方法和实验设计、预期结果和意义等。表述要言简意赅，不应与摘要雷同，不要成为摘要的注释。一般教科书中有的知识，在绪论中不必赘述。学位论文为了反映作者确已掌握了坚实的基础理论和系统的专门知识，具有开阔的科学视野，需对研究方案作充分论证，因

---

① 国家标准局. 科学技术报告、学位论文和学术论文的编写格式：GB/T 7713.2-2022［EB/OL］.（2023-07-01）［2024-10-21］. https://stm.castscs.org.cn/u/cms/www/202302/09100612d40i.

此，有关历史回顾和前人工作的综合评述，以及理论分析等，可以单独成章，用足够的文字叙述。

学位论文的主体部分占主要篇幅。主体部分内容不能作统一的规定，研究因不同学科、选题、研究方法、工作进程、结果表达方式等有较大的差异。但是，必须方法得当、论证充分、结论科学合理，逻辑连贯，简练可读。例如，图就包括了曲线图、构造图、示意图、图解、框图、流程图、记录图、布置图、地图、照片、图版等。图应具有"自明性"，即只看图、图题和图例，不阅读正文就可理解图意，并且图应编排序号，每一图应有简短确切的题名，连同图号置于图下。必要时，应将图上的符号、标记、代码，以及实验条件等，用最简练的文字，横排于图题下方，作为图例说明。其中，曲线图的纵横坐标必须标注"量、标准规定符号、单位"。此三者只有在不必要标明（如无量纲等）的情况下方可省略。坐标上标注的量的符号和缩略词必须与正文中一致。表的编排一般是内容和测试项目由左至右横读，数据依序竖排。表应有自明性，也应编排序号。每一表应有简短确切的题名，连同表号置于表上。必要时应将表中的符号、标记、代码，以及需要说明事项，以最简练的文字横排于表题下，作为表注，也可以附注于表下。表内附注的序号宜用小号阿拉伯数字并加圆括号置于被标注对象的右上角。表的各栏均应标明"量或测试项目、标准规定符号、单位"。但在没有必要标注的情况下可以省略掉。表中的缩略调和符号，必须与正文中保持一致。表内同一栏的数字必须上下对齐。表内不能用"同上""同左"等类似词，只能填入具体的数字或文字。表内如果呈现"空白"则代表未测或无此项，"－"或"…"（因"－"可能与代表阴性反应相混）代表未发现，"0"代表实测结果确为零①。如数据已绘成曲线图，可不再列表。

学位论文的结论是最终的、总体的结论，而非正文中各段小结的简单重复。结论应该准确、完整、明确、精练。如果不可能得出应有的结论，也可以就没有得出结论而进行必要的讨论。研究者也可以在结论或讨论中提出建议、研究设想、仪器设备改进意见、尚待解决的问题等。

6. 参考文献

参考文献是反映作者严肃的科学态度和研究工作的广泛依据，体现了作者对前人的研究成果的尊重，也有利于读者了解此项研究领域里前人所做的工作和便于查阅。列出的参考文献应是论文中使用过的主要参考书目。学位论文的参考文献是列出与研究紧密相关的文献，不必在学位论文后面的参考文献中列出许多篇本人的论文，这通常是没有必要的②。参考文献的格式可根据学校的具体要求进行排列。

---

① 国家标准局. 科学技术报告、学位论文和学术论文的编写格式：GB/T 7713.2－2022［EB/OL］.（2023－07－01）［2024－10－21］. https://stm.castscs.org.cn/u/cms/www/202302/09100612d40i.

② 陈庭坚. 科学方法和论文撰写［M］. 湖北：华中理工大学出版社，1991：218.

7. 致谢

学位论文的致谢，主要用于感谢为作者完成研究工作和提供便利条件的组织或个人，组织主要包括所在培养单位、学院、合作单位等；个人主要包括导师、其他对自己研究有帮助的教师、同学、朋友及家人等，为研究工作顺利地开展而提出可行建议和提供资源帮助的人，给予转载和引用权的资料、图片、文献、研究思想和设想的所有者，以及其他应感谢的个人。

8. 附录

学位论文的附录是学位论文主体的补充项目，并不是必需的。一般记载在附录的材料有：更为详尽的信息、研究方法和技术、可以阅读的参考文献题录以及对了解正文内容有用的补充信息等；由于篇幅过大或取材于复制品而不便于编入正文的材料；不便于编入正文的罕见珍贵资料；对一般读者并非必要阅读，但对本专业同行有参考价值的资料；某些重要的原始数据、数学推导、计算程序、框图、结构图、注释①。

9. 其他

学位论文还涉及学位论文使用授权声明、学位论文原创性声明、在读期间科研成果等内容，不同学校对此方面的要求有所不同，总之，这是学位论文的组成部分。

第二节　学位论文形式审查

学位论文的写作能够提高学生发现问题、分析问题和解决问题的能力，严格的学位论文形式审查是对学位论文质量的有效保障。具体而言，学位论文形式审查包括标题、前置部分、摘要、关键词、文献综述、正文、参考文献、致谢、附录等方面的内容。

一、标题

标题即题目，立竿见影的论文题目往往是吸引评审人员眼球的敲门砖，具有牵动全文主旨的作用，是论文内容的高度概括，应该准确、简练、新颖、清晰地反映论文的研究范围和深度，以便于读者选读，同时也便于文献检索或者追踪。学术论文的读者在浏览常用学术论文数据库时，标题往往作为最主要的判断依据，来决定该论文是否有进一步阅读的必要，因此题目需要作为一篇论文的缩影和提示，引人入胜地激发出读者的兴趣，以提高论文本身的影响力。标题的拟定须避免出现以下几种问题：

① 国家标准局. 科学技术报告、学位论文和学术论文的编写格式：GB/T 7713.2－2022［EB/OL］. （2023－07－01）［2024－10－21］. https://stm.castscs.org.cn/u/cms/www/202302/09100612d40i.

第一，标题与内容严重不符，即文不对题。标题即作者给论文选定的名字，它是论文的专题研究内容、研究范围和深度的鲜明精炼的概括，以最恰当和最简明的逻辑组合为宜，要求题意直接易懂，题目能直截了当地体现文章的宗旨，能够把研究的目的或所研究主要因素之间的关系恰当而生动地表达出来，以激发读者阅读这篇论文的兴趣，并留下深刻的印象。因此，文要合题，题要独创。标题要避免使用笼统、空洞、冗长、模糊不清、夸张、华而不实以及与同类论文相似或照搬的字眼。

　　第二，标题有严重语病或标点错误。在标题里应该采用什么逻辑组合、用哪些重要的词汇，作者可以设身处地地设想一下：假如要在众多的文献索引数据库中查阅与自己这项工作有关的论文，应该在哪几类分类标题下进一步查阅。考虑到这一情况，就会有助于预先决定在标题里采用什么逻辑组合，用哪些重要的词汇，以及哪个名词应该尽可能写在较为明显的位置。一篇论文的标题要经过反复推敲后才能确定下来，做到言简意赅，以经得住审稿人、专家或导师的审核。

　　第三，标题字数太多或太少。标题的长短可以根据不同论文的内容而定，但标题也有一定的字数限制，例如，中文期刊要求标题一般以不超过 20 个字为宜。美国、英国出版的科技期刊，要求论文标题不超过 12 个词或 100 个书写符号（包括间隔在内）。而刚接触学术论文写作的学者，试图从标题中反映出全部文章的内容，有的长达数十字，过于冗杂，这是切记要避免的问题，因此，标题势必要简短凝练，且不允许用缩写词，也不能用所从事研究的学科或分支学科的科目作题目。另外，标题中尽量不出现标点符号。

二、前置部分

　　学位论文前置部分包含封面、学位论文使用授权声明、学位论文原创性声明和目录等。封面是论文的"门面"，包括论文题目、学校、专业、学生姓名、导师姓名及职称等信息，封面文字的字体、字号须遵循学校相关写作规范要求，封面信息要确保完整、无误。学位论文使用授权声明、学位论文原创性声明是论文不可或缺的一部分，体现了作者对学术伦理规范的承诺和尊重，具体格式和内容因学校或学科的不同而有所差异，学生应仔细阅读并理解学校或学科具体要求，确保声明的真实性和准确性。目录是学位论文各组成部分的小标题，目录各章节标题需按章节排列编写，应标明页码、简明扼要、层次清晰、便于阅读；目录中的标题应与正文中的标题一致。

三、摘要

　　摘要首先是"摘"，即摘出论文的精华，而不是对论文内容机械式地压缩或剪贴；其次是"要"，即简明扼要，用最简练的语言向读者最大限度地提供定性、定量的信息，充分反映出作者的研究目的、研究方法及主要结论与结果。尤其要突出论文的新观点、新见解，使读者尽快对全文有一个概括的了解。摘要就是一篇完整的微型论文，可以独立使用①。

常见的摘要书写模式有以下三种：第一，以引言或开场白作摘要；第二，以外观描述作摘要；第三，以章节标题作摘要。

摘要的四要素：一是目的，即指出研究的范围、目的、重要性、任务和前提条件；二是方法，需简述课题的工作流程，研究了哪些主要内容，论述在这个过程中都做了哪些工作；三是结果，即通过研究而获得的新的发现、新的成果及其价值，以及通过调查研究或实验观察等方法所取得的相应数据和结果，同时，还应深入剖析其不理想的部分；四是结论，即通过对这个课题的研究所得出的重要结论或讨论。

摘要需言简意赅、简明扼要地阐述研究的关键内容、观点与结论，避免过于冗余的表述；在表述上需做到逻辑明了、论述严密。

【资料卡片】12-2

摘要的分类

1. 报道性摘要（也称文摘）：标明文献实质性内容，指明一次文献的主题范围及内容梗概的简明文摘。报道性摘要是在对论文内容做高度概括和完整浓缩的基础上写成的，着重报道研究的目的、方法、结果和结论。

2. 指示性摘要：只标明文献主题范围的摘要。

3. 文摘员文摘：由一次文献作者以外的人员编写的文摘。

资料来源：张惠苓，李翠荣. 怎样撰写论文摘要［J］. 延边大学学报，2001，34（1）：111.

四、关键词

关键词是学位论文中的核心概念，出现频率高，在文中起到至关重要的基础作用。关键词的拟定需要遵循以下三点规范：

第一，关键词是研究中的核心概念，关键词通常是名词或名词短语，要与论文主题贴合，除了概括文章的核心概念之外，关键词的一大用途是方便后续的检索。

第二，关键词是独立的、稳定的学术名词。为了满足文献标引或检索工作的需要，从论文中选取的词或词组，要有一定规范，即选定能反映论文特征内容，且通用性比较强的词。

第三，避免出现关键词汉译英有严重错误或中英文位置顺序不对应的情况。由于中英文的表达习惯不同，在翻译时不能生搬硬套，逐字逐句翻译。并不一定追求中英文在字面上一一对应，那样反而会"弄巧成拙"。

五、文献综述

文献综述是对某个特定主题或研究领域相关文献的全面回顾、分析和评价。它

---

① 杜兴梅，杜羔. 学术论文摘要与关键词的写作及其格式规范［J］. 韩山师范学院学报，2008（2）：82-87.

既可以看成三次文献，也可以看成一次文献，并被认为是研究者必备的一项学术技能。文献综述既不同于读书笔记、读书报告，也不同于一般的科研论文。在撰写文献综述时需要注意避免以下几种情况：

第一，没有文献综述或篇幅太少。例如，硕士学位论文的文献综述字数在3 000字以下，博士学位论文的文献综述字数在5 000字以下。文献综述不仅为读者提供必要的研究背景知识，还展示了研究的必要性和创新性，提供理论和方法支持，从而增强论文的说服力，但如果缺少文献综述或篇幅较少，就可能会降低其学术质量。因此，在撰写论文时，作者应确保文献综述的完整性和深度。

第二，涉及的文献量严重不足。例如，硕士学位论文的文献综述字数在3 000字以下，博士学位论文的文献综述字数在5 000字以下。撰写文献综述搜集文献应尽量全。掌握全面、大量的文献资料是写好综述的前提，否则，随便搜集一点资料就动手撰写是不可能写出好的综述的，甚至写出的文章根本不能成为综述[1]。

第三，只罗列文献而无文献分析和评论。文献综述就是对要评论的文献先进行概括（不是重复），然后进行分析、比较和对照，即个别地、集中地对以前研究的优点、不足和贡献进行分析和评论。其目的不是对以前的研究进行详细解释，而是确保读者能够领会与本研究相关的以前研究的主要方面。总而言之，一篇优质的文献综述，除了囊括较为全面的文献资料之外，还须包含深入的评论与分析，并且能够精确地概括出主题的核心内容。

【资料卡片】12-3

文献综述包括两种类型，即文摘性综述和分析性综述。一篇好的文献综述不仅要求作者对所查阅的文献资料进行归纳总结，还要对文献里的主体观点和结论有自己的认知和理解。文献综述的写作目的是总结前人的研究成果和工作，通过了解目前的研究水平，分析其中存在的不足，指出下一步的研究方向和计划。

文献综述的准备工作包括：选定选题、收集文献、整理文献、形成观点。文献综述的内容和要求包括：摘要、引言、正文、结论和参考文献。

资料来源：陈立宏，李旭，吴永康，刘艳. 关于研究生文献综述撰写的几点建议［J］. 教育教学论坛，2022（31）：149-152.

六、正文

正文是学位论文的主体部分，一般包括理论分析、实验数据、结果讨论等内容。正文需特别留意写作规范，特别不能出现句子、标点符号、图表格式、引文注释等方面的"硬伤"。正文部分的写作应避免出现以下情况：

第一，在句子表达上，句子成分残缺、搭配不当的病句太多并且太明显，重要

---

① 朱国. 如何撰写本科毕业论文文献综述［J］. 赤峰学院学报（汉文哲学社会科学版），2011，32（1）：124-125

句子明显不通或容易引起严重误解，句子表达逻辑层次不明、条理不清晰。

第二，在标点符号使用上，句子过长而不使用标点符号，逗号过多，标点符号使用不当等写作不规范。

第三，在图表格式上，图表标号不规范，图表数据不合理，图或表连续多页罗列等。

第四，在引文注释上，没有引文注释或引文注释太少，文中内容有引用（包括转述、缩写）而无引文注释。

七、参考文献

参考文献一般包括中外文的专著、期刊论文、学位论文及其他等各类文献，参考文献是构成论文不可或缺的一个要素，同时也体现了作者对他人学术贡献的认可和尊重。引用参考文献时要确保引用的准确性和完整性，注意不要出现以下问题：

第一，编码标准的混用。一般参考文献编码有顺序编码制、著者出版年编码制、著者姓氏拼音排序编码制等类型，在对参考文献编码时用某一种标准编码文献便需一以贯之地使用该标准，而不能同时混用。

第二，参考文献分类混乱和信息项明显而严重不统一。参考文献分类先可分为中外文类，在中文类文献中又可细分为专著、期刊论文、学位论文及其他等各类文献，在同一类目下应保持文献类别的一致。

第三，参考文献量太少。一般情况下，学校有各层次学位论文参考文献数量的基本要求（各高校要求不一致，仅作简要举例），如，本科学位论文参考文献的中文类文献至少20篇，外文类文献5篇以上；硕士学位论文参考文献的中文类文献40篇以上，外文类文献20篇以上，其中近5年的文献应该不少于1/3；博士学位论文参考文献，文献总量应不少于100篇，参考文献中近5年的文献数一般应不少于总数的1/3，并应有近两年的参考文献。

八、致谢

致谢主要用于感谢为学者完成研究工作和提供便利条件的组织或个人，组织主要包括所在培养单位、学院及其他为研究开展提供便利与帮助的机构，个人包括导师、其他教师、同学、家人等。致谢是学位论文最为原创的内容，要做到真情表达，避免照搬照抄。

九、附录

附录包含论文中不宜放在正文中的辅助性材料，如重要的原始数据、问卷、访谈、图表、计算公式、程序代码等。附录是对正文的有力补充，提供的相关材料应是学位论文开展过程中的重要内容，需有高度的紧密相关性。

第三节　学术不端行为与检测

　　学术研究需要人们潜心钻研，不仅要系统学习理论知识，还要结合实践经验和前人的研究，发现问题、分析问题、解决问题，从而撰写出优质的学术论文。但学术不端行为仍然偶有发生，学术不端属于学术道德、学术法律以及学术技术等方面的失范①。学术不端行为则是指，在科研活动中的造假、抄袭、剽窃和一切违背学术活动公序准则的行为②。

一、学术不端行为类型

　　党的二十大报告中指出要加强知识产权法治保障，涵养优良学风，营造创新氛围。同时，《教育部关于全面落实研究生导师立德树人职责的意见》明确提出，研究生导师须"谨遵学术规范，恪守学术道德，自觉维护公平正义和风清气正的学术环境"③。所以，对待学术不端行为我们应是零容忍的。《高等学校预防与处理学术不端行为办法》将学术不端界定为"在科学研究及相关活动中发生的违反公认的学术准则、违背学术诚信的行为"④。学术不端行为类型主要有以下七种：

　　（一）学术剽窃

　　《学术出版规范——期刊学术不端行为界定》（CY/T174—2019）（以下简称《标准》），首次界定了学术期刊论文作者、审稿专家、编辑者三方可能涉及的学术不端行为。《标准》将论文作者学术不端行为划分为 8 种类型：即剽窃（观点剽窃、数据剽窃、图片和音频剽窃、研究方法剽窃、文字表述剽窃、整体剽窃、他人未发表成果剽窃等 7 种剽窃类型）、伪造（6 种具体表现形式）、篡改（5 种）、不当署名（5 种）、一稿多投（6 种）、重复发表（6 种）、违背研究伦理（5 种）及 12 种其他学术不端行为（包括在参考文献中加入实际未参考过的文献等），并对剽窃、伪造、篡改、不当署名、一稿多投、重复发表等术语进行了具体定义。

　　观点剽窃，指对他人已发表论文当中的论点等不加引注；转述他人观点后不加引注；对他人观点进行删减、拆分、重组或增加后不加引注。

　　数据剽窃，指对他人已发表的数据进行直接引用，不对其进行标注；对他人已发表论文当中的数据进行些许修改、添加、删减或对数据进行排列顺序后不加引注。

　　图片和音频剽窃，指直接采用他人已发表文献中的图片和音频；对他人已发表

---

　　①　庞慧萍. 信息检索与利用［M］. 2 版. 北京：北京理工大学出版社，2022：197.

　　②　王毅. 信息检索［M］. 北京：北京邮电大学出版社，2020：275.

　　③　教育部关于全面落实研究生导师立德树人职责的意见［EB/OL］.（2018-01-18）［2024-05-26］. http://www.moe.gov.cn/srcsite/A22/s7065/201802/t20180209_327164.html.

　　④　高等学校预防与处理学术不端行为办法［J］. 中华人民共和国教育部公报，2016（9）：6-12.

的图片和音频进行一定程度的调整和改良；不加引注或直接删减、添加、增强、弱化等后又对其不加引注直接修改。

研究方法剽窃，指不加引注地直接使用他人独创的研究方法，或是对研究方法的非核心元素进行未加引注地直接使用。

文字表述剽窃，指不加引注地直接使用他人已发表文献中的文字表述；成段、多次或连续引用已发表文献中的文字描述，但仅在一处标注来源；保持原意不变的传达他人见解，或是对观点表述进行同义替换；对他人发表文献的文字表述增加或删减词句后不加引注地使用。

整体剽窃，指直接使用他人已发表文献的内容；对论文的主体进行大篇幅地使用或是对已发表的论文进行缩减或是增加部分内容后以自己名义发表；改变段落结构或是将多篇论文拼接成一篇论文后，以自己名义发表。

他人未发表成果剽窃，指未经同意或是不加引注地使用他人具有独创性的观点。

（二）篡改

篡改是指学术不端者使用经过擅自修改、挑选、删减、增加的原始调查记录、实验数据等，使原始调查记录、实验数据等本意发生改变；拼接不同图片从而构造不真实的图片；从图片整体中去除一部分或添加一些虚构的部分，使对图片的解释发生改变；增强、模糊、移动图片的特定部分，使对图片的解释发生改变以及改变所引用文献的本意，使其对己有利等情况。

（三）不当署名

不当署名主要包括以下几种情况：将对论文所涉及的研究有实质性贡献的人排除在作者名单外；未对论文所涉及的研究有实质性贡献的人在论文中署名；未经他人同意擅自将其列入作者名单；作者排序与其对论文的实际贡献不符；提供虚假的作者职称、单位、学历、研究经历等信息。

（四）一稿多投

一稿多投是指学术不端者将同一篇论文同时投给多个期刊；在首次投稿的约定回复期内，将论文再次投给其他期刊；在接到期刊确认撤稿的正式通知前，将稿件投给其他期刊；将只有微小差别的多篇论文，同时投给多个期刊；在收到首次投稿期刊回复之前或在约定期内，对论文进行稍微修改后，投给其他期刊；在不做任何说明的情况下，将自己（或自己作为作者之一）已经发表的论文，原封不动或做些微修改后再次投稿。

（五）重复发表

重复发表主要包括以下几种情况：不加引注或说明，在论文中使用自己（或自己作为作者之一）已发表文献中的内容；将已发表在中文期刊上的论文翻译为外文，发表在外文期刊上；在不做任何说明的情况下，摘取多篇自己（或自己作为作者之一）已发表文献中的部分内容，拼接成一篇新论文后再次发表；被允许的二次发表不说明首次发表出处；不加引注或说明地在多篇论文中重复使用一次调查、一个实验的数据等；将实质上基于同一实验或研究的论文，每次补充少量数据或资料后，多次发表方法、结论等相似或雷同的论文；合作者就同一调查、实验、结果等，发表数据、方法、结论等明显相似或雷同的论文。

（六）违背研究伦理

违背研究伦理是指论文所涉及的研究未按规定获得相应的伦理审批，或不能提供相应的审批证明；论文所涉及的研究超出伦理审批许可的范围；论文所涉及的研究中存在不当伤害研究参与者，虐待有生命的实验对象，违背知情同意原则等违背研究伦理的问题；论文泄露了被试者或被调查者的隐私；论文未按规定对所涉及研究中的利益冲突予以说明。

（七）其他学术不端行为

除了上述常见的六种学术不端行为，还存在其他学术不端行为，如：在参考文献中加入实际未参考过的文献；将转引自其他文献的引文标注为直引，包括将引自译著的引文标注为引自原著；未以恰当的方式，对他人提供的研究经费、实验设备、材料、数据、思路、未公开的资料等，给予说明和承认（有特殊要求的除外）；不按约定向他人或社会泄露论文关键信息，侵犯投稿期刊的首发权；未经许可，使用需要获得许可的版权文献；使用多人共有版权文献时，未经所有版权者同意；经许可使用他人版权文献，却不加引注，或引用文献信息不完整；经许可使用他人版权文献，却超过了允许使用的范围或目的；在非匿名评审程序中干扰期刊编辑、审稿专家；向编辑推荐与自己有利益关系的审稿专家；委托第三方机构或者与论文内容无关的他人代写、代投、代修；违反保密规定发表论文。

【资料卡片】12-4

我国正在从知识产权引进大国向知识产权创造大国转变，知识产权工作正在从追求数量向提高质量转变。进一步加强知识产权法治保障，对于激发创新主体积极性、主动性，提高我国经济竞争力，具有重要意义。

加强知识产权法治保障的主要益处：能有效激发创新创造活力；有助于推动后发地区集聚优质创新资源，让创新成果更好地惠及全体人民。

从国际视角来看，知识产权日益成为国家发展的战略性资源和国际竞争力的核心要素。加强知识产权法治保障，也是深度参与全球知识产权治理、扩大高水平对外开放的必然要求。

资料来源：黄骥. 加强知识产权法治保障［N］. 人民日报，2023-10-20（9）.

二、学术不端文献检测

（一）学术不端文献检测的意义

学术不端检测在维护学术诚信、保障知识纯净、促进科研道德、辅助学术评价以及教育引导等方面都具有重要意义。

一是维护学术诚信。学术诚信是科研工作者和学者必须遵循的基本原则，学术不端检测有助于确保学术活动的诚实、公正，以及对他人成果的尊重。

二是保障知识纯净。学术不端检测能够预防和打击抄袭、剽窃等学术不端行为，从而保障知识的纯净性和可靠性，确保学术成果的真实性和有效性。

三是促进科研道德。通过学术不端检测，可以推动科研人员遵守科研道德和学术规范，构建健康、积极的学术环境，激发创新精神和团队合作意识。

四是辅助学术评价。在职称评定、项目申请、论文发表等学术评价过程中，学术不端检测可以作为初步筛选工具，提高评价效率和准确性。

五是充分发挥教育引导作用。学术不端检测可以使学生和科研人员更加重视学术规范和知识产权，树立正确的学术态度和价值观。

【教育前沿】12-1

我们如何看待 ChatGPT 对教育的挑战（节选）

ChatGPT 是一个智能机器人聊天程序，它缺少创造性思维，也缺少情感体验和道德判断，它可以改变教育形式，但改变不了教育本质。未来教育不是排斥 ChatGPT，而是拥抱 ChatGPT，走向人机协同。ChatGPT 具有快速获取信息、处理大量文本数据、个性化学习、实时反馈等优势，为教师备课、学生学习等提供便利和帮助，但可能出现过度关注知识教学、忽略学生批判性思考、引发学术作弊、忽视情感体验和人的片面发展等问题。为积极应对这些问题，教育者应坚守育人的基本立场，培养学生的批判性思维和创新思维能力，重申人文教育的理念，加强情感教育和科技伦理教育；坚持教育与生产劳动相结合，开展劳动教育与闲暇教育，促进人的自由全面发展。

资料来源：冯建军. 我们如何看待 ChatGPT 对教育的挑战［J］. 中国电化教育，2023（7）：1-6，13.

（二）常用的学术不端检测系统

随着信息技术的飞速发展。学术不端检测技术也在不断进步。针对存在学术不端的文献，当前主要有两种系统可以进行检测：

1. ROST 反剽窃（文档相似性检测）系统

武汉大学信息管理学院将文档切割为若干个 50—200 字（可自定义）的小文本，通过混合引擎将其与 188 亿个网页和 490 万篇文献进行模糊匹配，标示出相似文本块，该系统支持 PDF、DOC、PPT、XLS、TXT 等格式的文档。

2. 学术不端文献检测系统

清华大学中国学术期刊（光盘版）电子杂志社以 CNKI 文献库为基础，应用数据库技术、索引技术、中文处理技术、中文比对技术来检测，目前已有科技期刊、社科期刊、学术学位 3 个系统，支持 DOC、TXT 等格式的文档。

理解·反思·探究

1. 论文写作在教育科学研究中的基本规范是什么?

2. 论文写作应遵循哪些基本原则和格式要求,以确保其科学性和可读性?

3. 在确定论文主题时,应考虑哪些因素以确保研究的重要性和创新性?

4. 摘要和关键词在论文中起什么作用?如何撰写能够准确反映论文主旨的摘要和关键词?

5. 在论文写作过程中,研究者可能面临哪些挑战?如何有效地应对这些挑战,以提高论文的质量和完成度?

拓展阅读

[1] 别敦荣. 论教育学术论文写作 [J]. 四川师范大学学报(社会科学版),2017,44 (4):5-15.

[2] 马来平. 研究生论文写作的六大关切 [J]. 学位与研究生教育,2020 (7):1-6.

[3] 李新根,付示威. 科技论文作者署名异化及其治理路径 [J]. 编辑学报,2021,33 (1):82-85.

[4] 李润洲. 研究生学术论文写作中的概念创新:意涵、机制与路径:以教育学学术论文写作为例 [J]. 学位与研究生教育,2021 (7):7-11.

[5] 张和平,陈梦,吴贤华,等. 教育实证论文的质量问题及其改进策略:基于30位教育类核心期刊编辑发言的内容分析 [J]. 教育学术月刊,2023 (1):13-21.

[6] 俞凌云,朱旭东. 理论在学位论文写作中的意义、价值和表征:以教育学为例 [J]. 学位与研究生教育,2023 (6):7-14.

[7] 李忠. 研究生学术写作与训练的困境及其纾困:基于学位论文写作规范问题的分析 [J]. 学位与研究生教育,2022 (4):12-19.